ENZYKLOPÄDIE DEUTSCHER GESCHICHTE BAND 1

ENZYKLOPÄDIE
DEUTSCHER
GESCHICHTE
BAND 1

HERAUSGEGEBEN VON
LOTHAR GALL

IN VERBINDUNG MIT
PETER BLICKLE
ELISABETH FEHRENBACH
JOHANNES FRIED
KLAUS HILDEBRAND
KARL HEINRICH KAUFHOLD
HORST MÖLLER
OTTO GERHARD OEXLE
KLAUS TENFELDE

UNRUHEN IN DER STÄNDISCHEN GESELLSCHAFT 1300–1800

VON
PETER BLICKLE

3., aktualisierte und erweiterte Auflage

OLDENBOURG VERLAG
MÜNCHEN 2012

Bibliografische Information der Deutschen Nationalbibliothek
Die Deutsche Nationalbibliothek verzeichnet diese Publikation in der Deutschen Nationalbibliografie; detaillierte bibliografische Daten sind im Internet über <http://dnb.d-nb.de> abrufbar.

Rosenheimer Straße 145, D - 81671 München
Internet: oldenbourg.de

Umschlagentwurf: Dieter Vollendorf
Umschlagabbildung: Darstellung der Sendlinger Bauernschlacht, gestiftet von Teilnehmern am oberländischen Volksaufstand aus Egern und Tegernsee. Sie gilt als einzige authentische Wiedergabe der „Sendlinger Mordweihnacht“, in der in Sendling vor den Toren Münchens am 25.12.1705 die aufständischen bayerischen Bauern von den kaiserlichen Truppen niedergeschlagen werden; im Wolkenband das Egerner Gnadenbild; Ausschnitt aus Votivtafel, 1707, Rottach-Egern, Pfarrkirche St. Laurentius.

Gedruckt auf säurefreiem, alterungsbeständigem Papier (chlorfrei gebleicht).
Satz: Schmucker-digital, Feldkirchen b. München
Druck und Bindung: Grafik und Druck Gmbh, München

ISBN: 978-3-486-71413-5
eISBN: 978-3-486-71434-0

Vorwort

Die „Enzyklopädie deutscher Geschichte“ soll für die Benutzer – Fachhistoriker, Studenten, Geschichtslehrer, Vertreter benachbarter Disziplinen und interessierte Laien – ein Arbeitsinstrument sein, mit dessen Hilfe sie sich rasch und zuverlässig über den gegenwärtigen Stand unserer Kenntnisse und der Forschung in den verschiedenen Bereichen der deutschen Geschichte informieren können.

Geschichte wird dabei in einem umfassenden Sinne verstanden: Der Geschichte der Gesellschaft, der Wirtschaft, des Staates in seinen inneren und äußeren Verhältnissen wird ein ebenso großes Gewicht beigemessen wie der Geschichte der Religion und der Kirche, der Kultur, der Lebenswelten und der Mentalitäten.

Dieses umfassende Verständnis von Geschichte muß immer wieder Prozesse und Tendenzen einbeziehen, die säkularer Natur sind, nationale und einzelstaatliche Grenzen übergreifen. Ihm entspricht eine eher pragmatische Bestimmung des Begriffs „deutsche Geschichte“. Sie orientiert sich sehr bewußt an der jeweiligen zeitgenössischen Auffassung und Definition des Begriffs und sucht ihn von daher zugleich von programmatischen Rückprojektionen zu entlasten, die seine Verwendung in den letzten anderthalb Jahrhunderten immer wieder begleiteten. Was damit an Unschärfen und Problemen, vor allem hinsichtlich des diachronen Vergleichs, verbunden ist, steht in keinem Verhältnis zu den Schwierigkeiten, die sich bei dem Versuch einer zeitübergreifenden Festlegung ergäben, die stets nur mehr oder weniger willkürlicher Art sein könnte. Das heißt freilich nicht, daß der Begriff „deutsche Geschichte“ unreflektiert gebraucht werden kann. Eine der Aufgaben der einzelnen Bände ist es vielmehr, den Bereich der Darstellung auch geographisch jeweils genau zu bestimmen.

Das Gesamtwerk wird am Ende rund hundert Bände umfassen. Sie folgen alle einem gleichen Gliederungsschema und sind mit Blick auf die Konzeption der Reihe und die Bedürfnisse des Benutzers in ihrem Umfang jeweils streng begrenzt. Das zwingt vor allem im darstellenden Teil, der den heutigen Stand unserer Kenntnisse auf knappstem Raum zusammenfaßt – ihm schließen sich die Darlegung und Erörterung der Forschungssituation und eine entsprechend gegliederte Auswahlbibliographie an – zu starker Konzentration und zur Beschränkung auf die zentralen Vorgänge und Entwicklungen. Besonderes Gewicht ist daneben, unter Betonung des systematischen Zusammenhangs, auf die Abstimmung der einzelnen Bände untereinander, in sachlicher Hinsicht, aber auch im Hinblick auf die übergreifenden Fragestellungen, gelegt worden. Aus dem Gesamtwerk lassen sich so auch immer einzelne, den jeweiligen Benutzer besonders interessierende Serien zusammenstellen. Ungeachtet dessen aber bildet jeder Band eine in sich abgeschlossene Einheit – unter der persönlichen Verantwortung des Autors und in völliger Eigenständigkeit gegenüber den benachbarten und verwandten Bänden, auch was den Zeitpunkt des Erscheinens angeht.

Lothar Gall

Inhalt

Vorwort des Verfassers

Der Band „Unruhen in der ständischen Gesellschaft" behandelt bäuerlichen Widerstand und innerstädtische Konflikte von 1300 bis 1800. Konzeptionell liegt ihm die Überlegung der Herausgeber zugrunde, daß in einer „Enzyklopädie deutscher Geschichte" entsprechend den heutigen Forschungsfeldern und Diskussionsschwerpunkten der Gegenstandsbereich „soziale Konflikte" nicht nur für das 19. und 20. Jahrhundert zu thematisieren sei, vielmehr auch für die vorrevolutionäre Periode der deutschen Geschichte aufgegriffen werden müsse. Zweifellos waren soziale Konflikte im weitesten Sinn in den letzten zehn bis zwanzig Jahren Schwerpunkte auch der Spätmittelalter- und Frühneuzeitforschung. Die Sonderforschungsbereiche der Deutschen Forschungsgemeinschaft für vergleichende geschichtliche Städteforschung (Münster) und Spätmittelalter und Reformation (Tübingen) und die von ihnen stimulierten Diskussionen haben deutlich herausgearbeitet, wie konfliktanfällig die Stadt des Spätmittelalters und der Reformation gewesen ist, ja daß durch die Stadt und durch innerstädtische Unruhen die Reformation eigentlich zu einer „sozialen Bewegung" wurde. Damit rückten Stadt und Reformation auch näher an den Bauernkrieg von 1525, dem nach Massenbasis, Gewaltsamkeit und politischer Perspektive tiefgreifendsten Konflikt in der Geschichte des Alten Reiches. Ihm wurde im Umkreis des Gedenkjahres 1975 international große Aufmerksamkeit gewidmet, was letztlich auch eine perspektivische Erweiterung der Erforschung bäuerlichen Widerstandes auf das Spätmittelalter und vor allem auf die bislang wenig beachtete Frühneuzeit im Rahmen eines von der Stiftung Volkswagenwerk geförderten Projektes Agrarische Konflikte im europäischen Vergleich (Bochum–Saarbrücken) begünstigte.

Erstmals wird hier versucht, Unruhen auf dem Land *und* in der Stadt, solche des Spätmittelalters *und* der Frühneuzeit darzustellen, auf deren Gemeinsamkeiten aufmerksam zu machen und schließlich „Unruhen" als charakteristisch und definitorisch für die ständische Gesellschaft zu beschreiben.

[...]

Bern, im November 1987 P. B.

Vorwort zur 2. Auflage

„Unruhen“ als Forschungsgegenstand haben seit dem Erscheinen der ersten Auflage dieses Bandes 1988 ein bemerkenswertes Interesse gefunden. Dafür lassen sich zwei Gründe namhaft machen. In den frühen 1980er Jahren wurde der Gegenstand Unruhen recht eigentlich erst konzipiert, die dadurch angeregten Dissertationen und Habilitationen sind aber erst in den 1990er Jahren fertiggestellt und publiziert worden. Mit der Wiedervereinigung der beiden Teile Deutschlands fand „Widerstand“ als Modus der Dekonstruktion des Staatssozialismus ein politisch und lebensweltlich bedingtes Interesse in der Geschichtswissenschaft, besonders in den neuen Bundesländern, aber auch in Tschechien und der Slowakei. Potsdam und Wien wurden die Zentren, an denen sich eine junge Generation von Historikerinnen und Historikern der eigenen Widerstandstradition versicherte.

Angesichts des reichen Forschungsertrages wäre es wünschenswert, diesen synthetisch zu verarbeiten, was nur mittels einer großangelegten Monographie sinnvoll bewerkstelligt werden kann. Die nun vorliegende zweite Auflage versucht, auf dem Raum, wie er der Enzyklopädie deutscher Geschichte und einer Zweitauflage angemessen ist, die erreichten Forschungsergebnisse wenigstens in Umrissen abzubilden. Sie sind unter „5. Unruhen-Forschung zwischen 1988 und 2008 – Vom Revoltieren zum Aushandeln“ nach Seite 109 eingerückt.

Saarbrücken, im Dezember 2009 Peter Blickle

Vorwort zur 3. Auflage

Die nach 2010 (2. Auflage) erschienene Literatur ist in das Kapitel 5 (S. 109 ff.) und in die Nachtragsliteratur (S. 160 ff.) eingearbeitet.

Im November 2011 P. B.

I. Enzyklopädischer Überblick

A. Einleitung

„Unruhen" in der „ständischen Gesellschaft" haben einen eigenen Charakter und lassen sich deutlich von „sozialen Konflikten" des 19. und 20. Jahrhunderts sondern. Durch die Präzisierung der beiden Leitbegriffe „ständische Gesellschaft" und „Unruhen" soll der Gegenstand dieses Bandes etwas deutlicher umschrieben werden.

Stände als Gliederungsprinzip der Gesellschaft

Die Gliederung der Gesellschaft in Stände ist eine Eigentümlichkeit der europäischen und damit auch der deutschen Geschichte. Bei aller Vieldeutigkeit, die dem deutschen Wort „Stand" eignet – und die durch die Verschränkung mit lateinischen Synonymen wie status, gradus oder ordo noch vermehrt wird –, hat sich ein Begriff von Ständen herausgebildet und verfestigt, mit dem die drei gesellschaftlichen Großgruppen Adel, Geistlichkeit und Bauern bezeichnet werden. Wenn die Historiker von „ständischer Gesellschaft" oder, als politische Entsprechung, vom „Ständestaat" sprechen, dann bezeichnen sie damit auch eine kohärente, recht genau abgrenzbare Epoche der europäischen Geschichte, die vom 12./13. Jahrhundert bis ins ausgehende 18., frühe 19. Jahrhundert reicht. Vorgängig, im Früh- und Hochmittelalter, verläuft die Trennungslinie für gesellschaftliche Großgruppen zwischen liber und servus, Freien und Unfreien; für die mit der Französischen und Industriellen Revolution sich durchsetzende Moderne gilt angesichts der überragenden Bedeutung des Ökonomischen für das gesellschaftliche und politische Leben die Verfügungsgewalt über Produktionsmittel als ein relativ brauchbarer Kategorisierungsparameter: dementsprechend verdrängen die „Klassen" die Stände.

Dreiständelehre und soziale Wirklichkeit

Die „Dreiständelehre" entwickelt sich allmählich und wird im 13. Jahrhundert auch rechtlich durchgesetzt. Sie trägt einem sozialen Sachverhalt Rechnung, nämlich der funktionalen Sonderung von Heilsverwaltern (Geistlichkeit), Kriegern (Adel) und Produzenten (Bauer, Handwerker). Mit der Dreiteilung der Gesellschaft in einen Betstand (oratores), einen Wehrstand (bellatores) und einen Nährstand (laboratores) erhält jeder Mensch seinen eindeutigen sozialen „Ort", der theoretisch und praktisch durch den komplementären Charakter der drei Stände bezeichnet wird. Der Adel schützt die Geistlichkeit und die Bauern; die Geistlichkeit vermittelt das Heil den Laienständen Adel und Bauern; und die Bauern schließlich ernähren die Herrenstände Adel und Geistlichkeit. Diese Ordnung wird im Spätmittelalter und in der Frühneuzeit als gottgewollt und damit auch als unveränderlich verstanden. „Got hat driu leben geschaffen, gebure, ritter und pfaffen."

Mit der Aufhebung der Privilegien des Adels, der Säkularisation der Herrschaft der Kirche und der Bauernbefreiung, vorbereitet durch die Aufklärung und durchgesetzt mit und im Gefolge der Französischen Revolution, wird eine ständisch gegliederte Gesellschaft, die prinzipiell auf Rechtsungleichheit beruht, zumindest tendenziell in eine solche von Individuen mit staatsbürgerlicher Gleichheit transformiert.

Eine gewisse Elastizität weist der Begriff „laboratores" insofern auf, als ein engerer und weiterer Sinn unterschieden werden kann: im engeren Sinn deckt er den „Nährstand", die Bauern, in einem weiteren die Bauern und die Bürger, jene also, die „arbeiten". Die Zusammengehörigkeit von Bürger und Bauer wird in der deutschen Sprache auch mit dem Begriff des „gemeinen Mannes" abgebildet, der seine Entsprechungen im englischen „common" und im französischen „tiers état" findet. Dessen ungeachtet treten Bauern und Bürger natürlich auch separiert auf und sind angesichts ihrer unterschiedlichen Tätigkeiten seit dem Spätmittelalter als je eigener Stand begriffen worden.

„Ständische Gesellschaft" läßt sich also als brauchbarer Epochenbegriff für die Zeit von 1300 bis 1800 verwenden.

Bauernunruhen und Bürgerunruhen als Kennzeichen des Spätmittelalters und der Frühneuzeit

Eine Besonderheit dieser Epoche, die es in Deutschland weder vorher noch nachher gibt, sind „Bauernaufstände", „Bauernunruhen", „Bauernrebellionen", „bäuerlicher Widerstand", „Bauernkriege", „bäuerliche Klassenkämpfe" und „Bauernbewegungen". Ihnen zeitlich parallel laufen „Bürgerunruhen", „Zunftunruhen", „Zunftrevolutionen" und „Kommunebewegungen". Die erste signifikante Gemeinsamkeit dieser bäuerlichen und städtischen Bewegungen besteht darin, daß sie auf die Zeit von 1300 bis 1800 beschränkt sind, folglich wesentlich zur ständischen Gesellschaft gehören. „Bauernaufstände" und „Bürgeraufstände" haben darüber hinaus einen gemeinsamen Bezugspunkt durch die Vergleichbarkeit der konfligierenden Parteien. Sie werden – ganz allgemein gesprochen –

zwischen Beherrschten und Herrschern, zwischen Untertanen und Obrigkeiten ausgetragen. Konkreter: Bauern revoltieren gegen ihre Grundherren oder Gutsherren, auch – freilich seltener – gegen ihre Landesherren; Bürgerschaften revoltieren gegen ihre Stadtherrschaft, gegen ihren Stadtherrn, häufiger gegen den städtischen Rat. Die Konflikte werden somit zwischen Bauern bzw. Bürgern und ihrer „unmittelbaren" Obrigkeit ausgetragen. Die Autorität des Kaisers bzw. die Existenz des Reiches wird in solchen Konflikten nie in Frage gestellt.

Unruhen – Definition

Die hier ganz vorläufig und grob beschriebenen Sachverhalte sollen „Unruhen" genannt werden. *Unruhen sind,* um den Arbeitsbegriff zu umreißen, *Protesthandlungen von (mehrheitlich allen) Untertanen* ***einer*** *Obrigkeit zur Behauptung und/oder Durchsetzung ihrer Interessen und Wertvorstellungen. Sie sind vornehmlich politischer Natur insofern, als sie die Legitimität von obrigkeitlichen Maßnahmen (und damit die Obrigkeit an sich) in Frage stellen (was darin zum Ausdruck kommt, daß sie mit einem Eid – dem Huldigungseid auf dem Land, dem Bürgereid in der Stadt – beendet werden). Sie sind der ständischen Gesellschaft wesenhaft, weil sie vor der Ausbildung der Stände noch nicht und nach Auflösung der Stände nicht mehr stattfinden.*

Die Bezeichnung „Unruhen" wird in der Absicht verwendet, einen gleichermaßen neutralen und der Sache entsprechenden Begriff zu finden. Das Wort „Unruhe" hat gegenüber Benennungen wie „Rebellion", „soziale Bewegung" oder „sozialer Konflikt" den Vorzug, theoretisch nicht reflektiert und damit nicht mit einem bereits bestimmten Inhalt besetzt zu sein; „Unruhe" verfügt gegenüber allen Komposita mit „sozial-" über eine größere Belastbarkeit, lokalisiert einen Konflikt somit nicht von vornherein als einen solchen zwischen gesellschaftlichen Gruppen und scheint damit geeignet, auch den politischen Charakter aufzunehmen; „Unruhe" kann schließlich als vergleichsweise wertfreier Arbeitsbegriff zeitgenössische Benennungen wie „Aufruhr und Empörung", „Spänne und Irrungen" oder „Sedition und Revolte", mit denen gleichermaßen städtische wie ländliche Bewegungen umschrieben werden, ersetzen.

Der Begriff Unruhe wird allein aus praktischen Gründen in der skizzierten Weise festgelegt und keineswegs in der Absicht, ihn zu einem Wissenschaftsbegriff zu erheben. Das kann auch gar nicht das Ziel einer Darstellung im Rahmen einer Enzyklopädie sein, die den Wissens- und Forschungsstand wiederzugeben hat, nicht aber persönliche Überzeugungen des Autors.

Unruhen – Forschungslage

Städtische und ländliche Unruhen sind in der bisherigen Forschung nicht aufeinander bezogen worden. Das dürfte zuallererst eine Folge der Forschungspraxis sein, die sich entweder auf den städtischen oder den ländlichen Bereich konzentriert. Sieht man sich der Aufgabe gegenübergestellt, Konflikte in der ständischen Gesellschaft darzustellen, dann wird rasch deutlich, daß mit einer Beschränkung auf den „bäuerlichen Widerstand“ *oder* die „Bürgerkämpfe“ in den Städten die thematische Vorgabe nur verkürzt aufgenommen wäre. Wie eng bürgerliche und bäuerliche Protestbewegungen aneinandergerückt werden dürfen, wird die Ausbreitung der stadtgeschichtlichen und agrargeschichtlichen Forschungsergebnisse erweisen müssen.

B. Geschichte der Unruhen

1. Spätmittelalter

Das Spätmittelalter wird von der Geschichtswissenschaft häufig als Krisenzeit gekennzeichnet. Gerechtfertigt erscheint diese Beurteilung auch angesichts der Tatsache, daß es in der Stadt und auf dem Land zu zahlreichen Unruhen, Aufständen und Revolten kommt, die das Hochmittelalter nicht oder nur ganz vereinzelt kannte. Unter dem begrifflichen Kürzel „Zunftrevolution“ bzw. „Bürgerkampf“ werden die innerstädtischen Auseinandersetzungen als solche um die Beteiligung der „Zünfte“ oder der „Bürger“ am Stadtregiment beschrieben (1). Die Unruhen auf dem Land werden als „Bauernrevolten“ und „Bauernaufstände“ auf den Begriff gebracht, und damit wird der Protest der ländlichen Gesellschaft, der sich gegen die adeligen oder geistlichen Grundherren oder Landesherren richtet, gleichfalls von der Trägerschicht her definiert (2).

Im Spätmittelalter stellen Bürger und Bauern die bestehenden Formen von Herrschaft und Regierung durch Aufstände in Frage. Damit ist das gesamte Gesellschafts- und Herrschaftsgefüge berührt. Als Grundlegung für die weiteren Kapitel und zum besseren Verständnis der prinzipiellen Konfliktlagen sollen mit den Unruhen in Stadt und Land die „ständische Gesellschaft“ insgesamt und ihre funktionalen Beziehungen etwas detaillierter beschrieben werden. Konkret geht es darum, Grundbegriffe wie Rat, Zunft und Gemeinde für die Stadt und Grundherrschaft, Territorialstaat und bäuerliche Gemeinde für das Land kurz zu erläutern.

1.1 Stadtunruhen

Die Geschichte der spätmittelalterlichen Stadt ist – nicht nur, aber auch – die Geschichte von gewaltsamen Auseinandersetzungen um die soziale Verteilung der politischen Macht.

Stadtunruhen als Konflikte zwischen Patriziern und Zünften

„Vom ausgehenden 13. bis in das 15. Jahrhundert (kam es) zu jenen Zunftkämpfen und Zunftrevolutionen, die das innere Leben der großen und mittleren Städte Deutschlands mehr oder minder stark beeinflußten oder erschütterten. Patriziat und Zünfte lagen im

Streit um die Besetzung des städtischen Rates: das Patriziat als eine geburtsständisch niemals völlig abgeschlossene Führungsgruppe von Fern- und Geldhändlern sowie Rentnern, die den ausschließlichen Anspruch auf die Verteilung der Ratssitze erhob, und die Zünfte oder Ämter als die mit dem Aufblühen der Städte wirtschaftlich erstarkten beruflichen Einungen der nichtpatrizischen Kaufleute, der Einzelhändler und Handwerker, welche die Beteiligung am Stadtregiment oder dessen Beherrschung erstrebten" [66: MASCHKE, Soziale Kräfte in der deutschen Stadt, 289f.]. Patrizier und Zünfte sind die konfligierenden sozialen Gruppen in der spätmittelalterlichen Stadt; die Zünfte, die Bürgerschaften, bilden das aggressive Element, das auf Veränderung drängt.

Häufigkeit städtischer Unruhen

Es ergeben sich naturgemäß Schwierigkeiten, die städtischen Unruhen exakt quantifizierend zu erfassen, weil eindeutige Kriterien, ab wann innerstädtischer Widerstand die Qualität eines „Aufruhrs" oder einer „Revolte" erreicht, von der stadtgeschichtlichen Forschung nicht geliefert wurden, auch von der Sache her schwer geliefert werden können. Von etwa 200 Unruhen ist die Rede. Vornehmlich waren es Reichsstädte und große landesherrliche Städte, die von ihnen betroffen wurden: Augsburg, Dinkelsbühl, Frankfurt, Köln und Ulm etwa unter den Reichsstädten, Magdeburg, Mainz und Wien beispielsweise unter den landesherrlichen Städten. Diese Beobachtung verweist auf den Umstand, daß dort, wo die Autonomie der Stadt hoch war – und diese Situation war in den Reichsstädten und in den großen landesherrlichen Städten gegeben – auch die Konfliktanfälligkeit besonders groß ist. Anders ausgedrückt: wo die städtische Autonomie weit gezogen war, erhielt der städtische Rat naturgemäß einen stärker „obrigkeitlichen" Charakter; dementsprechend wären städtische Unruhen in einem sehr allgemeinen Sinn als Auseinandersetzungen zwischen „Obrigkeit" und „Untertanen" zu interpretieren.

Stadtunruhen als Phänomen in Großstädten

Beispielsfall Straßburg

Was bei den städtischen Revolten vorliegt, sei an einem Einzelfall kurz dargelegt: an Straßburg. Zu Beginn des 14. Jahrhunderts wurde Straßburg von einem 24 Mitglieder zählenden Rat regiert, der sich exklusiv aus Patriziern zusammensetzte; näherhin handelt es sich um Adelige aus der ehemals staufischen und bischöflichen Ministerialität sowie Fernhändler, die die Stadt schon deswegen fest in der Hand hatten, weil sich der Rat durch Kooptation ergänzte. Seit dem frühen 14. Jahrhundert kommt es zu Unruhen, ausgehend von den Handwerkern und Kaufleuten, die im Verlauf des 13. Jahrhunderts die wirtschaftlich führenden Kräfte der Stadt geworden waren. Zum Jahr 1308 berichtet eine Straßburger Chronik über „ein gescholle zwischen den edeln und dem gediegenen zů Strosburg", womit die Gemeinde gemeint sein dürfte; und die Schwere des Konflikts bestätigt dieselbe Chronik mit dem lapidaren Hinweis, daß „die edeln ... des gedigenen 16 erschlugent" [56: Czok, Zunftkämpfe, 137]. Gravierender, weil erfolgreicher, war ein Aufstand 1332, dessen Ergebnis ein Zeitgenosse mit dem Satz kommentierte: „Sus [so] kam der gewalt us der herren hant an die andwerke". Die in Zünften organisierten Handwerker hatten sich während des Aufstandes der Schlüssel der Stadttore bemächtigt und damit verhindert, daß die Geschlechter der Stadt Hilfe von ihren adeligen Verwandten im Elsaß erhielten, und sie hatten das Stadtsiegel und das Stadtbanner an sich genommen und damit die Symbole der städtischen Herrschaft usurpiert.

Die Konfliktlage: Handwerker gegen Patrizier

Der Aufstand von 1332 führte zu einem tiefgreifenden Verfassungswandel in der Stadt, wenngleich „der gewalt", die Herrschaft also, nicht ausschließlich auf die „andwerke" überging. Der neue Rat umfaßte 50 Mitglieder, die je zur Hälfte von den 25 Zünften und den bislang führenden Familien gestellt wurden. Insofern sich aus den Geschlechtern auch die „vier Meister" rekrutierten, die gewissermaßen Bürgermeisterfunktionen wahrnahmen, blieb auch nach dieser „Zunftrevolte" der Anteil der alten Eliten in den politischen Gremien der Stadt bemerkenswert hoch.

Verfassungsänderung durch Aufstand

Der Straßburger Aufstand brachte zweifellos die bislang exklusiv patrizische Herrschaft in der Stadt zu Fall, doch er schuf keine politische Gleichberechtigung unter den Handwerkern. Die neue Verfassung der Stadt ist vielmehr das Abbild der sozialen Stellung der einzelnen Gruppen in der Stadt.

Die neue Verfassung der Stadt, welche die tiefgreifende Erschütterung der bisherigen politischen Ordnung auffangen sollte, konnte nicht sofort jenen Grad von Stabilität ausweisen, der weitere Änderungen überflüssig gemacht hätte. Bis zur Mitte des 14. Jahrhunderts kam es wieder und wieder zu Modifikationen in Einzelheiten – zum Teil begleitet von schweren Ausschreitungen, denen etwa 1345 2000 Juden zum Opfer fielen –, bis endlich die konkurrierenden Kräfte in eine von allen Gruppen respektierte Verfassung eingebunden waren. Der jetzt 56köpfige Rat setzte sich hälftig aus Vertretern der Zünfte einerseits, der Geschlechter und Bürger andererseits zusammen; ihm standen ein „Ammannmeister" aus den Zünften und die „vier Meister", die aus allen Gruppen der Stadt wählbar waren, vor.

Verfassungsrevision im 14. Jahrhundert

Städtische Revolten sind, wie das Straßburger Beispiel zeigt, kein einmaliger Vorgang, sondern können sich wiederholen [vgl. 61: Ehbrecht, Hanse]. Sie müssen auch nicht von den Zünften getragen sein, sondern können einen im sozialen Sinn komplexeren Charakter haben, wenn sich die Stadtbevölkerung, die Gemeinde im weitesten Sinn, an ihr beteiligt. Um das zu illustrieren sei auf Lübeck als Beispielsfall kurz hingewiesen.

Beispielsfall Lübeck

In Lübeck kam es 1376, 1380, 1384, 1408–1416 und nochmals 1523 zu größeren Unruhen [73: Wehrmann, Lübeck]. Deren Ursachen sind überwiegend Steuererhöhungen, welche die Gemeinde häufig in einer Mißwirtschaft des Rates begründet sieht, falls sie nicht sogar Korruption bei den Räten unterstellt. Im Verlauf des Aufstandes wird in der Regel eine „revolutionäre Behörde" [73: Wehrmann, Lübeck, 61] gebildet, in Lübeck ist es gelegentlich ein sogenannter „Sechziger-Ausschuß", der vom Rat nicht nur Rechenschaft über die städtischen Finanzen fordert, sondern auch eine Beteiligung an der Verwaltung. Der Rat fängt die Unruhe üblicherweise in der Art auf, daß er die Rechnungsbücher zur Einsicht freigibt und Mitglieder des Ausschusses den einzelnen Ratskollegien zuordnet. Sofern es dennoch zu weiteren Radikalisierungen kommt, tritt er, um Blutvergießen zu vermeiden bzw. den innerstädtischen Frieden zu sichern, zurück. Doch oft können die alten Räte nach einer gewissen Zeit in ihre Ämter zurückkehren, und die wieder gesicherte Verfassung wird durch einen neuen Eid der Bürgerschaft bekräftigt.

Konfligierende Gruppen in der Stadt

Rat, Zunft und *Gemeinde* sind die institutionellen und sozialen Größen, zwischen denen sich im Spätmittelalter die Auseinandersetzung um die politische Macht abspielt.

Rat

Der *Rat* wurde in den Anfängen einer Stadt mehrheitlich von Gefolgsleuten (Ministerialen) des Stadtherrn beherrscht. Er übte die administrativen, rechtspflegerischen und politischen Funktionen aus, die überwiegend vom Stadtherrn übertragene Aufgaben waren und ihre Wurzeln in der Vogtei hatten. Das läßt sich besonders deutlich an den Reichsstädten zeigen; die führende politische Figur ist hier der Ammann, der den Vorsitz im Stadtgericht führt, vom König (oder dem ihn vertretenden Landvogt) eingesetzt und von ihm mit dem Bann belehnt wird. Schrittweise gelingt es der Stadt, auf die Bestellung des Ammanns einen stärkeren Einfluß zu nehmen, bis er schließlich zum städtischen *Beamten* wird, und verbreitet erwerben die Städte vom Kaiser den Bann via Pfandschaft oder Kauf. Mit der gerichtlichen Autonomie, die damit erreicht wird und einer „Entvogtung" gleichzusetzen ist, wachsen auch die Kompetenzen der Stadt in administrativer und politischer Hinsicht. Aus dem Stadtgericht kann sich der Rat entwickeln, dessen Geschäfte bald ein Bürgermeister führt.

Solange der Rat und das Gericht vornehmlich durch adelige, ehemals ministerialische Patrizier besetzt bleiben, übt der Adel eine der fürstlichen Herrschaft auf dem Land vergleichbare Stellung in der Stadt aus. Wo die Zünfte oder die Gemeinde den Rat „erobern", bricht die Stadt aus dem traditionellen Gehäuse feudaler Herrschaft aus. Die Legitimation des Rates fußt dann nicht mehr auf adeliger Geburt oder stadtherrlicher Funktionsdelegation, sondern auf kommunaler oder zünftischer Repräsentation.

Die *Zunft* ist der korporativ-genossenschaftliche Zusammenschluß von Handwerkern und Kaufleuten. Der Ausgangspunkt der Zunftbewegung ist zweifellos ein wirtschaftlicher, denn in einer Zunft schließen sich Bürger mit gleichen oder merkmalsgleichen Berufen zusammen. Doch bleibt die Zunft kein wirtschaftlicher Interessenverband allein: sie entwickelt ihr eigenes Ethos (beispielsweise hinsichtlich Qualität und Preis der Produkte), ihr eigenes kulturelles und religiöses Brauchtum (Zunfthaus, Tanz, Bruderschaft), ihre eigenen karitativen Einrichtungen (zur Unterstützung der Witwen und zur Beisetzung der Zunftgenossen). Zünfte

Auf eine Besonderheit ist eigens hinzuweisen. In den deutschen Städten sind die „wirtschaftlichen" Zünfte nicht immer identisch mit den „politischen". Bei den „Zünften", die in Straßburg Vertreter in den Rat entsandten, handelt es sich um „politische Zünfte", die in der Regel mehrere Gewerbe und Handwerke umfaßten: so bildeten etwa die Steinmetzen und Maurer eine gemeinsame Zunft oder die Wagner, Trechseler und Kistener. Wie die Straßburger Ratslisten ausweisen, gab es innerhalb der Zünfte eine Hierarchie: die Kürschner rangierten vor den Wollschlägern, die Wollschläger vor den Webern.

Die Zünfte innerhalb einer Stadt sind somit nicht von gleichem Gewicht, und ihre Bedeutung kann von Stadt zu Stadt variieren. In Basel, einer ausgeprägten Handelsstadt mit nur ansatzweise entwickeltem Gewerbe, sind die „Herrenzünfte" der Kaufleute, Münzerhausgenossen, Krämer und Weinleute führend, im elsässischen Hagenau, einer Textilstadt, stehen Tucher und Weber an der Spitze, in Colmar mit seiner vorzugsweise landwirtschaftlichen Ausrichtung die Ackerleute, Wingertleute und Gärtner. Wo die Zünfte sich politisch gegen den patrizischen Rat durchsetzen, findet dieser Tatbestand auch in der Zusammensetzung des Rates seinen Ausdruck. Der höhere Status einer Zunft wurde häufig in einer größeren Zahl von Sitzen im Rat abgebildet.

In den zunftverfaßten Städten ist das Bürgerrecht an die Mitgliedschaft in einer Zunft gebunden. Aber die Bürgerschaft ist auch eine eigene Größe und schließlich als *Gemeinde* eine Institution der städtischen Verfassung. In der Gemeindeversammlung bzw. ihrem repräsentativen Gremium, dem Großen Rat, begegnet man einer äußerst interessanten und zur Entschlüsselung des Selbstverständnisses der Stadt äußerst wichtigen Erscheinung. Gemeinde bzw. Großer Rat werden dann einberufen, wenn Entscheidungen grundsätzlichen Charakters zu fällen sind: Bündnisse mit anderen Städten, Stadtrechtserneuerungen und schließlich die Einführung oder Ablehnung der Reformation werden diesem Gremium zur Entscheidung vorgelegt. Das macht nur einen Sinn, wenn sich die Bürgerschaft insgesamt, anders gesprochen die Gemeinde, als Ausgangspunkt aller politischen, rechtlichen und administrativen Kompetenzen der Stadt versteht – sie beansprucht, um mit dem Straßburger Chronisten zu sprechen, „den gewalt", oder, um es in der staatstheoretischen Terminologie der Frühneuzeit zu sagen, die „Souveränität". Damit wird der Rat zum ausführenden Organ der Gemeinde. Von ihr bezieht er seine Legitimität.

Gemeinde

Die Sicherung dieser Grundbefindlichkeit ist das Motiv aller Stadtrevolten bis zum Ende des Alten Reiches.

1.2 Bäuerlicher Widerstand

Es gehört schon lange zu den gesicherten Kenntnissen der Forschung, daß das Spätmittelalter auch durch die geradezu epidemisch ausbrechenden Bauernunruhen definiert werden muß, die nicht nur innerhalb des Reiches nachzuweisen sind, sondern eine gesamteuropäische Erscheinung darstellen.

Konzentriert man den Blick auf das Reich, dann ist auffällig, daß die bäuerlichen Revolten, Aufstände und Widersetzlichkeiten unterschiedliche Adressaten haben: dazu gehören Reichsprälaten wie die Äbte von Kempten und St. Gallen, Fürstbischöfe wie jene von Salzburg und Basel, landsässige Klöster wie Steingaden im Herzogtum Bayern und St. Blasien im habsburgischen Vorderösterreich, Adelige wie die Grafen von Montfort und die Herzöge von Württemberg und schließlich auch Reichsstädte wie Zürich und Bern.

Die Gegner aufständischer Bauern

Eine solche Beobachtung erschwert es ungemein, gewissermaßen auf Anhieb einsichtige Gründe für den bäuerlichen Protest zu benennen, weil die hier auswahlweise genannten „Herrschaften" und „Obrigkeiten" ganz unterschiedliche Rechte gegenüber den Bauern wahrnahmen. Der Abt von Steingaden war wenig mehr als Grundherr seiner Hintersassen, wohingegen die entscheidenden politischen Rechte wie Steuerhoheit und Hochgerichtsbarkeit bei den Herzögen von Bayern lagen; St. Blasien verfügte gegenüber den Bauern auf dem Schwarzwald hauptsächlich über leib- und grundherrliche Besitztitel, die Herrschaftsrechte in ihrer Gesamtheit jedoch mußte es mit der österreichischen Regierung in Ensisheim teilen; hingegen nahm die Reichsstadt Bern gegenüber ihren Bauern auf der Landschaft eher gerichts- als grundherrliche Rechte wahr.

Aus der verfügbaren Literatur lassen sich nur Annäherungswerte über die Zahl bäuerlicher Revolten gewinnen; mit rund 60 wird man für das Spätmittelalter mindestens rechnen müssen [24: BIERBRAUER, Forschungsbericht, 26ff.], wiewohl solche Zahlen leicht eine Scheingenauigkeit vorspiegeln. Vorsicht ist nicht nur deswegen am Platz, weil ähnlich wie bei der Erforschung städtischer Unruhen bislang präzise Kategorien fehlen, die eindeutig erkennen ließen, wann bäuerliche Widersetzlichkeiten als Revolte, Aufstand oder sozialer Konflikt zu werten sind, sondern auch deswegen, weil erst neuerdings ganze Regionen als aufstandsintensiv erschlossen wurden, die, wie das Herzogtum Bayern, bislang als völlig konfliktfrei galten [302: R. BLICKLE, Altbayern]. Größere Verbindlichkeit als die absoluten Zahlen darf die Beobachtung beanspruchen, daß der bäuerliche Protest vom 14. Jahrhundert bis zur Reformationszeit erheblich wächst und die Forderungen einen zunehmend prinzipiellen Charakter erhalten. Geht man von den bisherigen Daten aus und unterteilt man die Unruhen nach Generationen von 25 Jahren, so ergibt sich, daß im 14. Jahrhundert auf eine Generation lediglich ein Aufstand fällt, in der zweiten Hälfte des 15. Jahrhunderts sind es bereits sechs bzw. acht und im Zeitraum von 1500–1525 schließlich 18. Die steigende Radikalisierung kommt darin zum Ausdruck, daß zunächst von den Bauern lediglich einzelne Herrschaftstitel angefochten werden, um 1500 jedoch bereits die bestehenden Formen von Herrschaft und Staatlichkeit an sich in Frage gestellt werden, etwa wenn in den Bundschuhaufständen am Oberrhein lediglich noch die Herrschaft des Kaisers respektiert wird [165: FRANZ, Bauernkrieg, 1–91].

Zunahme von Bauernunruhen im Spätmittelalter

„Bauernrevolten" und „Bauernaufstände" richten sich – das ist ihr kleinster gemeinsamer Nenner – gegen Herrschaft. Um ein möglichst breites Spektrum der bäuerlichen Widerstandsformen einzufangen, empfiehlt es sich, die Auswahl von Einzelfällen zur Erfassung des Gegenstandes nach unterschiedlichen Herrschaftsträgern vorzunehmen.

Beispielsfall Kloster Ochsenhausen

Das Kloster *Ochsenhausen*, eine adelige Gründung des 12. Jahrhunderts und zunächst Priorat von St. Blasien im Schwarzwald, wurde 1391 Abtei, löste sich im 15. Jahrhundert zunehmend vom Landvogt in Schwaben und erlangte damit eine nahezu reichsunmittelbare Stellung [25: P. BLICKLE, Landschaften, 112–116]. Die Bauern in den umliegenden Dörfern – Ochsenhausen verfügte spätestens seit Ende des 15. Jahrhunderts über ein recht geschlossenes Territorium – waren Grundholden und Leibeigene des Klosters, sie bestätigen dem Abt in der Regel bei der Übernahme eines Hofes, daß sie dem Kloster mit „Liben vnd gůt mit aigenschafft zů gehoeren". Das bedeutete einerseits, daß die Bauern prinzipiell nicht freizügig waren, andererseits, daß der Hof und die Verlassenschaft nach dem Tod des Beständers an das Kloster fielen. Kinder und nächste Verwandte waren nicht erbberechtigt.

Verlauf des Aufstandes

Gegen diesen Zustand wehrten sich die Bauern seit Ende des 15. Jahrhunderts, zunächst in individuellen Klagen, schließlich in gemeinsamen Aktionen: 1496 verlangte eine Delegation aller Dörfer beim Abt eine Verbesserung der bäuerlichen Rechtsstellung. Da dieser Schritt folgenlos blieb, verweigerten die Bauern 1498 dem neugewählten Prälaten die Huldigung. Das führte zu Verhandlungen und Tagsatzungen unter Vermittlung benachbarter Prälaten und Reichsstädte, schließlich des Schwäbischen Bundes. Angesichts der Tatsache, daß alle Verhandlungen scheiterten, nahm der Protest der Bauern militante Formen an: 1501 schlossen sie sich „bey nächtlicher weyl" in einer beschworenen Einung zusammen, verweigerten dem Kloster daraufhin die Abgaben und drohten dem klösterlichen Vogt bewaffnetes Vorgehen an, falls ihre Beschwerden weiterhin unerledigt bleiben sollten. Diese Drohung führte zur militärischen Intervention des Schwäbischen Bundes und zur schließlichen Unterwerfung der Aufständischen. Dem Schwäbischen Bund, dessen Legitimität ja auf dem Landfriedensschutz beruhte, war seiner Verfassung entsprechend jedoch offensichtlich an einer dauerhaften Bereinigung der Beschwerden gelegen. Ein 1502 zwischen Kloster und Bauern geschlossener und von Bundesmitgliedern vermittelter (bis zum Ende der Klosterherrschaft im frühen 19. Jahrhundert gültiger) Vertrag führte zu einer Verbesserung der bäuerlichen Rechte: die Klostergüter wurden von Fall- in Erblehen umgewandelt; die Kinder konnten nach Abzug einer 10%igen Abgabe und nach Entrichtung

Verbesserung der bäuerlichen Rechtsstellung

von Besthaupt (bestes Stück Vieh im Stall) und Gewandfall (bestes Kleid) an das Kloster das elterliche Vermögen erben; die Freizügigkeit wurde allen Klosteruntertanen gewährt, unter Respektierung des klösterlichen Anspruchs auf Besthaupt und Gewandfall.

Beispielsfall Erzstift Salzburg

Im Erzstift *Salzburg* kam es 1462 zu einem Bauernaufstand [13: KLEIN, Bauernaufstand; 86: FRANZ, Bauernaufstand]. Anlaß war die Ausschreibung einer Weihsteuer durch den neu in sein Amt gekommenen Erzbischof Burkhard von Weißbriach, deren Höhe sich gegenüber der letzten Steuer mehr als verdoppelt hatte. Beschwerden einzelner Gemeinden wurden seitens des Bischofs mit Drohungen und der offenbar gewaltsamen Eintreibung der Steuer beantwortet, was zum Zusammenschluß der Mehrheit der Stiftsuntertanen unter Führung des Pongaus und des Pinzgaus und zu einer gemeinsamen Beschwerdeschrift an den Bischof führte. Die „Landschaft", wie die Bauern sich jetzt nannten, besetzte Burgen und Pässe, offensichtlich um eine militärische Intervention des Bischofs von Salzburg aus zu verhindern. Das veranlaßte den Landesherrn zum Einlenken: im August 1462 kam es unter Vermittlung bayerischer Räte und einer Delegation der Salzburger Landstände zu Verhandlungen zwischen dem Bischof und einem 100köpfigen Bauernausschuß mit dem Ergebnis, daß die Weihsteuer auf die Summe reduziert wurde, die 1452 eingehoben worden war, und die Pässe und Burgen von den Bauern freigegeben wurden.

Verlauf des Aufstandes

Offensichtlich waren während dieser Verhandlungen von seiten der Salzburger Untertanen weitere Beschwerden vorgetragen worden, denn im Oktober 1462 wurden die bäuerlichen Gerichte auf einen Landtag geladen, um dort die verbliebenen Differenzen auszuräumen. Gerichtsverfassungsrecht, bischöfliche Verwaltung, Abgaben, Maße und Gewichte, Leibeigenschaftsangelegenheiten, Erbrecht und anderes waren Gegenstände der bäuerlichen Gravamina, die mehrheitlich dahingehend entschieden wurden, es beim „alten Herkommen" zu belassen; da dieses alte Herkommen als prozessual einklagbar verstanden wurde, blieben konkrete und für das ganze Land verbindliche Regelungen aus. Der kollektive Protest wurde gewissermaßen auf den individuellen Klageweg verwiesen.

Beispielsfall Landschaft Zürich

Der Aufstand im reichsstädtischen Territorium von *Zürich* von 1489 firmiert als „Waldmannhandel", weil Zürichs Bürgermeister Hans Waldmann der eigentliche Gegner der Bauern war [9: GAGLIARDI, Waldmann; 165: FRANZ, Bauernkrieg, 5–7; 82: DIETRICH, Zürich, 33–97].

Zürich hatte sich im 14., verstärkt im 15. Jahrhundert nach Süden und Norden erheblich ausgedehnt und vornehmlich von Adeligen und Klöstern ein umfangreiches Territorium erworben. Der Anlaß für den Aufstand scheint zunächst recht dürftig: Zürich verlangte die Abschaffung der großen Hunde auf dem Land mit der Begründung, sie würden dem Wild schaden. Allerorten stießen die Ratsherren, welche die Exekution des Mandats zu überwachen hatten, auf Erbitterung, und die Erregung fand zunächst ihren Höhepunkt in einer „Gemeinde" in Erlenbach, auf der sich Bauern mehrerer Dörfer wechselseitig eidlich verpflichteten, ihre Interessen gemeinsam und mit Nachdruck zu vertreten. Erste Verhandlungen, welche die Zürcher Räte am 1. März mit den Bauern aufnahmen, führten zu der Vereinbarung, daß die Beschwerden insgesamt vor dem Rat entschieden werden sollten. Weil aber Waldmann nur mit den einzelnen Gemeinden zu verhandeln bereit war und weil er darüber hinaus die bislang ruhig gebliebenen Dörfer zur Verteidigung der Stadt aufgeboten hatte, wurde seitens der Bauern am ganzen Zürichsee mobil gemacht. Am 4. März standen 2000 wohlgerüstete Bauern vor den Toren der Stadt, die weiteren Zuzug von anderen Dörfern erhielten und schließlich auch durch das Überlaufen des in der Stadt stationierten landschaftlichen Kontingents unterstützt wurden.

Verlauf des Aufstandes

In dieser bedrohlichen Lage hielt es Waldmann doch für geboten, die eidgenössischen Orte zu informieren und um ihre Vermittlung nachzusuchen. Unter ihrer Teilnahme verhandelten der Zürcher Rat und ein 50köpfiger Ausschuß der Bauernschaft über folgende Beschwerden: Einführung neuer Steuern, Monopolisierung des Salzkaufs, Neuerungen bei der Besetzung der Untervogts- und Gerichtsstellen, Reglementierung der Hochzeiten und Verbot der Hundehaltung. Von der Plazierung her hatten offensichtlich zwei Gravamina Vorrang – die Einschränkung der kommunalen Selbstverwaltung und die Verschärfung des Untertaneneides: „Zum ersten, das sie am Zürichsee vor ettliche zitten in einem bruch harbracht, das si gemeinden gehept haben, das sye inen abgeschlagen." Neben die Forderung nach freier Abhaltung der Gemeindeversammlung trat die Ablehnung der von Zürich verlangten Eidformel „minen herren gehorsam ze sind in allen sachen", vielmehr wollte man sich nur auf den Eid verstehen, „gehorsam ze sind in allen zymlichen sachen" [9: Gagliardi, Waldmann 2, 7–10]. Bauern und Rat fanden, wie oft in solchen Fällen, zu einem Kompromiß, demzufolge die Gemeindeversammlungen wieder gestattet und einige weniger zentrale Forderungen bereinigt wurden, im übrigen aber auf das „alte Herkommen" verwiesen wurde. Dennoch nahm die Angelegenheit nochmals eine unerwartete Wendung, weil Waldmann angeblich den mündlich vereinbarten Abschied fälschen ließ. Der neuerliche Aufzug von 6000–8000 Bauern vor der Stadt, mit dem sich eine innerstädtische Unruhe verknüpfte, führte zur Verhaftung Waldmanns und zu seiner Hinrichtung am 6. April.

Forderungen der Zürcher Landschaft

Jetzt war nochmals über die bäuerlichen Forderungen zu verhandeln, die nun im Anspruch gipfelten, „hinfür kein nüwen uffsatz niemermer ze thûnde in kein wiß noch weg denn mit der ganzen lantschaft wüssen und willen". Alle Neuerungen, so läßt sich diese Forderung übersetzen, sollten einer gewissermaßen „parlamentarischen" Kontrolle durch die gesamte Untertanenschaft, die Landschaft, unterworfen werden. Die Eidgenossen, die ein weiteres Mal vermittelten, brachten schließlich doch teilweise positive Resultate für die Bauern zustande: Abschwächung des Untertaneneids im Sinne der Bauern; Zulassung der Hochzeiten im früheren Umfang; Freigabe des Salzkaufs u.a. Zwar waren die Zugeständnisse nach verbreiteter Einschätzung in der Forschung nicht allzu weitgehend [165: FRANZ, Bauernkrieg, 7; 9: GAGLIARDI, Waldmann I, CLXXXIX], aber sie ordneten doch das Verhältnis zwischen Stadt und Landschaft bis 1798.

Konfliktebenen: Grundherrschaft, Territorialstaat, Gemeinde

„Bauernrevolten" können – wie der Fall Ochsenhausen gezeigt hat, der für viele kleine klösterliche und adelige Herrschaften repräsentativ ist – in Fragen der Liegenschaftsnutzung, der persönlichen Rechtsstellung, des Erbrechts ihren Ursprung haben. Der Konflikt wurzelt somit in einem Bereich, der deutlich Spuren mittelalterlicher Agrarverfassung aufweist, nach der ein Bauer in der Regel „unfrei" war und keine erblichen Rechte an dem Grund und Boden hatte, den er bewirtschaftete. Ochsenhausen ist somit gewissermaßen ein Modellfall für eine Revolte gegen „feudale Herrschaft", die in der Wissenschaftssprache heute als *Grundherrschaft* in Erscheinung tritt. „Bauernrevolten" können sich – wie der Fall Salzburg zeigt – an fürstlichen Steuern, landesherrlicher Verwaltung und territorialstaatlicher Gerichtsbarkeit entzünden, an Formen frühmoderner Staatlichkeit, die im Reich nur im Rahmen des *Territorialstaats* entwickelt werden. „Bauernrevolten" können schließlich – wie der Fall Zürich zeigt – in hohem Maße dadurch bedingt sein, daß den Dörfern ihre Rechte genommen oder diese zumindest eingeschränkt werden und der obrigkeitliche Anspruch auf Satzungshoheit ins Grenzenlose ausgedehnt wird. Katalysator der Revolte ist in diesem Fall die *Gemeinde*. Es geht um die Sicherung, Stabilisierung oder möglicherweise sogar Ausweitung ihrer Kompetenzen, wie die Forderung nach dem Zusammentritt aller Gemeinden als Landschaft zur Ratifizierung neuer obrigkeitlicher Maßnahmen vermuten läßt. Die Isolierung von Grundherrschaft, Territorialstaat und Gemeinde hat zugegebenermaßen etwas Künstliches, weil sich die Ebenen naturgemäß überlagern; dennoch mag die Separierung der drei Bereiche für das Verständnis des strukturellen Zusammenhangs, in dem Bauernrevolten stehen, nützlich sein, zumal diese drei Komponenten bis ins 19. Jahrhundert eine für Unruhen geradezu konstitutive Rolle spielen.

Der Charakter der Grundherrschaft

Die *Grundherrschaft* hat eine personale und eine dingliche Wurzel. Einerseits rührt sie her von der früh- und hochmittelalterlichen Unfreiheit großer Bevölkerungsteile, andererseits resultiert sie aus dem Umstand, daß der Bauer selten Eigentümer des Grund und Bodens war, den er bewirtschaftete, sondern diesen in der Regel von einem adeligen oder geistlichen Herrn zur Nutzung gegen Dienste (Arbeitsrente), Naturalabgaben (Naturalrente) oder Geldabgaben (Geldrente) überlassen erhielt. Da die Leihe von Grund und Boden theoretisch vom Holden „Rat und Hilfe", später „Gehorsam" forderte, vom Herrn hingegen „Schutz und Schirm", war die Beziehung zwischen Bauern und Herren nie rein ökonomischer Natur, sondern weitete sich ins Herrschaftliche und Ethische. Der Wissenschaftsbegriff „Grund-Herrschaft" versucht dem Rechnung zu tragen. Seine Treffsicherheit besteht – abgesehen von der berechtigten Akzentuierung auf „Herrschaft" – auch darin, daß die dingliche Beziehung im Verhältnis Bauer–Adel (Kirche) in der Regel im Vordergrund stand. Seine Unschärfe liegt darin, daß er nicht zum Ausdruck bringt, wie stark auch die persönlichen Abhängigkeiten des Bauern von seinem Herrn ausgeprägt sein konnten, die für das Spätmittelalter in der Figur der „Leibeigenschaft" dargestellt werden: das Verbot der Freizügigkeit, die extreme Einschränkung der Heiratsfähigkeit, die zahlreichen Dienste und die Abgaben im Todesfall waren oft höhere Belastungen als die von der Leihe des Bodens abgeleiteten. Aus dinglichen und personalen Rechten wuchsen den Herren gerichtliche Befugnisse zu – auch das bildet der Begriff Grundherrschaft nicht ab –, die sich schließlich bis zur Hochgerichtsbarkeit und umfassenden Satzungshoheit weiten konnten.

Das Funktionieren der Grundherrschaft setzte ein angemessenes Verhältnis von Leistungen und Gegenleistungen auf beiden Seiten voraus: es konnte gefährdet werden, wenn der Herr mehr an grundherrlichen Abgaben, mehr an persönlichen Dienstleistungen, mehr an herrschaftlichen Befugnissen beanspruchte als herkömmlich war; es konnte gefährdet werden, wenn die Legitimität des Herrn schwand, wenn beispielsweise seine Schutzfunktion durch das Entstehen des Territorialstaats entbehrlich wurde; es konnte gefährdet werden, wenn die Bauern, möglicherweise angespornt durch das Vorbild der Stadt, Freizügigkeit forderten oder das Erbrecht für Güter. Der Konflikt in der Grundherrschaft ist „latent" immer gegeben; keineswegs ist die Grundherrschaft jenes Refugium sozialer Harmonie, als das sie in Entgegensetzung zu einer als generell feindselig gedachten industriellen Klassengesellschaft geschildert wurde [31: BRUNNER, Bauerntum].

Konfliktlagen im System der Grundherrschaft

Zweifellos wurde die Krisenanfälligkeit der Grundherrschaft durch die Herausbildung des *Territorialstaats* befördert. Und zwar vor allem deswegen, weil die Gegenleistungen, die der Grundherr für die Abgaben und Dienste der Bauern erbrachte, vom Landesfürstentum weitgehend übernommen wurden: der militärische Schutz und die Sicherung des Rechts durch eine effektive Gerichtsorganisation. Daß der Territorialstaat selbst zum Exerzierfeld bäuerlicher Renitenz werden konnte, hängt vordergründig damit zusammen, daß er naturgemäß neue Techniken der Herrschaftsorganisation und Herrschaftsfinanzierung entwickelte, und zwar in Form der Verwaltung und der Steuer, die einerseits den individuellen und kommunalen Handlungsspielraum einengten, andererseits die bäuerliche Wirtschaft zusätzlich belasteten. Heer, Bürokratie und Steuer sind die Hauptkennzeichen des „frühmodernen Staates". Die Verwaltung und die Steuer sind Ausprägungen, die bereits im 15. Jahrhundert eine höhere Bedeutung gewinnen. Das kommt in der Ausbildung der Regimente an der Spitze des Territorialstaats und in der Entwicklung einer Ämterorganisation an seiner Basis zum Ausdruck. Das damit entstehende neue Beamtentum wird nicht wie bislang mit der Nutzung von Grund und Boden sowie mit Herrschaftstiteln entlohnt, sondern mit Geld. Der Steuerbedarf des Staates erklärt sich allerdings nicht nur aus der Verwaltung, sondern auch aus der modifizierten Art der Kriegführung: der ad hoc geworbene Söldner hat spätestens im 15. Jahrhundert den Ritter verdrängt.

Die Herausbildung des Territorialstaats

Es ist zur exakten Beschreibung des Territorialstaats unentbehrlich, auf seine ständische Verfaßtheit hinzuweisen. „Die Stände sind das Land" [32: BRUNNER, Land, 423], ein sie verbindendes Recht konstituiert den politischen Verband des Landes. Institutionell neh-

Die landständische Verfassung des Territorialstaats

men die Stände im Landtag ihre Rechte war, und das sind Steuerbewilligung, Beteiligung bei der Gesetzgebung, gelegentlich auch Entscheidung über die Rechtmäßigkeit von Kriegen. Der Landesfürst ist im Spätmittelalter noch weit davon entfernt, „absolut" zu sein; die Stände sind eine politische Institution von hohem Gewicht, wie beispielsweise ihre Beteiligung bei der Konfliktregulierung in Salzburg zeigt.

Die gemeindliche Verfaßtheit der bäuerlichen Gesellschaft

Bauernrevolten sind offensichtlich nicht nur Reaktionen auf Veränderungen „von oben"; sie verfügen auch über ihre eigenen Wurzeln, und diese liegen in der *Gemeinde*. Alle spätmittelalterlichen Aufstände werden von den Gemeinden her organisiert, und es fällt schwer, Bauernaufstände in Deutschland nachzuweisen, bevor die Gemeinden zur primären Form bäuerlicher Vergesellschaftung geworden sind. Die Gemeinde setzt die Entstehung des Dorfes oder ähnlicher Verbände voraus [28: P. BLICKLE, Kommunalismus].

Zeitlich gesehen entsteht das Dorf an der Übergangsstelle von der fronhofsorientierten zur abgabenorientierten Agrarverfassung. Im Fronhofs- bzw. Villikationssystem – beschreibt man es idealtypisch – wird ein Großteil der verfügbaren landwirtschaftlichen Nutzfläche durch Dienste der Unfreien nach der Weisung des Herrn (Fron) oder seines Verwalters (villicus) bewirtschaftet. Im Prinzip verfügt der Herr unbeschränkt über die Arbeitskraft seines Leibeigenen. Der abgabenorientierten Agrarverfassung gehen grundlegende Wandlungen voraus:

Neue Formen der Arbeitsorganisation

Die Eigenwirtschaft des Herrn geht stark zurück, sein Eigenland wird parzelliert an Bauern ausgegeben, die Dienste entfallen somit, und der bisher Unfreie kann relativ autonom über seine Arbeitskraft verfügen.

Organisation des dörflichen Alltags

Das Dorf gründet auf dem Zusammensiedeln von selbständig wirtschaftenden Bauern. Mit dem Dorf entsteht die typische Dreiheit von Siedlung, bebauter Flur und Allmende, wobei Haus, Hof und Garten individuell genutzt werden, die Flur in Form der Dreifelderwirtschaft in der Abfolge Winterfrucht, Sommerfrucht, Brache individuell-genossenschaftlich und die Allmende (Wald und Weide) genossenschaftlich. Die genossenschaftlichen Formen der Bewirtschaftung der Dorfmark sichern den Zusammenhalt der Bauern, begründen ihr wechselseitiges Aufeinanderangewiesensein.

Der neue Siedlungsverband Dorf und die Modalitäten der Bewirtschaftung der Dorfmark erforderten die Schaffung von Normen; Organe für die Überwachung und Einhaltung dieser Normen mußten ausgebildet werden; und schließlich mußten Institutionen zur Bestrafung von Normverletzungen geschaffen werden. Auf diese Weise entstanden die Dorfsatzung, die dörflichen Organe (für die Kontrolle der Flur und des Waldes, die Überwachung dörflicher Gemeinschaftseinrichtungen wie Schmiede, Badstube, Taverne, die Aufrechterhaltung des dörflichen Friedens u.a.) und das Dorfgericht. In letzter Verantwortlichkeit gehen Satzungshoheit, Administration und Gerichtsbarkeit auf die Gemeindeversammlung zurück, an der teilzunehmen üblicherweise nur die Hofinhaber, die „Hausväter", berechtigt sind: die Dorfgemeinde erläßt die lokalen Satzungen, und sie bestimmt durch Wahl oder andere Verfahren, zum Teil im Zusammenwirken mit dem Grundherrn, die Amtsträger im Dorf.

Wie der Territorialstaat der Grundherrschaft Aufgaben entzog und sie damit krisenanfälliger machte, so entzog gleichfalls die Gemeinde der Grundherrschaft Funktionen und erschwerte es dem Territorialstaat, sich widerstandslos nach unten auszubreiten. Seine Eingriffe konnten nicht nur lästig, sondern bei einer ausgebildeten bäuerlichen Administration auch gänzlich entbehrlich erscheinen.

2. Die Übergangsepoche zwischen Mittelalter und Neuzeit

Ohne spätere Interpretationen schon jetzt vorwegzunehmen, ist unstreitig, daß zumindest hinsichtlich der Formen des sozialen Protestes zwischen Mittelalter und Neuzeit eine eigene, von beiden Epochen unterschiedene Zeitspanne ausgegrenzt werden muß. Sie fällt im allgemeinsten Sinne zusammen mit der Reformation, und ihr Charakter besteht unter der hier verfolgten Fragestellung darin, daß einerseits die Revolten zahlenmäßig enorm zunehmen, wie ein Blick auf die Städte zeigt, und andererseits ihre Radikalität erstaunlich wächst, wie der Bauernkrieg von 1525 ausweist: Die Epoche verfügt jedoch noch über ein zusätzliches Merkmal, das sie vom Spätmittelalter und der Frühneuzeit sondert: es ist die engere Verzahnung städtischen und ländlichen Protestes, die um 1500 unübersehbar wird (1); Bauern und Bürger gehen Verbindungen ein, die auch noch in der Reformationszeit im engeren Sinn tragfähig sind, wiewohl es natürlich unabhängig davon Unruhen entweder stärker städtischen (2) oder ländlichen (3) Charakters gibt.

2.1 Vom Stanser Verkommnis 1481 zum Bauernkrieg 1525

Aufstände im Spätmittelalter sind auf *eine* Herrschaft, auf *eine* Obrigkeit bezogen. Das ändert sich am Vorabend der Reformation, und zwar, soweit sich sehen läßt, erstmals 1477 in der Schweiz mit dem sogenannten *„Saubannerzug"*, der in der zeitgenössischen Chronistik auch das „torechte Leben" genannt wird [122: WALDER, Stanser Verkommnis].

Der „Saubannerzug" von 1477

Im Zusammenhang mit den Burgunderkriegen hatten die Eidgenossen 1475 die Waadt eingenommen, binnen 14 Tagen 16 Städte und 43 Burgen zerstört und lediglich Lausanne und Genf verschont, die zur Zahlung einer Brandschatzung verpflichtet wurden. Als die Summe von Genf zwei Jahre später immer noch nicht bezahlt war, machten sich schätzungsweise 1700 junge Urner, Schwyzer, Unterwaldner und Zuger auf, nicht nur, um die Brandschatzung in Genf gewaltsam einzutreiben, sondern auch, um solche Leute zu bestrafen, die durch Bestechungsgelder angeblich das Moratorium immer wieder verlängert hatten – die Berner Patrizier vor allem standen im Verdacht der Korruption. Nachdem die „Leute vom torechten Leben" das Mittelland und Bern passiert hatten, wurden sie schließlich, bevor sie Genf erreichten, bei Murten durch Verhandlungen zur Aufgabe ihres Vorhabens veranlaßt.

Daß es sich bei dem Unternehmen der „torechten Leute" um eine Strafaktion handelt, kann durch die Fahnen- und Bannersymbolik als erwiesen gelten. Ein Eber und ein Kolben – daher rühren die Benennungen des Unternehmens als Saubannerzug bzw. Kolbenbannerzug bei den Zeitgenossen – schmückte die Fahne der kriegerischen Mannschaft, wobei der Kolben (ähnlich der Walliser Matze) als Symbol der rechten Gewalt angesehen wurde.

Der Vorgang irritierte die Obrigkeiten der eidgenössischen Orte, vornehmlich die der Städte, aufs äußerste. Burgrechte zwischen Bern, Zürich, Luzern, Freiburg und Solothurn waren die unmittelbare Antwort auf diese Bedrohung obrigkeitlicher Positionen, und die Begründung der Burgrechte bringt dies unmißverständlich zum Ausdruck: „můtwilligen gewalt" und „vil můtwilliger úbungen" gelte es zu verhüten, „so dann leider wider die oberkeiten us ungehorsamer bewegnússen tåglichs entspringen und dadurch unser und ander land und lút krieg, kost und beswårung wachsen" [122: WALDER, Stanser Verkommnis, 271]. Im Stanser Verkommnis von 1481 suchten die eidgenössischen Orte dem Problem damit zu Leibe zu rücken, daß sie „sunderbare gfarliche gemeinden, samlungen oder antråg" verboten, sofern sie „ůne willen und erlůben" der Obrigkeiten stattfanden [121: WALDER, Bestimmungen, 92f.]. Der „Saubannerzug" und das von ihm provozierte „Stanser Verkommnis" – ein Bündnis von geradezu verfassungsmäßiger Bedeutung für die Eidgenossenschaft – sind deswegen als neuartig und ungewöhnlich einzuschätzen, weil sich junge Leute aus den verschiedensten eidgenössischen Orten zusammenfanden, der bislang übliche Bezug zum je politischen Verband also aufgegeben wurde; dann aber auch darum, weil offensichtlich ein fundamentaler Konflikt darüber ausgebrochen war, wem politische Entscheidungskompetenz letztlich zustand, den „Gemeinden" – denn Gemeindeversammlungen waren dem Saubannerzug vorausgegangen – oder den „Obrigkeiten".

Bundschuhaufstände am Oberrhein

Stellt schon der Saubannerzug eine eigenartige Form des Protestes dar, so steigern sich solche aus den Erfahrungen des Spätmittelalters nur als irregulär bezeichenbare Vorgänge mit den *Bundschuhaufständen* am Oberrhein [18: ROSENKRANZ, Bundschuh]. Der Name ist zeitgenössisch und rührt daher, daß die Aufständischen den gebundenen Schuh des Bauern (im Gegensatz zum Stiefel des Ritters) zu ihrem Fahnensymbol wählten. Seit 1493 kam es in der kurzen Zeitspanne von kaum mehr als 20 Jahren am Oberrhein zu mehreren Verschwörungen. Sie haben ausgesprochen konspirativen Charakter, sind eindeutig überregional organisiert, verlassen also im Gegensatz zu den bislang bekannten Bauernrevolten den herrschaftlichen Bezugsrahmen, und sind auch eindeutig überständisch angelegt, indem sich an ihnen Bauern und Bürger beteiligen.

Schon die Teilnehmer des Schlettstädter Bundschuhs von 1493 kamen aus Reichsstädten, bischöflichen Landstädten und Dörfern; sie hatten sich „heimlich" und „mit eiden" verpflichtet, „die proceß der geistlichen gerichte und rothweiler abzuthun ..., item die zöll, ungelt und ander beschwerden abzustellen, auch steure und beth zu geben nach irem gefallen ..., item welcher pfaff mehr dan ein pfrunde hette, ime die zu nemmen" [18: ROSENKRANZ, Bundschuh II, 1f.].

Zunehmend radikalisierte sich auch die Bundschuhbewegung. Von der „göttlichen Gerechtigkeit", die es zu verwirklichen gelte, war jetzt die Rede [18: ROSENKRANZ, Bundschuh II, 193], die Freigabe von Jagd und Fischfang wurde gefordert, die Einstellung der Zinszahlung, sofern der Zinsendienst die Höhe der Kapitalsumme erreicht haben sollte; den Klöstern sollte nur der nötigste Lebensunterhalt gegönnt werden; die geistlichen Gerichte und das Hofgericht sollten ihre Tätigkeit zugunsten der örtlichen Gerichte einstellen.

Das alles waren gewiß weitgehende Forderungen; sie wurden aber deutlich überboten durch den ersten und letzten Artikel, auf die sich die Aufständischen 1513 geeinigt hatten, nämlich, „daz sie furterhin keinen herren me wolten haben und gehorsam sin, dan allein den keiser und den babst", und „zu dem zehenden: welcher sich wider ir furnämen setz, wellen sie zu tod schlagen" [18: ROSENKRANZ, Bundschuh II, 125f.].

Alle Aufstandspläne sind frühzeitig aufgedeckt worden, so daß der Bundschuh nicht zum Ausbruch kommen konnte.

Der „Arme Konrad" von 1514 in Württemberg

Zum „torechten Leben" und zum „Bundschuh" gesellte sich 1514 der *„Arme Konrad"* [89: GRUBE, Der arme Konrad 1514]. So nannte sich der erste Anführer eines Aufstandes im Herzogtum Württemberg, und nach ihm erhielt die ganze Bewegung ihren Namen. Ausgelöst wurde der Aufstand durch eine neue Steuer bzw. ihre indirekte Aufbringung durch Veränderung der Maße und Gewichte. Im weiteren Verlauf der Unruhe kamen dann die Konturen der Beschwerden und damit die tieferliegenden Ursachen der Empörung deutlicher zu Tage. Vorrangig waren es die herzoglichen Beamten und deren als willkürlich empfundenes Handeln, das die württembergischen Untertanen aufbrachte, aber auch die als kränkend empfundene Überhegung der Wälder mit ihren für die Bauern gravierenden Wildschäden gehört zu den immer wiederkehrenden Klagepunkten. Die Gemeinde Metzingen beschwert sich „des ersten des wilden gewilds, das uns ain verderplichen, onlidenlichen, großen schaden tut tag und nach an unser früchten, win und korn" [7: FRANZ, Bauernkrieg Aktenband, 79].

Der Aufstand wurde nicht allein von den Dörfern getragen, sondern auch von den mittleren und unteren Schichten der württembergischen Amtsstädte; er richtete sich damit auch gegen die Vorrangstellung der in Württemberg von den Zeitgenossen schon so genannten „Ehrbarkeit" der führenden Familien der Städte, die gleichermaßen die Beamten im Herzogtum stellten und den württembergischen Landtag dominierten. Landstandschaft zu erwerben, näherhin den Kreis der aktiv und passiv Wahlberechtigten zu erweitern, war fraglos auch ein Ziel der Aufständischen. Das zeigten deren Bemühungen, auf einem Landtag die Beschwerden erledigen zu lassen, was naheliegenderweise nur in ihrer Anwesenheit geschehen konnte. Herzog Ulrich hat die Aufständischen geschickt ausmanövriert, indem er sich mit der Ehrbarkeit verbündete und einen Teil der Ämter auf seine Seite zog, so daß selbst der harte Kern der Revoltierenden schließlich einer militärischen Auseinandersetzung aus dem Weg ging und die Waffen niederlegte. Immerhin – das hatte es bislang noch bei keiner Erhebung gegeben – wurden 1682 Mann eingekerkert, viele hingerichtet.

Herzog Ulrich schätzte den Aufstand offenbar als äußerst bedrohlich ein, wie aus einer gedruckten Rechtfertigungsschrift an alle Reichsstände zu entnehmen ist, die einerseits dazu dienen sollte, durch das Einrücken zahlreicher Steckbriefe der entflohenen Rädelsführer habhaft zu werden, andererseits die Absicht verfolgte, dem „Armen Konrad" zu unterstellen, er sei ein „Bundschuh", und zwar mit der Behauptung, die Aufständischen hätten mit dem „göttlichen Recht" ihr Vorgehen begründet.

2.2 Städtische Unruhen im Zeitalter der reformatorischen Bewegung

Zu Beginn des 16. Jahrhunderts läßt sich in den Städten eine ungewöhnliche Zunahme von Revolten feststellen, die während der frühen Reformationsphase bis 1525 noch anhält: 16 Unruhen sind für das Jahr 1521 errechnet worden, 52 für 1522, 44 für 1523, 40 für 1524 und 51 für 1525 [103: Brendler, Luther, 299]; in den späten 1520er Jahren kommt es nochmals zu Aufständen in den Städten, sie erreichen aber bei weitem nicht mehr die Dichte wie vor 1525. Schon die Häufung der Unruhen in den frühen 1520er Jahren läßt darauf schließen, daß die Reformation die Energien freisetzte, die die Städte erschütterten. Zwei Beispiele sollen das verdeutlichen.

Stadtunruhen unter dem Einfluß der Reformation

Auf dem Weg zum Reichstag nach Worms predigte Martin Luther 1521 in *Erfurt*. Zwei Monate später kam es hier zum „Pfaffensturm", der gewaltsamen Zerstörung der Kanonikerhäuser [142: Scribner, Erfurt]. Das läßt auf einen starken Antiklerikalismus in der Stadt schließen, der nur zu dämpfen war, wenn die Geistlichkeit nicht nur in den Rechten, sondern auch in den Pflichten (Steuer, Wachdienst etc.) den Bürgern gleichgestellt wurde. Mit dem Pfaffensturm verband sich aber auch die Forderung nach Pfarrerwahl und Verkündigung des „reinen Evangeliums", wie sich aus der Tatsache ergibt, daß die Kirchgemeinden in der Stadt mehr oder minder gewaltsam solche Geistlichen auf die Pfarreien setzten, die als Anhänger Luthers gelten konnten.

Beispielsfall Erfurt

Erfurt erlebte eine zweite Erschütterung wenige Jahre später. Im Verlauf des Bauernkriegs war es auch in Thüringen und im städtischen Territorium von Erfurt zu Zusammenrottungen der Bauern gekommen. Am 28. April 1525 öffnete der Rat der Stadt den Bauern die Tore, unter der Auflage, die Bürger und deren Besitz zu schützen. Für die Kleriker wurde eine solche Garantie nicht verlangt: der Mainzer Hof und die kirchlichen Einrichtungen wurden verwüstet. Die Bauern in der Stadt – angeblich waren es 11 000 – und die Bürgerschaft wählten einen neuen Rat, der durch je einen Ausschuß der Gemeinde und der Bauern in seinen politischen Handlungen kontrolliert werden sollte. Gemeinsam beriet man die bäuerlichen und die bürgerlichen Beschwerden und brachte sie schließlich in die definitive Form von 28 Artikeln, die der Rat am 9. Mai annehmen und die einzuhalten er sich eidlich verpflichten mußte. Von einigen wirtschaftlichen Forderungen abgesehen ging es Bürgern und Bauern offensichtlich in erster Linie um Fragen der Religion, in zweiter um eine wirksame Kontrolle des Rates. „Der pfarner halben wirt fur gut angesehen", heißt es im ersten Artikel, „das die geteilt werden in etzliche pfarr nach dem gelegnesten in der stadt und das ein gemein derselbigen pfarr iren pfarrer zu setzen und zu entsetzen habe. Und das durch dieselbien verortnete pfarrer das lauter wort gottes klerlich furgetragen werde ohn allen zusatz, allerlei menschlichen gebott, satzunge und lehren, so die gewissen betreffende". Der Rat wurde für innerstädtische Angelegenheiten der Kontrolle der „Viertel" und „Handwerker" unterworfen, für allgemeine, auch das Territorium betreffende Belange einer solchen von Stadt und Landschaft: „Das man habe einen ewigen rat, welcher jherlich rechenschaft gebe ..., auch sollen hinfurt der rat keinen ufsatz ane wissen und willen der gantzen gemein und landsassen ufrichten" [8: FUCHS, Akten Bauernkrieg Mitteldeutschland, 250ff.].

Gemeinsames Handeln von Bürgern und Bauern

Erfolg war diesen programmatischen kirchen- und verfassungspolitischen Perspektiven nur bedingt beschieden: mit der Niederwerfung der Bauern in Thüringen in der Schlacht bei Frankenhausen waren die verfassungsrechtlichen Ergebnisse des Aufstandes in Form der Ratskontrolle nicht mehr zu halten; auch eine Rekatholisierung setzte ein, die schließlich in eine Konfessionsparität in der Stadt mündete.

Beispielsfall Memmingen

In der oberschwäbischen Reichsstadt *Memmingen* [153: BRECHT, Hintergrund der Zwölf Artikel; 140: SCHLENK, Memmingen] machten sich soziale Spannungen schon ausgangs des 15. Jahrhunderts bemerkbar; 1518 kam es zu einem von allen Zünften unterstützten Aufstand, weil der Memminger Rat das bisherige Verkaufsverbot für Leinwanderzeugnisse der Landweber in der Stadt aufgehoben hatte. „Populus will überhand nehmen", notierte der Stadtschreiber ins Ratsprotokoll, „zu besorgen, es werd nichtz guts darauß."

Sozialkritische Predigt und innerstädtische Unruhen

Seit 1516 predigte in Memmingen der mit Huldrich Zwingli befreundete Christoph Schappeler. Er gewann einen ständig wachsenden Anhang unter der Gemeinde, auch bei den Bauern auf dem Land. Der Inhalt seiner Predigten ist nur in Umrissen bekannt, und selbstverständlich läßt sich nicht rekonstruieren, was im einzelnen die besondere Zustimmung seiner Zuhörer fand: Die Reichen, so verkündete er von seiner Kanzel in St. Martin, würden milder bestraft als die Armen; der Lebenswandel der Priester sei ihrem Amt unangemessen; der Zehnt sei biblisch nicht zu begründen; die Messe und die Fürbitte der Heiligen seien abzuschaffen und anderes mehr. Schon 1516 mahnte der Rat den Prädikanten, sich zu mäßigen, weil er einen „Auflauf" fürchtete; 1521 vermerkt das Ratsprotokoll, Schappeler predige „frevenlich uff der gassen" und der Rat sehe sich gezwungen einzuschreiten, sonst „möcht sich [das] zu einer auffrur ziehen".

1524 verweigerten die Memminger Bauern und Teile der Bürgerschaft den Zehnten. Der Rat ging dagegen scharf vor und legte einen Bäckermeister ins Gefängnis. Das löste die Zusammenrottung von mehreren Hundert Bürgern aus, die auf dem Marktplatz spontan einen nach Zünften organisierten Ausschuß bildeten und neben der sofortigen Freilassung des Bäckers unter anderem für alle Kirchen der Stadt die Predigt „on eynich menschlichen Zusatz" und ein Religionsgespräch zwischen Alt- und Neugläubigen forderten, eine Disputation gewissermaßen, wie man sie auch in Zürich ein Jahr zuvor durchgeführt hatte. Dieses Religionsgespräch fand unter tumultuarischen Szenen an Weihnachten 1524 statt. Die Laiengemeinde beanspruchte die Entscheidung, ob die Alt- oder die Neugläubigen die besseren Argumente hätten, womit klar war, daß Schappeler bei seiner starken Anhängerschaft in der Stadt siegen würde. Gegen den mehrheitlichen Willen des Rates hatte sich die Reformation durchgesetzt. Die Geistlichen wurden in Rechten und Pflichten den Bürgern gleichgestellt, die Messe aufgehoben, das Abendmahl in beiderlei Gestalt gereicht, der Kirchenzehnt nicht mehr gefordert, sondern nur mehr erbeten.

Innerstädtische Unruhen und Bauernkrieg

Angesichts solcher Erfolge der Gemeinde war es für den Rat auch nicht leicht, eine neutrale Stellung während des Bauernkriegs zu behaupten. Daß Memmingen zum bevorzugten Tagungsort der oberschwäbischen Bauernhaufen wurde, dürfte mit solchen Umständen zusammenhängen.

Aufgrund dieser Beispiele ist die wichtige Einsicht zu gewinnen, daß die Gemeinden mittels ihrer Ausschüsse die Reformation gegen die städtischen Obrigkeiten durchgesetzt haben. Der konfessionelle Wechsel vom Katholizismus zum Protestantismus ist ein mindestens ebenso tiefgreifender Einschnitt in das Leben einer Stadt wie ihre Umsetzung von einer Patriziats- auf eine Zunftverfassung. Eine Beobachtung muß als besonders wichtig hier noch angefügt werden, weil sie auch die eingangs des Kapitels geäußerte Annahme eines jetzt engeren Zusammenhangs von städtischen und ländlichen Unruhen unterstreicht.

Die Reformation verknüpft städtischen und ländlichen Protest

In Erfurt und Memmingen spielen die zeitgleichen Unruhen auf dem Land in der Figur des Bauernkriegs eine zum Teil erhebliche Rolle für die innerstädtischen Verhältnisse. Herauszuheben ist, daß sich in der Reformationszeit ständische Schranken, die zwischen Bürgern und Bauern nachgewiesenermaßen immer bestanden, leichter und besser überbrücken lassen als in allen vorausgehenden und nachfolgenden Jahrhunderten. Dieser Zusammenhang ist als gedankliche Voraussetzung mit zu berücksichtigen, wenn im folgenden vom „Bauernkrieg" berichtet wird.

2.3 Der Bauernkrieg von 1525

Die Bauernaufstände des Spätmittelalters und deren in den Bundschuhrevolten radikalisierte Spielart wurden durch die reformatorische Bewegung zusätzlich verschärft und erhielten eine prinzipiellere Stoßrichtung. Bevor es zu den massenhaften Zusammenrottungen der Bauern kam, die schließlich in blutige Schlachten mündeten, hatten sich die Bauern im nachmaligen Aufstandsgebiet nämlich in auffälliger Weise für die Belange der Reformation interessiert.

Die Rezeption der Reformation durch die Bauern: das göttliche Recht

Im Frühjahr 1523 beschwerte sich die Gemeinde Kloten beim Zürcher Rat über ihren Leutpriester, der offenbar ihren Wünschen nicht entsprach: der Abt von Wettingen als Inhaber des Patronats solle aus dem Zehnten einen Priester anstellen, der ihnen „das Evangelium und die göttliche Schrift" verkünde. Auf Vermittlung Zürichs wurde ein Hilfspriester angestellt, der „nach Mandat der Gemeinde das Evangelium verkünden" sollte; und damit war natürlich die reformatorische Art der Schriftverkündigung gemeint. – Im Herbst 1524 erhielt die fränkische Gemeinde Wendelstein von ihrem Patronatsherrn einen Pfarrer zugewiesen, der sich allerdings auf eine Art Wahlkapitulation der Gemeinde verpflichten mußte. Die Wendelsteiner wollen ihn „allain für ein Knecht und Diener der Gemaind erkennen, das du nit uns, sunder wir dir zu gebieten haben, und bevelhen dir demnach, daß du uns das Evangelion und Wort Gottes lauter und klar nach der Wahrheit (mit Menschenlere unverkenkt und unbefleckt) treulich vorsagest". Hunderte von ähnlichen Quellenstellen [151: P. BLICKLE, Gemeindereformation, 27f.] belegen, daß die Bauern seit 1523 das „reine Evangelium" verkündet haben wollen. Das reine Evangelium verstanden sie freilich nicht nur als eine Wegleitung zum Seelenheil, sondern auch als Richtschnur für den innerweltlichen Bereich. 1525 sagt einer der Führer der oberschwäbischen Bauern in Verhandlungen mit den Obrigkeiten, er verlange nichts als „dass gottlich recht, das iedem stand ußspricht, was im gebürt ze thůn oder ze lassen", und er wolle „gelerte, frome männer, die disen span nach lut gottlicher geschrift wissen urtailen und zu entschaiden, anzaigen" [4: EGLI/SCHOCH, Kessler Sabbata, 175]. In der Heiligen Schrift ist das göttliche Recht enthalten, das ist die Quintessenz seines Verständnisses von reinem Evangelium, und diese Auffassung haben sich die Bauern 1525 zu eigen gemacht.

Die Anfänge des Bauernkriegs fallen – nach einem Vorspiel im Hegau im Sommer 1524 – in den Januar 1525 und liegen in Oberschwaben. Südlich von Ulm, am Bodensee und im Allgäu sammelten sich die Bauern verschiedener Herren und Obrigkeiten zu Tausenden. In diesem Raum entstanden im März 1525 die beiden programmatischen, mehrfach gedruckten Hauptschriften: Die „Zwölf Artikel der oberschwäbischen Bauern" und deren „Bundesordnung", ein teils reformerischer, teils revolutionärer Forderungenkatalog das eine, ein militärisch-politisches Organisationsprogramm das andere.

Das Programm der Bauern: die Zwölf Artikel und die Bundesordnung aus Oberschwaben

Die „Zwölf Artikel" [6: FRANZ, Quellen Bauernkrieg, 174–179] verlangen die Ermäßigung der Dienste und Abgaben und eine ordentliche Rechtspflege, sie fordern die Rückgabe der den Gemeinden entfremdeten Wälder, Allmenden und Zehnten, aber auch die Freigabe von Jagd und Fischerei. Die hier angedeuteten naturrechtlichen Vorstellungen finden ihre schärfste Ausprägung in der kompromißlos vorgebrachten Forderung nach Aufhebung jeglicher Leibeigenschaft; die von den Bauern ursprünglich noch vorsichtig formulierte Bitte nach der Predigt des reinen Evangeliums wird jetzt auf die Forderung nach Pfarrerwahl und -absetzung zugespitzt. Die Verknüpfung der bäuerlichen Forderungen mit reformatorisch-theologischen Kategorien kommt am überzeugendsten im 12. Artikel zum Ausdruck: sollte man ihnen ihre Forderungen „mit dem wort Gots für unzimlich anzaigen", so wollen sie darauf verzichten; die revolutionäre Dynamik jedoch liegt in der logischen Umkehrung dieses Satzes: „der gleichen ob sich in der schrifft mit der warhait mer artickel erfunden, die wider Got und beschwernus des nächsten weren, wöll wir unns auch vorbehalten, unnd beschlossen haben". Die Heilige Schrift wird zur norma normans für die sozialen und politischen Ordnungen dieser Welt.

In der Präambel der „Bundesordnung" versichern die Bauern des Baltringer-, Allgäuer- und Bodensee-Haufens, sie hätten sich zu einer „christlichen Vereinigung" zusammengeschlossen, „Got zu Lob und Eher und Erufung des heiligen Evangelii und götlichs Worts, auch zu Beistand der Gerechtigkeit und götlichs Rechten" [6: Franz, Quellen Bauernkrieg, 196]. Die Einzelbestimmungen gehen noch recht behutsam mit den herrschaftlichen Rechten um. Immerhin: Verträge mit den Obrigkeiten bedurften der Zustimmung der Vereinigung und wurden – wenn überhaupt – nur dann gebilligt, wenn damit kein Austritt aus ihr verbunden war. Die Führung des Bündnisses übernahm ein Gremium von drei Oberen und zwölf Räten, die aus den Haufen heraus gewählt werden sollten. Der Sicherheit dienten die allgemeine Verpflichtung aller Mitglieder zur Friedewahrung, wie dies auch im dörflichen Alltag praktiziert wurde, und der Schlösser-Artikel, der Adeligen und Prälaten verbot, Geschütze und Mannschaften in ihren Mauern zu halten.

Von Oberschwaben aus verbreitete sich der Aufstand, unterstützt durch die 25 Auflagen der Zwölf Artikel, in die Nachbarregionen und darüber hinaus: Im März kam es zu Unruhen im Fränkischen und im württembergischen Remstal; im April dehnte sich der Aufstand auf ganz Franken und Württemberg aus, erreichte den Schwarzwald und das Elsaß, die Pfalz und sogar einige Städte wie Frankfurt a.M.; im Mai und Juni schließlich griff die Erhebung auf Thüringen, Tirol und Salzburg über und erfuhr damit ihre weiteste Ausdehnung.

Trägerschichten des Bauernkriegs

Zum Erscheinungsbild des Bauernkriegs gehören der Klostersturm und der Burgenbruch. Die Klöster wurden schon wegen ihrer Vorräte an Lebensmitteln besetzt, die Burgen aus strategischen Erwägungen gebrochen. Vielfach fanden die Bauern Zulauf aus den Landstädten, so in Württemberg, Tirol und Salzburg; gelegentlich wurden sie auch von den unteren und mittleren Schichten der Reichsstädte unterstützt – Heilbronn, Rothenburg und Straßburg wären hier hervorzuheben; vereinzelt schlugen sich auch, wie im Erzstift Salzburg und in der Grafschaft Tirol, die Bergknappen auf die Seite der Bauern. Trotz spektakulärer Erfolge – etwa der erzwungenen Verpflichtung des Kurfürstentums Mainz auf die Zwölf Artikel – geriet die Bewegung bald ins Stocken. Der über ein „Bauernparlament“ in Heilbronn vorgesehene Zusammenschluß der Aufständischen kam wegen der militärischen Gegenaktionen des Schwäbischen Bundes und der deutschen Reichsfürsten nicht mehr zustande. In wenigen großen Schlachten im Mai und Juni wurden die Bauern bei Elsaßzabern vom Herzog von Lothringen, bei Böblingen vom Schwäbischen Bund und in Frankenhausen von den mitteldeutschen Fürsten geschlagen. Von einem Nachspiel im Sommer 1526 in Salzburg abgesehen, war damit der Bauernkrieg beendet. Zeitgenossen schätzen die in den Schlachten und durch Hinrichtungen Umgekommenen auf etwa 100 000 Menschen. In der Regel wurden die Bauern entwaffnet, die Kriegskosten der Fürsten durch hohe Reparationszahlungen der Bauern aufgebracht und die sogenannten Rädelsführer, soweit sie nicht in die Schweiz fliehen konnten, hingerichtet.

Niederwerfung der aufständischen Bauern

Der knappe ereignisgeschichtliche Überblick soll durch eine skizzenhafte Darstellung der Ursachen und Ziele etwas vertieft werden, ohne damit die Interpretationskontroversen schon vorwegzunehmen.

Die Bezeichnung „Bauernkrieg“ ist insoweit zutreffend, als die Empörung in nahezu allen Aufstandsgebieten vom Land ihren Ausgang genommen hat. Damit muß eine Analyse der Ursachen zunächst nach Veränderungen in den realen Lebensbedingungen und im Bewußtsein der ländlichen Bevölkerung suchen. Wirtschaftlich läßt sich zwar eine verhaltene Agrarkonjunktur um 1500 nicht leugnen, sie kontrastiert jedoch in auffallender Weise mit der innerdörflichen Entwicklung: Die Vermehrung der Seldner (Kleinbauern) und Kleinhäusler und das Anwachsen der Familiengrößen auf den Bauernhöfen deuten auf eine demographisch begründete Verschlechterung der Land-Mann-Relation. Parallel läuft eine politische Entwicklung, die plakativ mit Territorialisierung der Herrschaft umschrieben worden ist. Dabei handelt es sich um eine Doppelstrategie der äußeren Konsolidierung des Territoriums in Form der Abgrenzung gegen Nachbarherrschaften und der inneren Stabilisierung durch eine wirksamere administrative Durchdringung. Jedes, selbst das bescheidenste Herrschaftsrecht wurde voll ausgeschöpft und gewissenhaft gegenüber möglichen Konkurrenten verteidigt: Die Unterbindung der Freizügigkeit und Ehefreiheit ist das überzeugendste Beweismittel – nicht zufällig steht in den meisten Beschwerdeschriften die Leibeigenschaft an erster oder zweiter

Ursachen des Bauernkriegs

Stelle. Sublime Formen, die Herrschaft zu intensivieren, bestanden etwa darin, die Vergabe der Höfe von einer totalen Unterwerfung unter den Grundherrn abhängig zu machen: wo früher der Beständer nicht mehr als eine ordentliche Bewirtschaftung des Gutes und eine pünktliche Zahlung der Abgaben im Lehensrevers versprechen mußte, verpflichtete er sich nun, seinem Grundherrn „dienstbar, botbar, gerichtsbar, steuerbar und reisbar" zu sein.

Zugegebenermaßen wurde bisher stark aus dem Bereich der schwäbischen, oberrheinischen und fränkischen Grundherrschaften argumentiert, doch sind die Unterschiede zu größeren Territorien nur gradueller, nicht prinzipieller Art. Wo – beispielsweise – die wirtschaftliche Belastung durch die Grundherrschaft geringer war oder gar die Leibherrschaft nur mehr in rudimentären Formen existierte wie in Tirol oder Salzburg, war die Belastung durch die Steuern erheblich höher. Das alles erklärt freilich noch nicht, weshalb die bäuerliche Widerstandsbereitschaft 1525 überregional und prinzipiell wurde.

Legitimationsprobleme: göttliches Recht gegen altes Recht

Bislang war die allein akzeptierte Legitimationsbasis das „alte Recht", das „alte Herkommen". Im Bezugssystem von Grundherrschaft und Territorialstaat gab es Recht und Herkommen nur im je herrschaftlichen Rahmen. Das alte Recht setzte sich aus vielen Bestandteilen zusammen: den Urkunden und Urbaren (Güterverzeichnissen), den Weisungen, die ältere Rechtsentscheidungen mündlich überlieferten, den durch Zeugenaussagen gestützten individuellen und korporativen Rechten der Bauern. Insofern geltendes Recht wechselseitig von Herren und Holden bestätigt werden mußte und auch wurde, ging ihm ein wesentliches Kriterium, die Billigkeit, nicht verloren. Das änderte sich im Spätmittelalter, weil sich als Recht nur noch behaupten konnte, was als geschriebenes Recht vorgewiesen wurde. Das Urbar übertraf an Dignität jetzt allemal die Zeugenaussage. Die Anpassung der Rechtsnormen an veränderte soziale und wirtschaftliche Gegebenheiten war so nicht mehr möglich, jedenfalls erheblich erschwert. Indem die Aufständischen mit dem „göttlichen Recht" argumentieren, das ihre „Erfindung" ist, befreien sie sich von den traditionellen Legitimationsfesseln, jetzt haben sie mit der Heiligen Schrift, in der sie das göttliche Recht inkarniert glauben, ein kritisches Instrumentarium, um die Welt auf ihre Gerechtigkeit hin zu überprüfen.

Die mobilisierende Wirkung des göttlichen Rechts

Das „göttliche Recht" ermöglichte neue Formen der Organisation von Widerstand und eröffnete neue Zielperspektiven. Zunächst fällt auf, daß in fast allen Aufstandsgebieten der früher übliche herrschaftliche Bezugspunkt fehlt; nicht Untertanen eines Herrn rotten sich zusammen, sondern ganze Dorfschaften und Landschaften. Das göttliche Recht löst die Aufstandsbewegung auch von ihrer Bindung an die ländliche Bevölkerung. Das göttliche Recht mußte ein für alle Menschen geltendes Recht sein. Das mag den landesherrlichen Städten, den minderprivilegierten Schichten der Reichsstädte und den Bergknappen den Anschluß an die aufständischen Bauern erleichtert haben.

Begründen läßt sich diese, die Stände übergreifende Solidarität über das gemeinsame reformatorische Anliegen hinaus mit verwandten Interessenlagen. Die landesherrlichen Städte hatten vielfach den Charakter von „Ackerbürgerstädten"; sie waren von der wirtschaftlichen Entwicklung und von den Territorialisierungsbestrebungen ihrer Landesherren in ähnlichem Maße betroffen wie die Dörfer. In den Reichsstädten waren es vorzüglich die der Landwirtschaft besonders nahestehenden Zünfte der Gärtner und Rebleute und die von Frühformen der kapitalistischen Produktionsweise bedrohten Weber, die mit den Bauern sympathisierten.

Schon der überregionale und ständeübergreifende Zusammenschluß provozierte Spekulationen hinsichtlich einer künftigen politischen Ordnung. Nachdem die Bauern vergleichsweise mühelos die Klöster und Burgen eingenommen hatten und die traditionelle Herrschaft nicht mehr funktionierte, stand eine prinzipiellere politische Neuordnung zur Debatte.

Politische Ziele der Bauern

Zwei Alternativen zum bestehenden gesellschaftlich-politischen System wurden in dieser konkreten Situation entworfen, die auf die unterschiedlichen territorialstaatlich-herrschaftlichen Vorgegebenheiten antworten: In Schwaben, am Oberrhein und in Franken war es die korporativ-bündische Verfassung; sie faßt autonome Stadt- und Dorfgemeinden in den Haufen zusammen, an deren Spitze gewählte Räte stehen; diese Haufen vereinigen sich ihrerseits föderativ zu „Christlichen Vereinigungen", die sich in Form von Landesordnungen gewissermaßen eine Verfassung geben nach Maßgabe des Evangeliums. In größeren Territorien wurde das Gerüst der ständestaatlichen Institutionen beibehalten, die politischen Funktionen jedoch wurden einer neuen Schicht zugeordnet: den Bauern und Bürgern der landsässigen Städte. Die Land- und Stadtgemeinden wählen ihre Vertreter in die Landtage, die Landtage die Regimente, die mit dem Landesfürsten die Regierungsgeschäfte führen.

3. Frühneuzeit

Zweifellos war der Bauernkrieg eine für Obrigkeiten wie Untertanen traumatische Erfahrung. Irritationen blieben auf beiden Seiten zurück, die unterschiedlich verarbeitet wurden - von den Fürsten, indem sie durch „Empörerordnungen" einerseits und durch Verbesserung der Rechtspflege andererseits den Widerstand zu kanalisieren suchten, von den Untertanen, indem sie durch einen kalkulierten Umgang mit ihren Herren die Risiken begrenzten, wozu freilich auch die teilweise durchaus positiven Verträge, die im Gefolge des Bauernkriegs durchgesetzt werden konnten, etwas beigetragen haben mögen. Jedenfalls ist empirisch hinreichend breit abgesichert, daß städtische Unruhen unmittelbar nach 1525 zunächst ausbleiben und erst wieder seit 1528, und jetzt vornehmlich in Norddeutschland, nachzuweisen sind. Auf dem Land fehlt es an gewaltsameren Aktionen zumindest bis zum Ende des Jahrhunderts. Überraschender als diese an sich einsichtigen Sachverhalte ist die Beobachtung, daß hinsichtlich der Konfliktanfälligkeit und des Konfliktaustrags - nimmt man die ganze Epoche der Frühneuzeit in den Blick - der Einschnitt nach 1525 nur ein vorübergehender ist. Dies hat vornehmlich die Forschung der letzten zehn Jahre herausgearbeitet.

Insofern Bauernunruhen und Bauernrevolten in der Frühneuzeit um ein Vielfaches zahlreicher sind als Stadtunruhen, mag es sinnvoll sein, sie zuerst zu beschreiben.

3.1 Bauernbewegungen und Bauernkriege

Die terminologischen Unsicherheiten, was beim bäuerlichen Widerstand eigentlich vorliege, sind für die Frühneuzeit nicht geringer als für das Spätmittelalter. Eine erst kürzlich vorgenommene Zusammenstellung des diffusen Materials über frühneuzeitliche Erscheinungsformen bäuerlichen Protestes [191: R. BLICKLE/ULBRICH/BIERBRAUER, Mouvements paysans], mag zur ersten Situierung des Gegenstandes nützlich sein. Dabei ist freilich zu berücksichtigen, daß die einzelnen Regionen sehr unterschiedlich erforscht sind; wenn etwa von Franken, Württemberg, dem Elsaß oder Lothringen nicht die Rede ist, muß das keineswegs heißen, daß es dort keine Bauernunruhen gegeben hätte: Für Hessen lassen sich zwischen 1648 und 1789 55 Erhebungen registrieren; für die Markgrafschaft Brandenburg sind für den Zeitraum von 1650 bis 1800 380 Ausein-

Regionale und zeitliche Schwerpunkte von Bauernunruhen

andersetzungen gezählt worden; in Sachsen sind 1789 230 Prozesse zwischen Bauern und ihren Grund- bzw. Gutsherren anhängig; für Oberösterreich sind zwischen 1500 und 1800 48 Revolten errechnet worden. In Bayern waren nach dem Urteil eines Zeitgenossen aus dem ausgehenden 18. Jahrhundert fast alle Gutsbesitzer geistlichen und weltlichen Standes in Scharwerksprozesse verwickelt.

Gegenüber dem Spätmittelalter ist es ein Novum, daß von bäuerlichem Widerstand auch Mittel- und Ostdeutschland betroffen wurden. So soll auf diese Gebiete zuerst ein Blick geworfen werden.

Refeudalisierungsprozesse in Brandenburg und Sachsen

In der Mark Brandenburg sind zwischen 1560 und 1620 ungefähr 400 bis 600 Abschiede des kurmärkischen Kammergerichts in bäuerlich-gutsherrlichen Auseinandersetzungen ergangen [258: HARNISCH, Gutsherrschaft]. Kontrahenten waren einzelne oder mehrere Dorfgemeinden und ihr jeweiliger Gutsherr. Prozeßgegenstand waren die vermehrt geforderten Fronen, die Ausdehnung der gutsherrlichen Schafhaltung auf Kosten der bäuerlichen Nutzungsrechte, die Einziehung von Bauernstellen durch die Gutsherren und schließlich die Beschränkung der kommunalen Verfügungsfreiheit über das Gemeindeeigentum. Als Mittel zur Durchsetzung der bäuerlichen Interessen dienten neben der Prozeßführung die „schlechte Ausführung der angewiesenen Dienste, Verweigerung der Dienste und schließlich allgemeiner Fronstreik und zuletzt auch Bauernflucht“ [258: HARNISCH, Gutsherrschaft, 141]. Ähnliche Beobachtungen lassen sich in Kursachsen machen [198: HEITZ, Agrarstruktur, 153 ff.]. An einem Beispiel sollen Konfliktlage und Konfliktaustrag etwas deutlicher dargestellt werden.

Bauernrevolten gegen die Gutsherrschaft – das Beispiel Schönburg

Im Gebiet der Herren von Schönburg, Lehensträgern von Kursachsen wie von Böhmen, kam es zwischen 1647 und 1681 zu anhaltenden Unruhen [198: HEITZ, Agrarstruktur, 154 ff.]. Anlaß waren erhöhte Fronen, die die Bauern auf zwei Tage in der Woche beschränkt wissen wollten, und die Eintreibung einer Reichssteuer, zu der sie sich nicht verpflichtet fühlten. Die Untertanen unterstrichen ihre Ansprüche durch sehr schleppende Ausführung der Fronen, soweit diese überhaupt geleistet wurden, und die Verweigerung der Steuerzahlung. Die Organisation des Widerstandes erfolgte über die Gemeinde, durch ein Botensystem unter den Gemeinden wurden die Maßnahmen koordiniert; schließlich bestellten die Rebellen einen eigenen Syndikus und organisierten eine militärische Verteidigung zum Schutz der Dörfer. Von der Herrschaft wurde ihnen vorgeworfen, „um sich also eigenmächtig bey der ergriffenen Freyheit zu schützen, führen [die Bauern] überdies dieses principium, sie, die landschaft, wie sie sich nennen, weren mehr als die obrigkeit" [198: HEITZ, Agrarstruktur, 155 f.]. Auf dem Höhepunkt der Auseinandersetzungen kam es 1676 in Jerisau zu einem Scharmützel, bei dem einige Bauern getötet, an die hundert gefangengenommen und „bei dem Mathes Bäcker in den Keller gesperrt [wurden], darin sie bei Tage dicht aneinander stecken müssen und fast keine Luft gehabt". Das Dorf Jerisau selbst wurde „ganz ruiniert ... ; was die Soldaten nicht haben fortbringen können, haben sie alles zu schanden gemacht, das Getreide auf den Mist geschüttet, die Betten aufgeschnitten und ausgeschüttet, die Kleider zerrissen" [206: SCHULZE, Bäuerlicher Widerstand, 249].

Auch in oberdeutschen Regionen sind Verschlechterungen der persönlichen Rechtsstellung, die in der Regel immer mit Lastensteigerungen verbunden waren, ein häufig wiederkehrendes Motiv für Unruhen [311: ULBRICH, Widerstand in den vorderösterreichischen Herrschaften, 207–216]. Einen ähnlichen Stellenwert hat die Einschränkung kommunaler Rechte. Häufig war die Leibeigenschaft, die ja zweifellos eine ihrer Wurzeln im mittelalterlichen System der Villikation hatte, lediglich das besonders angefochtene Herrschaftsrecht in einem Bündel älterer grundherrlicher Rechtstitel, über die zumal die geistlichen Grundherren angesichts der ausgeprägten Kontinuität ihrer Herrschaften verfügten. Um die Streitgegenstände an einem Einzelfall deutlicher vorzuführen und die Modalitäten des Austrags genauer kennenzulernen, sei ein besonders gut dokumentiertes Beispiel aus Bayern herausgegriffen.

Bauernrevolten gegen die Grundherrschaft – das Beispiel Rottenbuch

In der Hofmark des Augustinerchorherrenstifts Rottenbuch in Bayern schwelte ein Konflikt mit periodisch ausbrechenden Gewalttätigkeiten auf beiden Seiten von 1614 bis 1628 dahin [301: R. BLICKLE, Rottenbuch, 95–114]. Der neu in sein Amt gekommene Propst Georg Siessmair hatte seine Herrschaft mit der Gefangensetzung der „Achter" der Gemeinde, mit der widerrechtlichen Einziehung einer Weihsteuer und der Anordnung einer Abgabenerhöhung von etwa 50% eröffnet. Die Bauern reagierten zunächst mit einer erfolglosen Petition beim Kloster, dann mit einer beschworenen Einung, der Einschaltung von Juristen und der Umlage einer Steuer zur Bestreitung der anfallenden Kosten. Als der Propst seine Forderungen weiter verschärfte und seinen Untertanen Holz nur mehr gegen Bezahlung abgeben wollte und von deren Kindern eine Auffahrtsgebühr von 20–30 fl erhob, wenn sie den elterlichen Hof übernehmen wollten, reichten die Bauern beim Herzog von Bayern Klage ein, bis zu deren Entscheidung im Wechsel von Duplik, Triplik und Quadruplik fünf Jahre vergingen. Der Konflikt spitzte sich während des Verfahrens auf zwei diametral entgegengesetzte Positionen zu. Angesichts des Rechtscharakters der Höfe als Freistiftgüter reklamierte der Propst seine Bauern als „freystifter, von Jahr zu Jahr, leibaigen leuth [und] undterthanen", die „keine Gerechtigkeit" an den Höfen beanspruchen könnten, weil diese des Klosters „freies Aigen" seien. Dem widersprachen die Bauern mit dem Argument, das Freistiftrecht sei seit über 100 Jahren nicht mehr gehandhabt worden, der Stifttag, das Bauding, lediglich ein Akt der Anerkennung der klösterlichen Grundherrschaft, und aus der Leibeigenschaft folge, daß ihnen die Nutzung der klösterlichen Güter zustehe. De facto wurde seitens der Bauern ein Erbrechtsstatus der Güter behauptet.

Der Konfliktstoff in Rottenbuch: die Rechtsform der Güter

Der landesherrliche Rezeß von 1619 verbot dem Abt zwar, die monierten Neuerungen (Holzverkauf, Besitzwechselgebühren, Weihesteuer u.a.) durchzusetzen, bestätigte aber den Freistiftcharakter der Güter, was den Propst formal dazu berechtigte, die Abgaben nach Belieben zu steigern und renitente Beständer abzustiften.

Konfliktverlauf in Rottenbuch

Die Bauern weigerten sich, diesen Rezeß zu vollziehen. Zum Stifttag 1619 erschien deswegen eine hofrätliche Kommission mit Truppen und inhaftierte schließlich 164 Bauern, die erst nach 16 Tagen freigelassen wurden. Ähnliche Vorgänge wiederholten sich öfter: mehrfach zogen Truppen auf, wiederholt erfolgten Inhaftierungen, ja selbst das aufwendige Verfahren, die Bauern zu Dutzenden in Eisen zu schlagen, auf Wagen zu schmieden und sie nach München abzutransportieren, scheute die Regierung nicht, um ihren Rezeß durchzusetzen. Die Bauern antworteten mit Demonstrationszügen in die Hauptstadt, mit Petitionen, die dem Landesherrn in München aufgedrängt wurden, mit der Verweigerung der Scharwerke (Fronen), bis das Heu des Klosters auf den Wiesen verfault war. Zwei Pröpste resignierten aufgrund ihrer Unfähigkeit, sich gegen die Bauern durchzusetzen. Erst 1628 gelang es der Regierung, den Widerstand definitiv zu brechen. Die in München gefangengehaltenen 70 Rottenbucher wurden, zu Paaren gekettet, gezwungen, dem makabren Schauspiel beizuwohnen, wie die Rädelsführer öffentlich ausgepeitscht und einem das Ohr abgeschlagen und demonstrativ an ein Gerüst genagelt wurde. Jetzt erst resignierten sie, schworen Urfehde, verpflichteten sich, den Rezeß in allen Punkten einzuhalten und leisteten dem Propst einen neuen Huldigungseid.

Auffällig ist in allen Gebieten des Reiches, daß Bauern sich nicht nur bei ihren Herren beschweren und fallweise durch Verweigerung der Ansprüche und defensive militärische Schutzmaßnahmen die Ernsthaftigkeit ihrer Widerstandsabsicht unterstreichen, sondern sich immer auch der ihnen zugänglichen Gerichte bedienen: für die Gutsuntertanen in Brandenburg war das das kurmärkische Kammergericht, für die klösterlichen Untertanen in Bayern der herzoglich-kurfürstliche Hofrat, für die reichsunmittelbarer Herrschaft unterstehenden Bauern waren es die Reichsgerichte, das Reichskammergericht in Wetzlar und der Reichshofrat in Wien. Die gerichtliche Dimension der Bauernbewegungen ist exemplarisch im zweifachen Sinn von Repräsentativität und Qualität an Beispielsfällen aus Hessen untersucht worden [249: TROSSBACH, Bauernbewegungen, 443–457].

Die Bedeutung der Gerichte für den Austrag von Konflikten

Deputierte der Bauern

Verantwortlich für die Prozeßführung wurden die *Deputierten* und die *Advokaten.* Bereits das Organisieren einer Beschwerdeschrift und ihre Überbringung erforderte einen Bevollmächtigten, der autorisiert war, im Namen der klagenden Bauern zu sprechen. Daraus entstand der Deputierte. Seine Aufgabe war es, die Angelegenheit vor Gericht zu beschleunigen und mit dem von den Bauern bestellten Advokaten Kontakt zu halten und sich abzustimmen. Weil sich die Verhandlungen oft über Jahre hinzogen, kamen für ein solches Amt dörfliche, meist zeitlich befristete Amtsträger nicht in Frage; Erfahrung im Umgang mit den Gerichten war das wichtigste Erfordernis an einen Deputierten, und wenn er, was vorgekommen ist, über 20 Jahre für eine prozeßführende Gemeinde tätig war, wurde er nahezu unentbehrlich.

Bäuerliche Advokaten

An den Gerichten bedienten sich die Bauern zur Durchsetzung ihrer Interessen überwiegend der juristisch gebildeten *Advokaten.* Das war schon deswegen empfehlenswert, weil die Schriftsätze vor territorialen oder reichischen Gerichten juristisch gut abgesichert sein mußten. Offensichtlich bestanden angesichts sehr vieler unterbeschäftigter Juristen für die Bauern keine Schwierigkeiten, Advokaten für die Vertretung ihrer Interessen zu gewinnen. Die Unterbeschäftigung der Juristen hat gelegentlich auch dazu geführt, wie vornehmlich am österreichischen Material gezeigt wurde [233: VALENTINITSCH, Cornion, 229–243], daß Bauern ermutigt, ja überredet wurden, mit zweifelhaften Rechtstiteln einen Prozeß aufzunehmen, was für sie die Gefahr barg, wegen ungerechtfertigter Beschwerden als Aufrührer bestraft zu werden. Die Konsequenz aus dieser unbefriedigenden Situation hat für Österreich schließlich Kaiser Joseph II. mit der Einrichtung des Amtes eines „Untertansadvokaten" gezogen.

Die Kosten der Prozesse

Die Kosten des prozessualen Verfahrens waren für die klagenden Bauernschaften erheblich [249: TROSSBACH, Bauernbewegungen, 455ff.]. Wiewohl Berechnungen naturgemäß schwierig sind, läßt sich doch in vielen Fällen gerechtfertigterweise sagen, daß die Prozeßkosten erheblich höher waren als die umstrittene Mehrbelastung, die es abzuwehren galt. Verschiedentlich sahen sich die Gemeinden gezwungen, Allmenden und Wälder zu verkaufen oder sich zu verschulden, so „daß am Ende eines verlorenen Prozesses dann auch noch der finanzielle Ruin der Gemeinde stand" [249: TROSSBACH, Bauernbewegungen, 457].

Bauernkriege in der Neuzeit

Die Aufstände in Oberösterreich 1626, in der Schweiz 1653 und in Bayern 1705 gehören zu jenen agrarischen Unruhen, „denen mit Recht der Name ‚Bauernkrieg' gegeben wird" [33: FRANZ, Bauernstand, 183]. Sieht man vom Schweizer Bauernkrieg ab, so haben zumindest auf den ersten Blick die Unruhen einen gemeinsamen Nenner – es handelt sich um Aufstände gegen Fremdherrschaft.

Der oberösterreichische Bauernkrieg von 1626

In Oberösterreich mehrten sich schon ausgangs des 16. Jahrhunderts die Spannungen zwischen Bauern und Obrigkeiten durch Steigerung der Roboten (Fronen), der Laudemien (Besitzwechselabgaben) und des Gesindezwangsdienstes für Kinder [33: FRANZ, Bauernstand, 184ff.]. Außerdem ist neuerdings als verursachendes wirtschaftliches Moment die bäuerliche Verschuldung stark in den Vordergrund gerückt worden [225: REBEL, Peasant Classes]. Verschärfend, wenn nicht gar auslösend wirkte zweifellos die von Habsburg schon Ende des 16. Jahrhunderts eingeleitete Rekatholisierung der weitgehend protestantischen Bevölkerung, die sich nach der Verpfändung Oberösterreichs an Bayern infolge des Siegs der katholischen Liga über die protestantischen Böhmen geradezu dramatisch steigerte: öffentliches Bekenntnis zum Katholizismus oder Landesverweis hieß die Alternative für die Bauern. Kurz vor Ablauf des Ultimatums kam es zum Aufstand. „Vom bayrischen Joch und Tyrannei und seiner großen Schinderei, mach uns, o lieber Herr Gott, frei", und „Weils gilt die seel und auch das Gut, so gilts auch unser Leib und Blut, Gott geb uns einen Heldenmut", stand auf den Fahnen der Bauern. In Kürze standen 40000 Mann unter Waffen, die zunächst auch militärische Erfolge verbuchen konnten, dann aber an der Belagerung von Linz scheiterten [220: HEILINGSETZER, Bauernkrieg 1626, 15–26], doch erst besiegt werden konnten, als einer der fähigsten kaiserlichen Generäle des Dreißigjährigen Krieges, Graf Pappenheim, mit einer ausgewählten Truppe von 8000 Mann gegen die Rebellen eingesetzt wurde. Die militärische Auseinandersetzung wurde für die Bauern zur Katastrophe: 10000 sollen umgekommen sein, Tausende emigrierten nach Franken [33: FRANZ, Bauernstand, 186].

Ziele der oberösterreichischen Bauern

Ziele der Aufständischen sind nur in Umrissen auszumachen: vereinzelt wurde die Forderung nach einer „schweizerischen Freiheit" laut; in den Artikeln wird verlangt, die Bauern sollten „in den Rat" wie in Tirol, was als Forderung nach Landstandschaft interpretiert werden kann; von den Ständen wurde den Bauern vorgeworfen, von ihnen sei „gleichsamb eine eingebildete demokratia zu unterdrück- und ausrottung des adels, hoher und nieder obrigkeit gesucht worden" [220: HEILINGSETZER, Bauernkrieg 1626, 9].

Der bayerische Bauernkrieg von 1705/06

Kurfürst Max Emanuel von Bayern hatte sich im Spanischen Erbfolgekrieg auf die Seite Frankreichs geschlagen und sich nach der für ihn unglücklich verlaufenen Schlacht bei Höchstädt nach Brüssel zurückgezogen. Kaiserliche Truppen besetzten Bayern, mit denen die bayerischen Landstände und die Beamtenschaft in einer für die Bevölkerung irritierenden Weise kooperierten [235: VAN DÜLMEN, Volksaufstand in Bayern]. Das Signal zum Aufstand gaben Zwangsrekrutierungen für das kaiserliche Heer und eine enorme Steuerforderung von 3,15 Millionen fl, die für jeden „ganzen" Hof eine Belastung von 43 fl bedeutet hätte. Die Revolte begann mit der gewaltsamen Befreiung zwangsrekrutierter Bauern; sie setzte sich in demonstrativen Beleidigungen der Beamten fort und führte schließlich unter Nutzung der bayerischen Landesdefensionsordnung zur allgemeinen Mobilmachung. Besonders in Niederbayern waren die Aufständischen erfolgreich, neben verschiedenen Festungen und Städten wurde auch der Regierungssitz Burghausen eingenommen und die dortige Verwaltung gezwungen, in den Dienst der Aufständischen, der „confoederierten Gemain" zu treten. „Der Kurfürst habe das Land verspielt, die Landschaft habe es vergeben, jetzt müßten sie [die Bauern] es wiedergewinnen", hieß es aus den Reihen der Aufständischen [235: VAN DÜLMEN, Volksaufstand in Bayern, 342]. Daß es sich in der Tat um einen „Bauernaufstand" handelt, zeigt die soziale Zusammensetzung der Truppen der Aufständischen: 78% kamen aus der bäuerlichen Bevölkerung, 20% waren Handwerker. Zur militärischen Konfrontation kam es an Weihnachten vor den Toren Münchens bei Sendling, die durch den Tod von 4000 (?) Bauern als „Sendlinger Mordweihnacht" in die bayerische Geschichte eingegangen ist und den Zusammenbruch des Aufstandes bedeutete.

Fragt man nach den weitergehenden Zielen des bayerischen Bauernkriegs, so zeigen sich vordergründig bemerkenswerte Parallelen zum oberösterreichischen Bauernkrieg. Nach den ersten militärischen Erfolgen nämlich konstituierte sich unter bäuerlicher Führung eine Art Ständeversammlung, die im Namen der „gesambten confoederierten Gemain des Landtes Ober- und Under Bayern" staatliche Hoheitsakte vornahm und damit „Souveränitätsrechte" beanspruchte [235: VAN DÜLMEN, Volksaufstand in Bayern, 343].

3.2 Innerstädtische Auseinandersetzungen

Die dominante Erscheinungsform des ländlichen Protestes in Form der „Bauernbewegung" findet in der Frühneuzeit in der Stadt ihre Parallele in „Bürgerkämpfen" [292: SCHILLING, Bürgerkämpfe in Aachen; 61: EHBRECHT, Hanse] und „Stadtrevolten" [279: GERTEIS, Frühneuzeitliche Stadtrevolten; 275: FRIEDRICHS, Town revolts]. Die Begriffe selbst bezeichnen keine unterschiedlichen Erscheinungsformen, und das zeigt an, daß innerstädtischer Widerstand noch nicht die wünschenswerte analytische Durcharbeitung erfahren hat, die eindeutige Definitionen erlauben würde.

Die wenigen vergleichend angelegten Untersuchungen über die frühneuzeitlichen Städte sehen in den absolutistischen Tendenzen der Zeit und den wirtschaftlichen Wechsellagen die Hauptmotive des innerstädtischen Protestes. Das erklärt schon in Grundzügen die Tatsache, daß von den Unruhen hauptsächlich solche Städte betroffen werden, die entweder eine sehr weitreichende Autonomie ausbilden konnten, wo sich der Rat quasi Souveränitätsrechte vindizierte, ohne gegenüber „oben" auf Widerspruch zu stoßen, oder die durch ihre hohe Spezialisierung von Handel und Handwerk vom Wechsel der Krisen und Konjunkturen in besonderem Maße betroffen waren. Zwei Beispiele mögen eine Innenansicht frühneuzeitlicher Stadtkonflikte vermitteln, die anschließend kursorisch auf ihre Generalisierbarkeit hin überprüft werden sollen. Grundzüge frühneuzeitlicher Stadtunruhen

Zu den am besten untersuchten, weil besonders spektakulären Stadtrevolten gehört der „Fettmilchaufstand" in *Frankfurt* 1612–1614 [286: MEYN, Frankfurt]. Seinen Namen verdankt er einer der herausragenden Personen der Bewegung, Vinzenz Fettmilch, seine Bedeutung der besonderen Gewaltsamkeit, der langen Dauer und den komplizierten Konfliktebenen, die selbst den Kaiser mit einschlossen. Anläßlich der Wahl von Matthias zum deutschen Kaiser 1612 wurden Rat und Bürgerschaft – wie immer bei Kaiserwah- Beispielsfall Frankfurt a. M. – der „Fettmilch"-Aufstand len in Frankfurt –, eidlich auf die Gewährleistung der Sicherheit des Königs und der Kurfürsten verpflichtet, widrigenfalls – so ein Passus in der Eidformel – der Stadt ihre Privilegien entzogen würden. Die Bürgerschaft wollte diese Privilegien kennenlernen, bestand auf ihrer Verlesung und verknüpfte mit dieser Forderung Beschwerden gegen die Wucherzinsen der Juden und den Wunsch nach einem wöchentlichen Kornmarkt zur besseren Versorgung der städtischen Bevölkerung mit billigem Getreide. An der Ernsthaftigkeit der Forderungen war nicht zu zweifeln – wiederholt wurden sie den Kurfürsten und dem Kaiser vorgetragen. Als der Rat in seiner Stellungnahme, die er zwei Monate später gegenüber dem Kaiser abgab, die Beschwerden als unbegründet zurückwies, kam es zu tumultuarischen Szenen: ein Bürgerausschuß wurde gebildet, der gewaltsam ins Rathaus eindrang und die sofortige Erledigung der Beschwerden verlangte; gleichzeitig bewaffnete sich die Bürgerschaft, erstellte Patrouillen und kontrollierte die Straßen mit der Begründung, man müsse eine gewaltsame Lösung des Konflikts durch den Rat befürchten, denn noch gab es zum Schutz des Kaisers und der Kurfürsten mehrere hundert Söldner in der Stadt. Wie in solchen Fällen üblich wurde eine von Rat und Ausschuß beschickte Kommission eingesetzt; wie gewöhnlich kam der Rat mit Kompromißvorschlägen der Bürgerschaft entgegen, die jetzt freilich mit Halbheiten nicht mehr zu beruhigen war. Angesichts seiner Schwere gewann der Konflikt eine weit über Frankfurt hinausreichende Bedeutung: andere Reichsstädte boten ihre Vermittlung an, der Kaiser setzte mit dem Erzbischof von Mainz und dem Landgrafen von Hessen-Darmstadt prominente Kommissare zur Beilegung des Konflikts ein. Die Bürgerschaft vertrat ihre Interessen bei Matthias unmittelbar, indem sie eigens eine Gesandtschaft nach Prag schickte. „Dabei traten zu den ursprünglichen Forderungen Klagen über das Stadtregiment, den Stolz der Patrizier, ihre Familienherrschaft, die parteiische Rechtspflege und andere angebliche Pflichtverletzungen des Rates" [286: MEYN, Frankfurt, 44]. In den schließlich folgenden Verhandlungen mit der kaiserlichen Kommission verlangte die Gemeinde, die Bürger hätten sich in Zünften und Gesellschaften zu organisieren, das Steuerwesen sei neu zu gestalten, die städtischen Finanzen seien zu überprüfen, die belasteten Ratsmitglieder zu verhören und gegebenenfalls zu entfernen und ein ständiger Ausschuß der Bürgerschaft sei einzurichten. Die Kommission entsprach weitgehend diesen Forderungen. Im Dezember 1612 lag ein sogenannter „Bürgervertrag" in 71 Artikeln vor, der noch vor Jahresende vom Kaiser ra-

Forderungen der Frankfurter Bürgerschaft

Verfassungsänderung in Frankfurt

tifiziert wurde: sieben eigens vereidigten Bürgerdeputierten waren die Privilegien der Stadt vorzulesen, aus 36 von der Bürgerschaft vorzuschlagenden Kandidaten waren 18 in den Rat aufzunehmen, die Organisation von Zünften und Gesellschaften (im Sinne politischer Körperschaften) wurde verbindlich gemacht, und die Kreditgeschäfte mit Juden durften einen Zinssatz von 8% nicht übersteigen.

Die Durchführung dieses Vertrags führte während des folgenden Jahres zu zahllosen kleinen Reibereien, so daß die Frankfurter Messe ernsthaft gefährdet war und neuerlich eine kaiserliche Kommission eingesetzt werden mußte, die sich vergeblich um einen Ausgleich bemühte. Die wachsenden Spannungen entluden sich schließlich und jetzt doch äußerst gewaltsam – anläßlich der im Mai 1614 anstehenden Bürgermeisterwahl. Mitglieder des Rates und verschiedener städtischer Kollegien wurden während der Sitzungen festgenommen und arrestiert, der alte Rat zum Rücktritt gezwungen und die Räte gedrängt, die Stadt zu verlassen. Die Bürgerschaft wählte einen neuen, zahlenmäßig erweiterten Rat. Die Aktion insgesamt war begleitet von wüsten Ausschreitungen und Plünderungen in der Judengasse.

Niederwerfung des Aufstands

Die Acht, die der Kaiser angesichts solcher Rechts- und Friedensbrüche über Vinzenz Fettmilch und seine Genossen verhängte, bewirkte den Umschwung der Stimmung in der Stadt. Jetzt löste sich die einheitliche Oppositionsfront gegen den alten, aus dem Amt gejagten Rat auf: einzelne durch die Gunst der Massen in ihr Amt gekommene Ratsherren traten von ihren Ämtern zurück; nach und nach beschlossen verschiedene Zünfte, sich den kaiserlichen Mandaten zu unterwerfen – 28 Zünfte waren es schließlich im Dezember 1614, die den restaurativen Kurs deckten. Jetzt wurden auch die alten Räte wieder zurückberufen und in ihre Ämter eingesetzt. Schließlich waren die Kräfteverhältnisse so, daß man es wagen konnte, Fettmilch und seine Helfer gewaltsam gefangenzunehmen. Das den Aufstand beendende Gericht fällte neun Todesurteile, verfügte neun lebenslängliche und 23 zeitlich befristete Verbannungen und verhängte für 2136 Bürger Geldbußen; der den Aufstand beilegende Vertrag bestand in Abschwächungen, Zusätzen und Modifikationen des „Bürgervertrags" von 1612: sie verfügten die Aufhebung der Zünfte und Gesellschaften; die Organisationsbasis der städtischen Handwerkerschaft war damit zerschlagen.

Unruhen sehr viel bescheideneren Zuschnitts gab es – um das zweite Beispiel aufzugreifen – in der Mitte des 18. Jahrhunderts in

Beispielsfall Freiburg im Breisgau

Freiburg im Breisgau [278: GERTEIS, Repräsentation und Zunftverfassung, 278–281]. Als im Juni 1757 die Zünfte den Eid auf den neu bestellten Magistrat leisten sollten, kam es zu vielfachen Verweigerungen. Der Grund lag in dem Umstand, daß die Zunftmeister nach Einschätzung der Gemeinde nicht hinreichend in der städtischen Verwaltung vertreten waren und auf diese Weise eine Einbuße an „städtischen Gerechtsamen, Rechten und Privilegien" zu besorgen sei. In der Tat hatte sich die vorderösterreichische Regierung, der das einst nahezu „reichsstädtische" Freiburg als Landstadt unterstand, über das Recht der 36 Zunftmeister, den Stadtrat zu wählen, großzügig hinweggesetzt, und die Schultheißen und Bürgermeister wurden ohnehin in verfassungswidriger Weise durch die habsburgische Regierung auf Lebenszeit in ihre Ämter investiert. Die Bürger hätten nicht über etwas zu disputieren – so wurde im Namen der Kaiserin Maria Theresia dekretiert –, was „die Begriffe gemeiner Leute übersteigt", vielmehr hätten die Freiburger „ihre einzigen Bemühungen auf ihre bürgerlichen Geschäfte und Gewerbe zu verwenden, gegen ihre Vorgesetzte aber sich allein des Gehorsams und der schuldigen Unterwerfung zu befleißigen". Zwei Monate später, im August 1757, kam es schließlich zu Gewalttätigkeiten. Anlaß war die Inhaftierung zweier Bürger, die ihr vermeintlich altes Jagdrecht ausgeübt hatten. Aufgebrachte Handwerker und Studenten stürmten daraufhin das Rathaus, öffneten mit Äxten das Gefängnis und befreiten die angeblichen Jagdfrevler. Große Teile der Bürgerschaft zogen vor die Stadt und veranstalteten eine spektakulär angelegte Schießerei, um damit den Anspruch auf ihr Jagdrecht zu unterstreichen.

Es sind die Spannungen zwischen einer politisch immer mehr unter Kuratel gestellten Gemeinde und einem sich unter obrigkeitlichem Schutz autoritär gebenden Rat einerseits und der kränkenden Einschränkung überkommener kommunaler Rechte durch den absolutistischen Territorialstaat – verbunden mit permanenten Steuersteigerungen durch das ganze 18. Jahrhundert – andererseits, die sich hier entladen.

Übersicht über frühneuzeitliche Stadtunruhen

Stadtunruhen sind eine recht weit verbreitete Erscheinung im frühneuzeitlichen Reich. Eine vorläufige Zusammenstellung, die für das 18. Jahrhundert noch komplettiert werden müßte, verzeichnet folgende „Stadtrevolten" [275: FRIEDRICHS, Town revolts, 40–51]:

1580–1581	Aachen	1595–1600	Wismar
1583–1591	Augsburg	1595	Emden

1598–1605 Lübeck
1600–1604 Paderborn
1600–1604 Höxter
1601–1604 Schwäbisch Hall
1601–1604 Braunschweig
1603–1604 Greifswald
1607 Donauwörth
1608–1610 Köln
1608–1614 Aachen
1609–1617 Lemgo
1612–1616 Frankfurt
1612–1616 Stralsund
1613–1616 Worms
1613–1616 Wetzlar
1613–1615 Braunschweig
1613–1623 Greifswald
1616 Stettin
1648–1664 Erfurt
1650–1654 Heilbronn
1652–1655 Bremen
1661–1669 Lübeck
1674–1686 Hamburg
1680–1686 Köln
1693–1699 Hamburg
1702–1712 Hamburg
1702–1712 Wetzlar

Ursachen frühneuzeitlicher Stadtunruhen

Die Liste der Stadtunruhen zeigt eine Massierung vor und nach dem Dreißigjährigen Krieg; im 18. Jahrhundert werden die Unruhen schließlich weniger gewaltsam. In den Beschwerden wird häufig von schlechter Verwaltung und zu hoher wirtschaftlicher Belastung – vor allem durch die Steuern – gesprochen [275: FRIEDRICHS, Town revolts]. Hinter diesen Konflikten liegt als Grundfigur eine Polarisierung von Rat und Bürgerschaft; sie kann durch autoritäres Verhalten des Rates bewirkt sein oder durch die höhere wirtschaftliche Belastung, etwa mit Steuern, deren Verwaltung nicht hinreichend transparent ist und damit die Legitimität des Rates weiter schwächt. Daß es sich hier um Konfliktfelder grundsätzlicher Art handelt, zeigt auch der Vergleich zwischen Reichs- und Landstädten. Dort nämlich, wo Städte stärker der territorialen Herrschaft unterworfen wurden – und das waren viele im 17. und 18. Jahrhundert –, „mußten die alten Ratsverfassungen der Städte in den fürstlichen Territorien mit der Zeit verschwinden, und so fanden in den von den Dynasten beherrschten Ländern während des 17. und 18. Jahrhunderts auch keine örtlichen Bürgerunruhen in den städtischen Gemeinwesen statt“ [306: MAUERSBERG, Zentraleuropäische Städte, 121]. Diesen Satz wird man mit Blick auf die obige Übersicht etwas korrigieren müssen, eine Tendenz gibt er jedoch sicher richtig wieder.

4. Widerstandstradition und Konfliktkontinuität

Bislang war von punktuellen Erhebungen die Rede – einer Stadtrevolte hier, einem Bauernaufstand da. Es dabei sein Bewenden haben zu lassen, würde ein zumindest einseitiges, wenn nicht gar verzerrtes Bild von den „Unruhen" in Deutschland geben, denn jede kartographische Umsetzung und chronologische Auflistung der Aufstände macht klar, daß es räumliche und zeitliche Schwerpunkte gibt, die für eine Interpretation dringend berücksichtigt werden müssen.

Regionale und zeitliche Schwerpunkte von Unruhen

Bauernaufstände des Spätmittelalters sind in Oberdeutschland anzutreffen und nirgends sonst [165: FRANZ, Bauernkrieg]; um 1600 gibt es eine räumliche Konzentration von Bauernrevolten im Gebiet zwischen dem Elsaß und dem Allgäu, was diesem ansonsten kargen Raum immerhin das modische Accessoire eingebracht hat, ein „Revoltengürtel" zu sein [241: SCHULZE, Oberdeutsche Untertanenrevolten, 122]. Die „Zunftrevolutionen" des Spätmittelalters haben zweifellos ihre räumliche Konzentration im Südwesten des Reiches, wohingegen die Stadtunruhen des 17. Jahrhunderts auf Nord- und Westdeutschland gravitieren [275: FRIEDRICHS, Town revolts]. Zeitliche Schwerpunkte werden erkennbar, wenn man an die Massierung der bäuerlichen Unruhen in den 20 Jahren vor der Reformation erinnert (Bundschuh, Armer Konrad in Württemberg und Baden, Zürcher und Berner Landschaft) [165: FRANZ, Bauernkrieg], oder auf die Intensität der Konflikte im Zeitraum zwischen 1580 und 1620 hinweist [241: SCHULZE, Oberdeutsche Untertanenrevolten]; für den städtischen Bereich ist die Häufung der Konflikte in der Reformationszeit unübersehbar [102: BRADY, Turning Swiss, 151–193], für die Zeit des Dreißigjährigen Krieges ist sie zumindest plausibel gemacht worden [275: FRIEDRICHS, Town revolts]. Die räumlichen und zeitlichen Verdichtungen zeigen, daß der Geist des Widerspruchs einerseits gewissermaßen vom Vater auf den Sohn „vererbt", andererseits von Nachbarn „gelernt" werden konnte. Je ein Beispiel aus dem städtischen und ländlichen Bereich soll abschließend auf besonders ausgeprägte Widerstandstraditionen und Konfliktkontinuitäten aufmerksam machen.

Widerstandstradition – der Beispielsfall Braunschweig

In *Braunschweig* kam es 1293, 1374–80, 1445–46, 1513–1515, 1528, 1601–1604 und schließlich 1614 zu Revolten, die erst mit dem Verlust der Autonomie der Stadt durch stärkere Eingliederung in das Herzogtum Braunschweig-Wolfenbüttel in der zweiten Hälfte des 17. Jahrhunderts endeten [308: REIMANN, Braunschweig]. Die Unruhen gleichen sich in ihren Grundzügen, sie werden lediglich in der ersten Hälfte des 16. Jahrhunderts durch den Gegensatz Arm–Reich sowie durch die konfessionelle Polarität überlagert.

Die „Schicht [Aufstand] der Gildemester“ von 1293 wurde geführt um eine „gerechtere“ Gerichtsbarkeit, eine bessere kommunale Kontrolle der städtischen Finanzen und um Fragen des Marktes. – Sehr viel besser belegt und damit genauer rekonstruierbar ist die von 1374 bis 1380 ausgetragene „Schicht des Rades“, in deren Verlauf das Haus des Bürgermeisters angezündet und mehrere führende Familien der Stadt tätlich angegriffen wurden. Anlaß waren wiederum die Finanzen der Stadt insofern, als eine Fehde, in die Braunschweig verwickelt war, drastische Steuererhöhungen erforderlich gemacht hatte. Immerhin erreichten die Aufständischen, daß die Kontrollbefugnisse der Gemeinde im Kämmereiwesen verbessert und die Stellung der Gilden im Rat merklich gefestigt wurden. – Eine Verdoppelung des bisherigen Schosses (Steuer) im Gefolge einer neuerlichen Fehde führte 1445–46 zur „Schichte der unhorsem borger“, die hinter der Steuersteigerung eine Veruntreuung öffentlicher Gelder durch den Rat witterten: „me moste de borgermester koppen, de vorterden der stad ghud“, war nach dem Bericht des Chronisten von den aufgebrachten Bürgern auf dem Markt zu hören [308: Reimann, Braunschweig, 85]. Schmiede, Schneider, Knochenhauer und Bäcker hatten sich heimlich ein Banner anfertigen lassen und verbanden sich zu einer Einung; der Erfolg ihrer Maßnahmen war freilich eher bescheiden. – Die nach ihrem Führer benannte „Schicht Lukede Hollands“ von 1487–89 hatte die nämlichen Ursachen und ähnliche Ziele wie der voraufgegangene Aufstand. Wieder hatte eine Fehde zu Steuererhöhungen gezwungen, wieder hatten die Gilden das als Mißwirtschaft des Rates interpretiert, wieder wurde ein „Verbund“ von den Aufständischen geschlossen, die in einem Rezeß von 75 Artikeln ihre Forderungen vorlegten: ein Vierundzwanziger-Ausschuß war dem Rat als Kontrollorgan an die Seite zu stellen, Verwandte und Verschwägerte sollten hinfort nicht mehr gemeinsam im Rat sitzen. Lukede Hollands setzte sich damit durch, freilich nur vorübergehend. Die Stadt kehrte alsbald zur alten Verfassung und den herkömmlichen Gebräuchen zurück. – Als „Uployp van twen schoten“ bezeichnet die Chronik den Aufstand von 1513–15, der in Wahrheit ein solcher der Armen war, der „lemclickers, tymmerlude, steyndeckers, swindrivers, hoppengrevers, scholeppers, slechters, stover unde alle(r) dachloner“ [308: Reimann, Braunschweig, 112]. Die Revolte verlief blutig, und blutig wurde sie niedergeschlagen. – 1528 schließlich erzwang die Bürgerschaft mittels eines Ausschusses – wie in anderen Städten auch – mehr oder minder gewaltsam die Durchsetzung der

Reformation. Zahlreiche angesehene Geschlechter wurden zum Verlassen der Stadt gezwungen, weil sie sich der reformatorischen Bewegung nicht anschließen konnten [136: MÖRKE, Rat und Bürger, 122–143]. – Ähnliches wiederholte sich 1601–1604 in einem von Henning Brabandt geführten Aufstand. Wohl gelang es ihm, den Rat mit seinen Gefolgsleuten zu besetzen, er verlor aber rasch an Autorität, als ihm seine Gegner Kollaboration mit dem Herzog von Braunschweig-Wolfenbüttel, dem Stadtherrn und traditionellen Feind der auf Autonomie bedachten Stadt, vorwarfen. In einer militärischen Konfrontation kam es zur Gefangennahme Brabandts und zu seiner Hinrichtung und damit zur Restaurierung der älteren Verhältnisse. – Erfolgreich in der Änderung der Ratsbesetzung waren schließlich die Aufrührer von 1614: die alte Forderung der Gilden nach angemessener politischer Repräsentation und der als zu wenig energisch empfundene Widerstand der Ratsherren gegen die Territorialpolitik des Herzogs von Braunschweig-Wolfenbüttel führten zur Absetzung des alten Rates und zur Neuwahl eines kleineren neuen Rates, in dem der Einfluß der Patrizier drastisch reduziert wurde.

Kontinuität von Konfliktgegenständen

Erstaunlich ist – und das sollte dieses knappe Referat belegen und unterstreichen –, daß die Konfliktgegenstände über Generationen hinweg die gleichen blieben, sieht man von der offensichtlich leicht veränderten Konstellation in der Vorreformations- und Reformationszeit ab. Die Enkel konnten gewissermaßen von ihren Großvätern lernen, wie man mit dem Rat umzugehen hatte.

Widerstandstradition – das Beispiel Triberg auf dem Schwarzwald

Ähnliches gilt für die bäuerlichen Unruhen, wie sich am Beispiel der Herrschaft *Triberg* auf dem Schwarzwald verdeutlichen läßt [309: ULBRICH, Triberg]. Triberg war im Besitz der Habsburger, aber wie viele österreichische Herrschaften über Jahrhunderte an Adelige aus der Region verpfändet. Dieser Umstand erklärt, daß sich der Unmut der Bauern vornehmlich gegen die als Willkürherrschaft empfundene Amtsführung der Vögte und Pfleger richtete; er erklärt auch, daß die Auseinandersetzungen immer mit prozessualen Verfahren gekoppelt waren, lag es für die Bauern doch nahe, zunächst bei der vorderösterreichischen Regierung in Ensisheim bzw. in Innsbruck mit ihren Beschwerden vorstellig zu werden. Die Situation in Triberg läßt sich am besten als ein Dauerkonflikt zwischen Bauern und Herrschaft beschreiben, der lediglich in den 100 Jahren nach dem Bauernkrieg für eine längere Zeit unterbrochen war. Das erfordert eine etwas summarische Darstellung der Unruhen. Orientiert man sich an den umfassenderen bäuerlichen Beschwerdeschriften, so kam es zu größeren Konflikten 1486, 1493, 1495, 1498, 1504, 1517, 1519, 1525, 1620–30, 1654–68, 1680–83, 1706–17, 1730–40 und 1767–71.

Kontinuität von Konfliktgegenständen

Es fällt auf, daß die Gegenstände der Beschwerden in Grundzügen unverändert bleiben. Zu ihnen gehören die wirtschaftlichen Folgen der Leibeigenschaft, die grundherrlichen Abgaben, die Amtsführung der Obervögte und Pfandherren, im Bereich der Rechtsprechung die Höhe der Bußen und Strafen und schließlich die Einschränkung der kommunalen Rechte und der Gewerbefreiheit. Innerhalb dieses generellen Rahmens läßt sich „von der Tendenz her ... eine Abnahme der Konflikte im Bereich der Gerichtsherrschaft und eine Zunahme der Klagen über Verwaltungskosten feststellen. Vermehrt haben sich auch die Beschwerden über die Einschränkung der Wald-, Holz- und Jagdrechte, über die zunehmende Belastung durch Frondienste, Kontributionen, Steuern und Zölle und über die verstärkten Reglementierungen im Wirtschaftsleben" [309: Ulbrich, Triberg, 188 ff.]. Damit erweisen sich die Konfliktlagen zum ersten als äußerst traditionell, insofern Grund- und Leibherrschaft das Grundbeziehungsgefüge zwischen Bauern und Herrschaft blieben, zum zweiten als situationsgebunden, insofern Pfandschaften und Pflegschaften besondere Bedingungen schufen, und drittens als zeitbedingt, insofern sich in den Unruhen die langfristigen Veränderungen wirtschaftlicher und politischer Art spiegeln.

Konfliktverlauf

Am Anfang des Konfliktaustrags standen in der Regel Verhandlungen, doch unterstrichen die Bauern üblicherweise die Ernsthaftigkeit ihrer Forderungen mit Abgaben-, Dienst- und Gehorsamsverweigerungen, ja gelegentlich kam es auch zur Befreiung inhaftierter Bauern oder zur Ausschaltung der Vögte, jedoch nur 1525 zu militärischer Gewalt. Naheliegenderweise war das Verhältnis zwischen Obrigkeit und Untertanen immer aufs äußerste gespannt, ja feindlich: Der Triberger Obervogt sah in den Untertanen am Ende des 18. Jahrhunderts nichts anderes als „lauter niederträchtiges Bauernvolk". Und der Vertreter des Klosters St. Blasien beim Reichshofrat in Wien attestierte den ebenfalls über Jahrhunderte prozessierenden und protestierenden benachbarten Hauensteinern „ohnerhörte hartneckig- und halsstarrigkeit"; ihm kam der Widerstand wie „ein heimblicher zundl" vor, „welcher bei der mindesten collission feuer fasset". Die Bauern, so befand er, brächten bereits bei ihrer Geburt einen angeborenen Haß auf ihre Obrigkeit mit, die „sie im gebluedt immerhin fortpflanzen" [310: Ulbrich, Agrarverfassung, 149, 160].

Bäuerlicher Widerstand in der Einschätzung der Obrigkeit

Verallgemeinerbarkeit der Beispielsfälle

Es ist nachdrücklich zu unterstreichen, daß mit Braunschweig und Triberg keine gewissermaßen „exotischen“ Fälle beschrieben wurden, die sich jeder Generalisierbarkeit entzögen. Braunschweig könnten Städte wie Augsburg, Hamburg, Köln und Worms zur Seite gestellt werden, Triberg die Fürstabteien Kempten und St. Gallen oder die bayerischen Klöster Rottenbuch, Steingaden und Ettal. „Widerstandstradition“ und „Konfliktkontinuität“ sind jedenfalls äußerst wichtige Beobachtungen, um Unruhen angemessen interpretieren zu können. Darum geht es im folgenden Kapitel.

II. Grundprobleme und Tendenzen der Forschung

Die Erörterung des Forschungsstandes und der strittigen Interpretationen, aus der sich auch Hinweise auf Forschungsprobleme ergeben, folgt dem Aufbau des vorangegangenen ereignisgeschichtlichen Teils sowohl in chronologischer Hinsicht (Spätmittelalter, Übergangsepoche, Frühneuzeit) als auch in systematischer (Stadt, Land). Die Überschriften der Kapitel und Abschnitte sollen bereits die heutigen Positionen und Kontroversen andeuten. Deren eingehendere Behandlung erfolgt innerhalb der vorgegebenen chronologisch-systematischen Einheiten derart, daß die Erkenntnisse zu Einzelaspekten (Ursachen, Ziele, Legitimierung, Trägerschicht, Verlaufsformen, Folgen von Unruhen) vorangestellt werden, gefolgt von der Darstellung von Interpretationen größerer Reichweite (z. B. über den Charakter bäuerlichen Widerstandes im Spätmittelalter). Es werden nur Forschungspositionen vorgestellt, die heute noch in der Diskussion sind, sei es, daß sie zum anerkannten Wissensbestand gehören, sei es, daß sie zu konkurrierender und alternativer Thesenbildung anspornen.

1. Spätmittelalter

Die spätmittelalterliche Agrarkrise

Wiewohl mittlerweile alle Epochen der deutschen Geschichte mit dem Qualitätssiegel „Krisenzeit" ausgestattet sind, macht nach Alter und Statur doch noch immer die „Krise des Spätmittelalters" die beste Figur. Mit Blick auf das Reich war schon der Geschichtswissenschaft des 19. Jahrhunderts klar, daß das Spätmittelalter als Krisenzeit zu begreifen sei; etwas „Chaotisches" ist der Zeit nach Leopold von Ranke eigen. Unter wirtschaftsgeschichtlichem Aspekt hat Wilhelm Abel seine die Forschung insgesamt enorm stimulierende These von der „Agrardepression" [20: Agrarkrisen, 55–96] entwickelt; und letztlich hat die jüngere marxistisch-leninistische Geschichtswissenschaft die sektoral zu beobachtenden Schwierigkeiten und Irregularitäten zu einer „gesamtnationalen Krise"

[181: Steinmetz, Frühbürgerliche Revolution, 43] als Vorbedingung für Reformation und Bauernkrieg zusammengezogen.

Unruhen als Teil der spätmittelalterlichen Agrarkrise

Angesichts solch breiter Übereinstimmung ist es auch nicht verwunderlich, daß die „Unruhen" in der Stadt und auf dem Land schon früh die Aufmerksamkeit der Forschung fanden. Durch Gustav Schmoller [72: Städtewesen] rückten die Stadtunruhen unter dem Begriff der „Zunftrevolutionen" zu einem wichtigen Forschungsgegenstand auf (1), durch Günther Franz [165: Bauernkrieg, 1–91] wurden die bäuerlichen Unruhen als „Vorläufer" des Bauernkriegs von 1525 der Forschung bekannt (2). Mittlerweile scheinen die Bürger- und Bauernaufstände wesentlich zur inhaltlichen Auffüllung des Krisenbegriffs zu gehören [51: Hergemöller, Veränderungen um 1400, 39–52].

1.1 Zunftrevolutionen, Bürgerkämpfe, Kommunebewegung

Kritik des Begriffs Zunftrevolution

Heute wird von „Zunftrevolutionen" zur begrifflichen Abbildung der innerstädtischen Unruhen kaum mehr gesprochen [zuletzt 66: Maschke, Soziale Kräfte in der deutschen Stadt, 289, 303 u.a.], weil weder die Zünfte allein Träger des Widerstandes waren, noch „revolutionäre" Züge im strengen Sinn bei diesen Unruhen zu erkennen sind. Sie lassen sich vielmehr dadurch charakterisieren, daß eine größere Zahl von Bürgern ein größeres Maß an Mitsprache verlangt. Diese etwas triviale Einsicht ist das Beiprodukt der jüngeren Stadtgeschichtsforschung, die nachgewiesen hat, daß der Protest zum Lebensrhythmus der Stadt gehört. Entsprechend schwierig gestalten sich die Bemühungen um eine begriffliche Erfassung des Phänomens [135: Mörke, Konflikt].

Marxistische Terminologie: vom „Bürgerkampf" zur „Kommunebewegung"

Schon um den Begriff „Revolution" für die Reformationszeit als Bruchstelle zwischen Feudalismus und Kapitalismus zu sichern, hat die marxistische Forschung gegen „Zunftrevolution" Stellung bezogen und durch Karl Czok [57: Städtische Volksbewegungen, 72] die Bezeichnung „Bürgerkämpfe" eingeführt, die weitgehend übernommen wurde [68: Maschke, Städte, 21; 61: Ehbrecht, Hanse; 60: Ders., Ordnung, 101]. Offenbar weil im Konzept des historischen Materialismus das „Volk" die treibende Kraft des geschichtlichen Prozesses ist, wurden die städtischen Unruhen gelegentlich auch „Volksbewegungen" genannt [57: Czok, Städtische Volksbewegungen, 72]. Mittlerweile zeichnen sich in der marxistischen Forschung Tendenzen ab, „Bürgerkämpfe" und „Volksbewegungen" gegen „Kommunebewegung" zu vertauschen [55: Bert-

HOLD/ENGEL/LAUBE, Bürgertum; 64: KÜTTLER, Stadt]; jedenfalls genießt diese Bezeichnung bereits „Handbuchweihe“ [23: BARTEL, Deutsche Geschichte. 2. Bd., 28, 31, 98f., 232f. u.a.].

Probleme der begrifflichen Erfassung spätmittelalterlicher Stadtunruhen

Ein Ergebnis der jüngeren Forschung besteht darin, die Kontinuität innerstädtischer Unruhen vom Hochmittelalter bis zur Reformationszeit nachgewiesen zu haben. Daraus ergibt sich für die heutige stadtgeschichtliche Forschung die Schwierigkeit, einerseits die Vergleichbarkeit und Ähnlichkeit [68: MASCHKE, Städte, 20–23; 59: EHBRECHT, Bürgertum in hansischen Städten, 278–280; 57: CZOK, Städtische Volksbewegungen, 56–128] zu betonen und zugleich andererseits die strukturell oder chronologisch bedingten Verschiedenheiten der Untertypen von Stadtunruhen hinreichend erfassen zu können. Teilweise scheint dieses Problem auch nicht lösbar. Nach MASCHKE [68: Städte, 21] setzte „der Kampf der Zünfte um Beteiligung am Rat ... in Süddeutschland beträchtlich früher ein als in Norddeutschland, nämlich in der ersten Hälfte des 14. Jahrhunderts, mündete aber im hansischen Bereich sehr viel weitergehend in die religiös-sozialen Unruhen der Reformationszeit als im Süden“. Angesichts dieser Situation ist es leichter, die Übereinstimmungen bei der Einschätzung der Ursachen, Ziele, Verlaufsformen, Legitimationsmuster und Folgen darzustellen als regional, strukturell oder zeitlich bedingte „Sonderfälle“.

Ursachen städtischer Unruhen

Es kann, fragt man nach den *Ursachen*, als gesichert gelten, daß es „immer dann zu Protesten einzelner Gruppen oder der gesamten Bürgergemeinde gegen die Stadtführung (kam), wenn eine vermeintliche Mißwirtschaft zu einer spürbaren finanziellen Mehrbelastung einzelner Bürger führte oder sich genossenschaftliche Verbände etwa im Rahmen der Markt- und Gewerbeordnung in ihrer Autonomie verletzt fühlten“ [61: EHBRECHT, Hanse, 87]. Schärfer ausgedrückt: wirkliche oder unterstellte Korruption und Machtanmaßung des Rates führen zum Protest der Bürgerschaft.

Ziele revoltierender Gruppen in der Stadt

Damit sind indirekt die *Ziele* schon skizziert: allenthalben geht es um eine stärkere Kontrolle der Finanzen durch die Gemeinde [57: CZOK, Städtische Volksbewegungen, 5, 44] und um die Eingrenzung der Macht des Rates. Die Ziele werden im Verlauf des Aufstandes formuliert und präzisiert, ausgehend vom amorphen Protest einzelner städtischer Gruppen über die Artikulation des Protestes in der Gemeinde zur Institutionalisierung des artikulierten Protestes mittels eines Gemeindeausschusses. OTTHEIN RAMMSTEDT [138: Stadtunruhen] hat diese Sequenzen scharf herausgearbeitet und in den größeren Rahmen einer Theorie der „sozialen Bewegung“ [38:

Soziale Bewegung, bes. 135 mit Anm. 7] eingebettet. Die zugespitzte Formulierung von KARL CZOK, derzufolge es in den Aufständen „in erster Linie um Alleinherrschaft oder Beteiligung in Stadtrat und in den städtischen Ämtern" [57: Städtische Volksbewegungen, 72] gegangen sei, wird heute, jedenfalls was die erste Hälfte der Aussage betrifft, eher abgeschwächt: „die Form der Herrschaftsausübung ... auf eine breitere Basis" zu stellen [62: FRITZE, Entwicklung der städtischen Produktion, 292], sei das Ziel der Unruhen gewesen, und dort, wo die Gemeinde weitgehende politische Mitspracherechte verfassungsmäßig garantiert innehatte, sei es um deren Wiederherstellung gegangen [67: MASCHKE, Obrigkeit]. Die zentralen Normen städtischen Lebens – Friede, Eintracht und Gemeinwohl – würden mit dem Aufstand wiederhergestellt [289: RUBLACK, Norms in Urban Communities, 38 f.].

Der Verlauf der Stadtunruhen

Ursachen und Ziele spiegeln sich auch in den *Verlaufsformen* der Unruhen, denen WILFRIED EHBRECHT [59: Bürgertum in den hansischen Städten, 280–284; 60: DERS., Ordnung, 103] seine besondere Aufmerksamkeit gewidmet hat. Am Beginn einer Erhebung steht die „sammenunge" der Gemeinde als Schwurverband; ihr folgt der Bannerlauf, nicht selten verbunden mit allgemeiner Bewaffnung und mit der Besetzung der Stadttore; schließlich wird ein Ausschuß gebildet, der kurzfristig die Ratsbehörden kontrolliert, und endlich wird der innere Friede mit der neuerlichen Eidesleistung der Gemeinde wiederhergestellt.

Legitimer Bürgerprotest – die Interpretation Ehbrechts

In solchen Vorgängen wird etwas von der *Legitimierung* innerstädtischer gewaltsamer Opposition erkennbar. Zwar besteht zwischen Rat und Bürgerschaft ein wechselseitiges Verhältnis von Schutz und Gehorsam, doch als Schwurverband sieht die Gemeinde im Rat ihr repräsentatives Organ, nicht ihre Obrigkeit, und insofern galt selbst, wie EHBRECHT gezeigt hat [59: Bürgertum in den hansischen Städten, 276 f.; 128: DERS., Köln, 61], bei den Zeitgenossen der Auflauf der Gemeinde als legitim [131: LOOZ-CORSWAREM, Köln, 100]. Die Legitimität innerstädtischer Unruhen ist, formal betrachtet, von den verfassungsmäßigen Umständen her zu beantworten.

Unschärfen des Legitimitätsbegriffs – Schwächen der kategorialen Erfassung des Widerstands

Verfassungskonform in diesem Sinne ist Widerstand in einer Stadt sicher dann, wenn diese selbst auf dem Schwurverband fußt oder wenn der Rat, wie in den zunftverfaßten Städten, lediglich beanspruchen kann, exekutives Organ der Gemeinde zu sei. Anders ist das sicher dort, wo eine ministerialische Führungsschicht durch einen Aufstand abgelöst wird, anders ausgedrückt: eine feudal verfaßte Stadt auf das genossenschaftliche Prinzip umgesetzt wird. Unter diesem Gesichtspunkt wäre es wünschenswert, die früher Zunftrevolutionen genannten Aufstände phänomenologisch schärfer von anderen Formen des Protestes zu unterscheiden. Denn üblicherweise blieben innerstädtische Auseinandersetzungen verfassungsrechtlich *ohne Folgen*, wohingegen die Zunftunruhen weitreichende Konsequenzen hatten: zwar konnten sie gelegentlich niedergeschlagen werden (Nürnberg, Frankfurt a. M.), oft blieben die Zünfte auch wenig mehr als ein Annex des patrizischen Rates (z. B. Regensburg, Rothenburg o. d. T., Schwäbisch Hall, Mülhausen im Elsaß), doch nicht selten kam es zu einer Parität von Patriziern und Zünften (z. B. Konstanz, Heilbronn, Hagenau) oder zu einer eindeutigen Dominanz der Zünfte (z. B. Straßburg, Augsburg, Ulm, Schlettstadt, Colmar, Zürich). „Das Ergebnis und der Abschluß der Auseinandersetzungen war der Vertrag, der Sühne- oder Schwörbrief" [66: MASCHKE, Soziale Kräfte in der deutschen Stadt, 309], und darin liegt, wie MASCHKE betont, deren „besondere Bedeutung in der mittelalterlichen deutschen Verfassungsgeschichte". Sozialgeschichtlich ist erheblich, daß „die Menschen der ‚freien Unfreiheit' in das freie Bürgertum überführt waren und eine sehr starke Mittelschicht in der Feudalgesellschaft groß geworden war" [47: BOSL, Gesellschaftsprozeß, 91].

Folgen innerstädtischer Auseinandersetzungen

Maschkes verfassungsgeschichtliche Interpretation der Folgen

Bosls sozialgeschichtliche Interpretation der Folgen

In der Gesamtbewertung innerstädtischen Protestes lassen sich heute zwei Hauptpositionen unterscheiden, die, in Weiterentwicklung eines typologisch-chronologischen Ansatzes von HENRI PIRENNE, einerseits von ERICH MASCHKE und WILFRIED EHBRECHT, andererseits von KARL CZOK und einer Forschergruppe um ADOLF LAUBE vertreten werden. Vor etwas mehr als einem halben Jahrhundert hat PIRENNE für Europa drei Typen von Stadtrevolten entwickelt [vgl. 37: Sozial- und Wirtschaftsgeschichte, 191–199]: Bürger contra Stadtherr, Zünfte contra Patrizier, Arme contra Zünfte. Die Schwächen dieses Konzepts [vgl. 49: GRAUS, Ketzerbewegungen, 4 ff.] für Deutschland hat MASCHKE vor allem in den „unelastisch" gebrauchten Kategorien „Patriziat" und „Zunft" gesehen [66: Soziale Kräfte in der deutschen Stadt, 293–303]; Patrizier und Zünfte wären viel mehr Kompromisse und Koalitionen einzugehen fähig gewesen, als das PIRENNEsche Modell erwarten läßt.

Pirennes Typologie der Stadtrevolten

Das Zusammenwirken von Patriziat und Zünften ist für MASCHKE der Normalfall, nicht die Ausnahme. „Abgesehen von Städten, in denen sich ein patrizischer Rat kooptierte, beruhte der Rat auf Wahl" [67: MASCHKE, Obrigkeit, 8] und wird konkret von Zunftmeistern und Patriziern gestellt. Die Wahl begründet eine „Repräsentativverfassung" – der Rat war „das leitende Organ der Stadtgemeinde, aber er übte nicht Herrschaft aus". Im Eid, der zuallererst die Stadtgemeinde konstituiert und lediglich nachgeordnet den Gehorsam der Bürger gegenüber Bürgermeister und Rat bezeugt, wird diese Grundfigur städtischen Verfassungslebens immer wieder in Erinnerung gebracht. Je aristokratischer eine Stadt verfaßt war, um so stärker trat der Gehorsamsaspekt im Eid in den Vordergrund, wenn nicht auf die Eidesleistung überhaupt verzichtet wurde [58: EBEL, Bürgereid, 36].

Verfassungsnorm und Verfassungswirklichkeit als Grundproblem der Stadt – das Erklärungsmodell von Maschke

Für MASCHKE liegt in der Differenz zwischen Verfassungsnorm und Verfassungswirklichkeit das Grundproblem der mittelalterlichen Stadt, und aus ihr erklären sich ganz plausibel die geradezu permanenten Konflikte: einerseits galt der Rat als Organ der Gemeinde, andererseits erzwang die Ehrenamtlichkeit der Stellen – die Abkömmlichkeit im Sinne MAX WEBERS [43: Wirtschaft und Gesellschaft, 757] – eine Bevorzugung der Patrizier, die von den Zünftlern subjektiv häufig als „Vetternwirtschaft" verstanden wurde, die aber auch objektiv den obrigkeitlichen Charakter des Rates begünstigte. Aus der Figur Rat – Gemeinde wird die Figur Obrigkeit – Untertanen [67: MASCHKE, Obrigkeit, 9]. Insoweit können die innerstädtischen Auseinandersetzungen als Verfassungskonflikte verstanden werden [vgl. auch 69: NAUJOKS, Obrigkeitsgedanke; 308: REIMANN, Braunschweig, 92; 71: ROTZ, Social Struggles, 94]. EHBRECHT, [59: Bürgertum in den hansischen Städten] teilt diese Auffassung, wenn er die Konfliktfigur Rat – Gemeinde als verfassungskonform versteht.

Frühe Formen des Kapitalismus – das Erklärungsmodell der marxistischen Forschung

Selbstverständlich leugnen MASCHKE, EHBRECHT und mit ihnen die meisten Stadthistoriker nicht die Bedeutung wirtschaftlicher und davon abgeleiteter sozialer Entwicklungen. Nur nehmen sie in ihrer Gesamtbewertung nicht jenen hohen Stellenwert ein, den sie in der marxistischen Forschung haben. KARL CZOK, [57: Städtische Volksbewegungen, 112] hat zu wiederholten Malen die finanziellen Belastungen durch Steuern, das Verbot des freien Weinschenkens und Bierbrauens, die Forderung nach Autonomie in Gewerbeangelegenheiten als aufstandsmotivierend herausgehoben und damit wohl das Bedürfnis nach freier Entfaltung der kapitalistischen Kräfte als bedeutsam unterstreichen wollen.

Diese Überzeugung wurde auf neue Begriffe gebracht von BRIGITTE BERTHOLD, EVAMARIA ENGEL und ADOLF LAUBE [55: Bürgertum] (und versuchsweise am Beispiel Straßburgs untermauert [54: BERTHOLD, Straßburg]). Das „Autorenkollektiv" unterscheidet zwei

Phasen im mittelalterlichen Protest – eine „Kommunebewegung" [55: BERTHOLD/ENGEL/LAUBE, Bürgertum, 198], die vom 11. bis ins 14. Jahrhundert reicht, die Freisetzung der Wirtschaft von feudalen Bindungen erstrebt und, wo sie erfolgreich ist, die „mit Selbstverwaltungsrechten ausgestattete bürgerliche Stadtgemeinde" schafft und damit die Möglichkeit „zu einer von feudalen Hemmnissen weitgehend befreiten Entwicklung der für die Stadt typischen Wirtschaftszweige, Handel und Handwerk". Im Gegensatz zu CZOK ist für BERTHOLD, ENGEL und LAUBE die Kommunebewegung mit gewissen Einschränkungen „ein revolutionärer Vorgang", und entsprechend entsteht im Bürgertum eine „Nebenklasse" innerhalb des Feudalismus [vgl. auch 42: VOGLER, Klassenentwicklung, bes. 1192–1195]. Die zweite Phase innerstädtischer Bewegungen, die – die erste Phase überlagernd – im 13. Jahrhundert einsetzt, sich aber über das 14. Jahrhundert hinaus erstreckt, ist gekennzeichnet „durch die inneren sozialen und politischen Auseinandersetzungen in den Städten" [55: BERTHOLD/ENGEL/LAUBE, Bürgertum, 207]. „Triebkräfte" sind jetzt „diejenigen Kreise, die am meisten von der Entwicklung der Ware-Geld-Beziehung profitiert hatten", ihre Durchsetzungsfähigkeit führt zu ihrer Beteiligung im Rat, und damit werden die Belange der Produktionssphäre durch die veränderte Wirtschaftspolitik verstärkt berücksichtigt.

Ansätze zu einer Typologie

An dieser Stelle ist nochmals auf „Untertypen" der Stadtunruhen einzugehen. BERTHOLD, ENGEL und LAUBE unterscheiden zwei Sequenzen, wobei der ersten „revolutionärer" Charakter zugebilligt wird, ihr also prinzipiell größere Bedeutung zukommt. Teilweise deckt sich diese Zweiteilung mit MASCHKES Einschätzung, der einer ersten Phase der Konsolidierung bürgerlicher Mitregierung eine zweite der Sicherung dieser Mitregierung gegen obrigkeitliche Tendenzen des Rates folgen läßt [67: Obrigkeit]. Allerdings wird eine solche Zweiteilung von ihm nicht konsequent durchgehalten, gelegentlich unterscheidet er auch, in erstaunlich enger Anlehnung an PIRENNE, drei Phasen, wobei der letzten, von ihm als „Protest gegen die Reichen" charakterisiert [68: Städte, 20; vgl. auch 129: ENDRES, Zünfte, 153f.; 57: CZOK, Städtische Volksbewegungen, 129–155], mangels Trennschärfe zu den zeitgleichen Reformationswirren die Überzeugungskraft fehlt. Ein Ausweg aus den skizzierten Schwierigkeiten ist wohl nur zu finden, wenn gleiche Fragen an die unterschiedlichen Stadtlandschaften gestellt werden – um es in personalen Metaphern auszudrücken, ein „Maschke" ist für Norddeutschland so dringlich wie ein „Ehbrecht" für Süddeutschland – und

Schwächen der typologischen Konzepte

wenn der Blick epochenüberschreitend auf die Reformationszeit und die Frühneuzeit erweitert wird. Die verblüffende Parallelität zwischen mittelalterlichen und neuzeitlichen Stadtunruhen macht nämlich rasch deutlich, daß überzeugende Kriterien zur Differenzierung im zeitlichen Binnenraum des Mittelalters nicht zu gewinnen sind.

1.2 Der Kampf der Bauern um das alte Recht

Spätmittelalterliche Bauernaufstände als „altrechtliche" Aufstände – das Konzept von Franz

Das „alte Recht", auf das die Bauern häufig ihre Forderungen und Beschwerden abstützen, dient seit GÜNTHER FRANZ' Forschungen [zusammenfassend 165: FRANZ, Bauernkrieg, 1–91] als ein definitorisches Merkmal bäuerlichen Widerstandes im Spätmittelalter. Dies gilt allerdings nur, wenn man die auf das Oberrheingebiet beschränkten Bundschuhaufstände ausnimmt, auf die noch detaillierter zurückzukommen ist. Mit der attributiven Bezeichnung „altrechtlich" wurde den Bauernunruhen ein bewahrender, reaktiver Charakter unterstellt. Neuere Forschungen haben an dieser Interpretation im Detail Kritik angebracht, was schließlich auch zu neuen Gesamteinschätzungen geführt hat. Bäuerliche Unruhen im Spätmittelalter sind allerdings analytisch nur in den Griff zu bekommen, wenn man sie von anderen „Volksbewegungen" und literarischen Protesten trennt, die bislang zu nahe an Bauernunruhen gerückt wurden und damit die kategoriale Erfassung des Phänomens als solches nur unnötig erschwert haben – gemeint sind etwa die „Armlederbewegung" [91: HOYER, Armlederbewegung], die „Niklashäuser Fahrt" [1: ARNOLD, Niklashausen 1476] oder der „Oberrheinische Revolutionär" [120: LAUTERBACH, Geschichtsverständnis].

Ursachen spätmittelalterlicher Bauernunruhen

FRANZ und nach ihm NABHOLZ haben die Ursachen der Unruhen im Ausbau der „Landesherrschaft, die in der Gerichtsherrschaft wurzelte" [165: FRANZ, Bauernkrieg, 80], gesehen, und „daher kehrt denn auch in allen Beschwerdeschriften der Bauern die Klage über neue Einrichtungen und Anforderungen der Obrigkeit und ihr Verlangen wieder, sie bei ihren guten Bräuchen und Gewohnheiten ungestört verbleiben zu lassen" [97: NABHOLZ, Schweizerbauern, 484f.]. Damit ist angedeutet, daß in den Beschwerden der Bauern eine Vielzahl von Ursachen aufscheint, die im Detail nochmals zu untersuchen und dann neu zu gewichten sind. Näherkommen kann man einer neuen Gewichtung, wenn man sich den Zielen zuwendet.

Noch vor einem Jahrzehnt war das Urteil richtig, „eine systematische, über die einzelne Erhebung hinausgehende Untersuchung der subjektiven Ziele revoltierender Bauern ist von der Forschung bisher nicht geleistet worden" [24: BIERBRAUER, Forschungsbericht, 37]. Mittlerweile lassen sich die subjektiven Ziele in drei Rubriken bündeln, nämlich in „wirtschaftliche", „politische" und „individuelle" [24: BIERBRAUER, Forschungsbericht, 37–41]: Die Bauern fordern einen höheren Anteil an ihrem Arbeitsprodukt (bessere Leiheformen für die Güter, geringere steuerliche Belastung), sie wollen ihre kommunalen Rechte erweitern mit dem Ziel einer politischen Repräsentation auf territorialer Ebene [25: P. BLICKLE, Landschaften], und sie suchen ihren individuellen Handlungsspielraum durch Abbau leibherrlicher Rechte zu erweitern [100: ULBRICH, Leibherrschaft].

Ziele der aufständischen Bauern

Falls die Interpretation spätmittelalterlicher Unruhen als „progressiv" breitere Zustimmung finden sollte, wäre das „alte Recht" als unbestreitbar vorherrschende Figur zur Legimitierung von Forderungen nochmals auf seinen Gehalt zu befragen. Denn mit einem Recht „von gestern" konnten Ansprüche „auf morgen" gewiß nicht begründet werden. Wiewohl die jüngere Forschung an der dichotomischen Unterscheidung von „altrechtlich" und „göttlichrechtlich" durch GÜNTHER FRANZ [165: Bauernkrieg, 82] zerrt und immer wieder die Traditionsstränge des göttlichen Rechts von Wycliff über Hus zur Reformation abklopft [1: ARNOLD, Niklashausen 1476, 45–52; 120: LAUTERBACH, Geschichtsverständnis, 212–229], ist ein entscheidender Durchbruch zu einer Neubewertung bäuerlichen Rechtsverständnisses bis jetzt nicht geglückt, auch wenn die Spurensicherung zur Rekonstrukion naturrechtlicher Vorstellungen der Bauern Fortschritte gemacht hat [118: BIERBRAUER, Das Göttliche Recht, 228 ff.].

Legitimationsfiguren in spätmittelalterlichen Bauernaufständen

Ähnlich unsicher sind die Einschätzungen, wer die Träger- und Führungsschichten waren. Die verbreitete Meinung, die dörflichen Eliten und „Ehrbarkeiten" hätten die Unruhen getragen [164: FRANZ, Führer, 99–102; 39: SABEAN, Dorfgemeinde, 197 ff.], ist eine Rückschreibung von keineswegs zwingenden Interpretationen aus der Bauernkriegszeit und bislang empirisch nicht überprüft; es sprechen im Gegenteil einige Beobachtungen über den „politisch handelnden Bauern" gegen eine solche Annahme [25: P. BLICKLE, Landschaften, 461]. Material zur Lösung dieses Problems wäre in den „Rädelsführerlisten" und den „Strafregistern" vorhanden, die mindestens für einige Aufstände (z. B. Armer Konrad 1514) überliefert sind.

Führer und Träger der Bauernunruhen

Folgen bäuerlichen Widerstands

Zur Abschätzung der Folgen gibt es ein erst in den letzten Jahrzehnten detaillierter ausgewertetes Material in Form von Schiedssprüchen und Verträgen, die in der Regel die Unruhen beenden. Daraus sind der weiteren Diskussion zwei wichtigere Erkenntnisse unterbreitet worden: die Auffassung nämlich, daß bäuerliche Unruhen in erheblichem Maße auf die Ausgestaltung der Agrarverfassung Einfluß haben [301: R. BLICKLE, Rottenbuch; 302: DIES., Altbayern; 310: ULBRICH, Agrarverfassung, 154] und daß mit diesen Verträgen, die sich in der Regel auf sämtliche „Grundholden" und die gesamte „Untertanenschaft" einer Herrschaft beziehen, deren rechtliche Stellung erheblich gestärkt wird, ja sie recht eigentlich in der Form der „Landschaft" zu einem Rechtssubjekt werden [25: P. BLICKLE, Landschaften]. Der als Urkunde ausgefertigte Schiedsspruch gehört zu den elementaren bäuerlichen Rechtsbeständen, und seine Verletzung wird bis zum Ende des Alten Reiches immer wieder von den Bauernschaften bei den höchsten Reichsgerichten eingeklagt.

Aus den skizzierten Einzelergebnissen resultieren neue Gesamtinterpretationen, die, auch wenn sie noch vorläufigen Charakter haben und einer weiteren empirischen Abstützung bedürfen, Korrekturen für das Bild des deutschen Spätmittelalters ergeben könnten.

Der Modellcharakter der Eidgenossenschaft – die Interpretation von Schiff

Die erste größere Gesamtinterpretation spätmittelalterlicher Bauernrevolten – um die älteren Konzepte vorab zu rekapitulieren – hatte OTTO SCHIFF [99: Vorgeschichte] mit dem Hinweis auf die Nähe aller Unruheherde zur Schweizer Eidgenossenschaft gegeben; er hatte sie damit als Freiheitsbewegungen klassifiziert, und er hat für diese Überzeugung jüngst nochmals einen Sekundanten gefunden [102: BRADY, Turning Swiss, 28–42]. SCHIFFS Beurteilung ist durch die Einschätzung von GÜNTHER FRANZ völlig verdrängt worden. FRANZ hat für nahezu ein halbes Jahrhundert das Bild bäuerlichen Widerstands im Spätmittelalter geprägt, und deshalb ist es erforderlich, darauf nochmals näher einzugehen. FRANZ [165: Bauernkrieg, 2] hat die Aufstände an der Bruchstelle zwischen bäuerlichem Rechtsverständnis und herrschaftlicher Modernisierung angesiedelt. „Dies Recht stand über dem Staat. Kein König und kein Fürst konnte neues Recht schaffen ... Da das Recht von Gott stammte, waren die, ... die es ändern wollten, Mächte des Nichtrechts, des Unrechts ... Der Kampf gegen sie war kein Rechtsbruch, sondern im Gegenteil Rechtswahrung und damit höchste sittliche Pflicht". Eine solche Rechtsauffassung mußte sich gegen den „Territorialstaat" richten, „der an die Stelle des alten Lehensstaates zu treten

Territorialstaat versus altes Recht – die Interpretation von Franz

begann" und der sich eines Rechts zur Durchsetzung seiner Ziele bediente, das in den Augen der Bauern das schiere Unrecht war: gemeint ist das Römische Recht.

Die stark im Politisch-Staatlichen und Verfassungsmäßig-Rechtlichen angesiedelte Position von FRANZ, die kürzlich Argumentationshilfen hinsichtlich der Bedeutung des Römischen Rechts erhalten hat [114: STRAUSS, Roman Law, 96–135], stieß verständlicherweise auf erheblichen Widerspruch der marxistisch-leninistischen Forschung. Sie allerdings hat sich mit spätmittelalterlichen Bauernunruhen kaum eingehender befaßt – ganz im Gegensatz zu ihrem Interesse für die Stadtrevolten und die „frühbürgerliche Revolution" –, und entsprechend narrativ und belanglos fällt auch die Behandlung des Gegenstandes auf Handbuchebene aus [23: BARTEL, Deutsche Geschichte. 2. Bd., 312–315, 394–400]. Lediglich die Aufstände zwischen 1470 und dem Bauernkrieg sind versuchsweise mit den Kategorien des historischen Materialismus systematisiert worden – für die früheren Unruhen gibt es allenfalls Annäherungen an eine theorieverträgliche Interpretation [96: MÜNCH, Agrarverfassung] –, mit dem Ergebnis, daß „insgesamt ... die sozialen Veränderungen und Umschichtungen als eine Folge des Aufschwungs der gewerblichen Wirtschaft und des Handels, besonders der zu frühen Formen des Kapitalismus tendierenden ökonomischen Entwicklung zu bewerten (sind), die ihrerseits eine Ursache für die Zuspitzung der sozialen Widersprüche und das Anwachsen der Volksbewegungen seit dem letzten Drittel des 15. Jahrhunderts darstellte" [95: LAUBE, Volksbewegungen 1470 bis 1517, 93].

Gegenpositionen von marxistischer Seite

Gemeinsam ist FRANZ und LAUBE, daß sie die spätmittelalterlichen Unruhen mit denselben Erklärungen auf den Begriff bringen, die ihre Interpretationen des Bauernkriegs tragen: im einen Fall ist es die Auseinandersetzung zwischen Territorialstaat und einer ihre alten und gemeindlichen Rechte reklamierenden ländlichen Gesellschaft, im anderen Fall sind es die sich überlagernden Widersprüche zwischen Feudalismus und dem sich neu formierenden Kapitalismus.

Rückschreibungen vom Bauernkrieg ins Spätmittelalter

Zeitgleich mit LAUBES Feudalismus-Kapitalismus-Konzept hat FRANTIŠEK GRAUS das Spätmittelalter als Epoche der „Etatisierung", der „Ausweglosigkeit" und der „Unruhe" bezeichnet und im Hinblick auf die bäuerliche Gesellschaft behauptet, das Spätmittelalter sei „vom Dorf aus gesehen ... keine entscheidende Wende ..., geschweige denn ein Umbruch" [50: Spätmittelalter, 13] gewesen [vgl. 49: GRAUS, Ketzerbewegungen, 17]. Was seitdem an interpretatorischen Angeboten und kategorialen Zuordnungen vorgelegt wurde, widerspricht den Auffassungen von FRANZ, LAUBE und GRAUS.

Die neuen Konzepte lassen sich mit unterschiedlichen Zugriffen darstellen; weil die mittelalterlichen Bauernunruhen bislang hauptsächlich als „reaktiv" beschrieben wurden, liegt es nahe, dem gegenüberzustellen, was in diesen Aufständen als „kreativ" gewertet werden kann. „Reaktiv" verhalten sich die Bauern gegenüber Agrarkrise, Territorialstaatsbildung, Kriegen und Fehden [79: P. BLICKLE, Erhebungen im Reich, 217ff.]: Erbrechts- und Leibeigenschaftsfragen spielen in zahlreichen Unruhen, vornehmlich jenen der grundherrschaftlich geprägten Kleinterritorien, eine erhebliche Rolle. Dahinter liegt als Motiv der Verteilungskampf zwischen Grundherren und Bauern um die in der Agrardepression knapper werdenden wirtschaftlichen Ressourcen, der in kleinen Herrschaften besonders dramatische Formen deswegen annehmen mußte, weil den Herren Ersatzeinkünfte außerhalb des agrarischen Sektors nicht zur Verfügung standen. Über sie jedoch verfügte der Territorialstaat, weil der Fürst die Regalienhoheit, besonders das Steuerregal, nutzen konnte. Die in allen Territorialstaaten vorkommenden Beschwerden gegen Steuern erklären sich mühelos aus dem Umstand, daß für die Herrschaft negative ökonomische Entwicklungen oder kostenintensive neuerschlossene staatliche Tätigkeitsfelder nicht über die Feudalrente korrigiert und finanziert wurden, sondern über direkte und indirekte Steuern. Die Topographie der Unruhen verweist schließlich auf die Bedeutung von Kriegen und Fehden: die Anfälligkeit der habsburgischen Länder Innerösterreichs und Vorderösterreichs läßt sich mit der Beobachtung verknüpfen, daß sie besonders unter den Kriegen gegen die Türken und Frankreich zu leiden hatten und selbst erhebliche Anstrengungen für die Landesverteidigung unternahmen. Sie selbst seien „der Landen Sungaw und Elsaß Schirmer", sagen Bauern einer oberrheinischen Herrschaft vorwurfsvoll zum Kaiser [79: P. BLICKLE, Erhebungen im Reich, 223]. Zur Friedenssicherung und zur Verhinderung von Fehden schließen Bauern besonders schwacher Herrschaften (St. Gallen u.a.) den „Bund ob dem See", eine zur schweizerischen Eidgenossenschaft parallele Landfriedenseinung.

Neue Interpretationsversuche: Die Verknüpfung wirtschaftlicher und politischer Entwicklungen

Neue Interpretationsversuche: Bauernaufstände als Folge fehlenden Schutzes

Die „kreativen" Aspekte der spätmittelalterlichen Unruhen sind bislang noch nicht auf ihre Tragfähigkeit geprüft worden, was damit zusammenhängen mag, daß sie in kompakter Form bislang noch nicht vorgestellt wurden bzw. an entlegener Stelle oder gar nicht veröffentlicht sind. Wichtig scheint zunächst die Beobachtung, daß bäuerlicher Widerstand in der organisierten Form des Aufruhrs einer ganzen Herrschaft – individuelle Widerstandsaktionen oder solche einzelner Dörfer sind in der neueren Forschung per definitionem aus dem Begriff der „Unruhen“ ausgeschlossen worden – die Existenz der ländlichen Gemeinde voraussetzt. Die Beobachtung, daß Unruhen mit Verträgen beigelegt werden, hat PETER BIERBRAUER [76: Bern, 153] mit der gemeindlichen Entwicklung korreliert. „Jede Urkunde, die die Bauern in ihre Gemeindetruhe legten, bedeutete ein Stück Emanzipation aus der Sphäre des feudalen Hofrechts, einen Schritt zur Sicherung der eigenen Lebensverhältnisse und Existenzchancen und zugleich eine Stärkung des inneren Zusammenhalts der Gemeinde, welche die erworbenen Rechtstitel zu sichern hatte“. Die Unruhen haben die Gemeinde nicht nur zur Voraussetzung, sie stärken sie auch und erhöhen damit die Chance der bäuerlichen politischen Repräsentation auf territorialer Ebene. Die Landstandschaft der Bauern, die sich als eine Repräsentation der Gemeinden darstellt, wird durch Aufstände erreicht (Salzburg) oder in ihrem Verlauf zumindest gefordert (Württemberg, Steiermark) [25: P. BLICKLE, Landschaften].

Neue Interpretationsversuche: politische Emanzipation der Bauern über die Gemeinde und die Landschaft

In enger Beziehung stehen die oben als „ökonomisch“ und „individuell“ bezeichneten Strukturelemente bäuerlicher Unruhen. RENATE BLICKLE hat versucht, über die Lokalisierung des Bauernhofes im gesellschaftlich-herrschaftlichen Gefüge des Mittelalters den tieferliegenden Wurzeln des Widerstands auf die Spur zu kommen. Insofern „zwei eigentumsstiftende Prinzipien – Arbeit und Herrschaft – … sich in jedem Bauernhof“ kreuzten, drehten sich alle Auseinandersetzungen zwischen Bauern und Herren immer auch „um das ‚Mehr‘ an Eigentum an diesem Objekt, um die weitergehenden Rechte an Grund und Boden“ [302: Altbayern, 177]. Dieses Urteil bezieht sich auf Grundherrschaften in Bayern, in denen jeder „Eigenmann“ Anspruch auf einen Hof hatte und dieser Hof mit allen übrigen Höfen der Herrschaft am gleichen Tag jährlich neu vergeben wurde. Über die Vererbung der Eigenschaft waren die Höfe faktisch erblich, wegen der kollektiven Neuvergabe Belastungssteigerungen kaum möglich. Jede Veränderung der Rechtsform hätte eine Verschlechterung für die Bauern bedeutet – die Leibfälligkeit dadurch, daß sie dem Herrn erlaubte, nach dem Tod des Beständers die Abgaben neu festzulegen, das Erblehen, weil es Besitzwechselabgaben einzuziehen gestattete. Die Bauern beharrten folglich auf ihren via facti zu nicht steigerbaren Erblehen gewordenen Gütern.

Neue Interpretationsversuche: divergierende Eigentumsansprüche an den Bauernhof

Offensichtlich gibt es im Einzugsbereich der spätmittelalterlichen Unruhen eine verbreitete Tendenz, die Besitzrechte in Richtung Erbrecht zu verbessern. Das ist der Tenor aller nach Aufständen zwischen Herren und Bauern geschlossenen Verträge [80: P. Blickle, Agrarverfassungsvertrag, 248–251; 76: Bierbrauer, Bern, 150f.]. Erheblich ist die daraus resultierende weitergehende Einsicht für die Einschätzung bäuerlichen Widerstandes. Erst mit dem Erbrecht nämlich verfügt der Bauer – nach Abzug der jetzt fixierten Feudalrente – über den Ertrag seiner Arbeit, den er zu Lebzeiten verschenken oder vererben kann. Zuvor fiel der Hof mit großen Teilen der Erbschaft an den Herrn. Demnach wäre eines der bäuerlichen Ziele gewesen, eigentumsähnliche Verhältnisse an Grund und Boden zu schaffen. Regional konnte dieser Verdacht empirisch dadurch erhärtet werden [77: Bierbrauer, Berner Oberland, 553], daß Bauern nachweislich große Anstrengungen unternahmen, alle feudalen Lasten abzulösen, und dafür, ganz im Gegensatz zu den Usancen der Zeit, eine Kapitalisierung der Jahresabgaben im 40fachen Betrag akzeptierten, wo bislang nur ein zwanzigfacher Betrag üblich war.

Neue Interpretationsversuche: bäuerlicher Widerstand als Entfeudalisierungsprozeß

Parallel zur Verbesserung der Besitzrechte der Bauern geht eine Aushöhlung leibherrlicher Rechte des Adels und der Kirche. Trotz vereinzelt zu beobachtender gegenläufiger Tendenzen [100: Ulbrich, Leibherrschaft, bes. 300–308] muß die These wohl ernstgenommen werden, daß durch die Unruhen die Leibeigenschaft entschärft wurde [24: Bierbrauer, Forschungsbericht, 40; 300: P. Blickle, Freiheit, 27–31; 310: Ulbrich, Agrarverfassung, 156], und zwar besonders hinsichtlich ihrer erbrechtlichen Folgen. Denn im Laufe des Spätmittelalters reduziert sich die „Abgabe im Todesfall" von einem Teil der Verlassenschaft (in der Regel ein Drittel bis zur Hälfte) auf Besthaupt und Gewandfall, und im Zuge dieser Entschärfung werden auch die bislang verbotene Freizügigkeit erleichtert und die Eheschranken abgebaut.

Die Deutungsmuster sind seit der kohärenten Interpretation von Franz komplexer geworden, und ein interpretatorischer Paradigmenwechsel ist insofern erfolgt, als die Unruhen nicht mehr überwiegend als Reaktionen auf Außenimpulse verstanden werden, vielmehr den Bauern selbst originäre Vorstellungen wirtschaftlicher, sozialer und politischer Ordnungen zugebilligt werden.

Die vorliegenden neuen Interpretationen bedürfen gewiß noch einer genaueren quellenmäßigen Abstützung, weil sie mehrheitlich an exemplarisch ausgewählten Fällen erarbeitet wurden. Sachlich müssen vornehmlich die Bedeutung des alten Rechts und die Träger- und Führungsschichten genauer untersucht werden. Ein Haupterfordernis freilich – und hierzu fehlen Arbeiten nahezu ganz – besteht darin, dem Umstand Rechnung zu tragen und ihn interpretatorisch angemessen zu verarbeiten, daß die spätmittelalterlichen Aufstände häufig gemeinsame Aktionen der Bauern und Bürger sind, so im Erzstift Salzburg, im Herzogtum Württemberg oder – wovon jetzt zu sprechen ist – am Oberrhein mit seinen Bundschuhaufständen.

2. Die Übergangsepoche zwischen Mittelalter und Neuzeit

An der Nahtstelle zwischen den herkömmlicherweise als Mittelalter und Neuzeit bezeichneten Epochen, im weiteren Umfeld des Reformationszeitalters, finden die schwersten Unruhen im Heiligen Römischen Reich statt. Die Forschung sucht dem Rechnung zu tragen, indem sie das Besondere und Exorbitante dadurch heraushebt, daß sie die Brauchbarkeit und Tragfähigkeit des Revolutionsbegriffs zur Kennzeichnung dieser Unruhen testet. Sie tut das mit unterschiedlichem Erfolg seit nun schon fast 200 Jahren, ohne daß sich diese Bezeichnung hätte definitiv durchsetzen lassen.

Die weltanschaulichen Kontroversen, die revolutionäre oder revolutionsähnliche Ereignisse unter Historikern generell auslösen, und die erregten Debatten, die das Thema Reformation in Deutschland noch immer freisetzt, haben zu ausufernden Diskussionen geführt. Im Schlepptau eines jeden „Reizbegriffs", heiße er nun „frühbürgerliche Revolution", „Stadtreformation", „Volksreformation", „Fürstenreformation", „Systemkonflikt" oder wie auch immer, hängt ein pralles Netz von Monographien, Aufsätzen und Miszellen. Angesichts der – um im Bild zu bleiben – hohen Fangquote und der damit naturgemäß beschränkten Nachfrage können nur die schönsten und besten Stücke vorgestellt werden.

2.1 Die Kriminalisierung der Unruhen

Reichsrechtliche Kriminalisierung von Widerstand

In der Peinlichen Halsgerichtsordnung Kaiser Karls V. von 1532 heißt es im Artikel 127: „... so einer jnn einem Landt, Statt, oberkeit oder gepiet geferliche fursetzliche vnnd bosshaftige vfrurn des gemeynen Volcks wider die oberkeit macht, ... der soll, nach

Territorialstaatliche Kriminalisierung von Widerstand 1481–1525

Widerstand als Hochverrat

grösse vnnd gelegenheit seiner Misshandlung, je zu zeitten mit abschlagung des haupts gestrafft oder mit Rutenn gestrichen und vss dem Landt, gegent, gericht, Stat, Flecken oder gepiett, darjnnen er die vffrur erweckt, verweiset werden". Diese Bestimmung in einer für das ganze Reich verbindlichen Hoch- und Malefizgerichtsordnung bildet den Abschluß eines Prozesses, der ausgangs des 15. Jahrhunderts einsetzt und als „Kriminalisierung" von Widerstand charakterisiert werden kann [119: P. BLICKLE, Criminalization, 235]. Mit folgenden Beweisstücken wird diese Auffassung vorgetragen: 1481 verbieten die Obrigkeiten der eidgenössischen Städte- und Länderorte von ihnen nicht genehmigte Gemeindeversammlungen als „uffruhr oder gewaltsammi", die nach Ermessen der jeweiligen Herrschaft geahndet werden. Auf den Bundschuh im Bistum Speyer 1502 reagiert Kaiser Maximilian mit einer „satzung" für das ganze Reich, derzufolge Rädelsführer und Mitglieder des Bundschuhs mit dem Tod bestraft werden als Feinde „aller göttlichen, menschlichen, geistlichen und weltlichen rechten, aller oberkeit, regiment, der fursten, (des) adels (und der) stette". „Sein lyb und leben verwirckt haben" soll derjenige – so stellt der als Magna Charta Württembergs gerühmte Tübinger Vertrag von 1514 fest, der formal den Aufstand des Armen Konrad beendet –, der „ainich uflöff und embörung machen oder fürnemen würde wider die herrschaft, irer fürstlichen gnaden rät, amtleut" usw. 1525 werden zunächst in Tirol und Salzburg, schließlich auch in vielen anderen Territorien, umfangreiche „Empörerordnungen" erlassen, die der gleichzeitige Augsburger Reichstag dadurch stützt, daß er „Empörung, Aufstand und Ungehorsam" als Landfriedensbruch wertet [vgl. 205: SCHULZE, Veränderte Bedeutung, 284f., 300]. Mehrheitlich werden in diesen Mandaten, Landes- und Reichsordnungen nicht die Fürsten und Herren, sondern abstrakter die Obrigkeiten und Regimente geschützt – anders gewendet, die „Verfassung" soll gesichert werden. Damit standen Unruhen reichs- und territorialrechtlich unter Verdacht des Hochverrats.

Göttliches Recht unter Verdacht des Hochverrats

Die Kriminalisierung verläuft entlang einer interessanten „Revolten"linie. Der Tatbestand des Hochverrats wird nämlich, von der Schweiz abgesehen, allein im Zusammenhang mit sogenannten „göttlichrechtlichen" Aufständen ausgebildet. Der Arme Konrad in Württemberg, der altrechtlich geprägt ist, wird von der Obrigkeit zu einem „göttlichrechtlichen" eigens umgedeutet. Die göttlichrechtlichen Aufstände sind dadurch charakterisiert [165: FRANZ, Bauernkrieg, 81f.], daß sie den herrschaftlichen Bezugspunkt und die ständischen Schranken zwischen Stadt und Land überschreiten, außer Papst und Kaiser keine Obrigkeit anerkennen, die weltliche Herrschaft der Kirche anfechten und schließlich Forderungen stellen, die mit der herkömmlichen Rechtstheorie nicht zu begründen waren. Deutschland stand „vor dem Sturm“ [165: FRANZ, Bauernkrieg, 80].

2.2 Städtische Reformation als Reformation „von unten“

Die Stadtreformation ist seit BERND MOELLERS „Reichsstadt und Reformation“ [132], verstärkt seit der Etablierung eines Sonderforschungsbereichs zum Thema Spätmittelalter und Reformation in Tübingen, ein bevorzugter Forschungsgegenstand der frühneuzeitlichen Kirchen- und Profangeschichte gewesen. Doch es geht hier nicht um den Gegenstand Reformation in den Städten [vgl. 139: RUBLACK, Forschungsbericht; 130: V. GREYERZ, Stadt und Reformation], sondern um Unruhen in den Städten – und damit um Reformation nur insoweit, als sie zur Charakterisierung der städtischen Revolten in der Übergangsepoche etwas beiträgt.

In der Reformationszeit – das sei mit Rückverweis auf den ereignisgeschichtlichen Teil wiederholt – erreichen innerstädtische Auseinandersetzungen eine weder zuvor noch nachher gekannte Dichte [68: MASCHKE, Städte, 40]. Diese Beobachtung läßt sich auf zweifache Weise erklären: durch die Welle von Stadtunruhen, die aus dem 15. Jahrhundert in die Reformationsepoche herüberkommt [68: MASCHKE, Städte, 22f.], und durch die reformatorische Bewegung selbst [108: MOELLER, Reformation, 66ff.].

Damit haben die *Ursachen* einen traditionellen und einen aktuellen Bezugspunkt: traditionell sind sie insofern, als die Bürger ihrer Vorstellung Ausdruck geben, die Räte als ihr Mandatsträger hätten den Willen der Gemeinde zu verwirklichen; aktuell sind sie, weil sich dieser Wille im Ja zur Reformation ausdrückt. Es gibt keinen städtischen Aufstand in den 1520er und 1530er Jahren, in dem nicht die Reformation das dominierende, zumindest ein mitlaufendes Motiv gewesen wäre. Die Rezeptionsbereitschaft der Städte erklärt sich aus einem starken Antiklerikalismus, der sich sowohl gegen den Weltklerus wegen dessen Privilegien (Steuerfreiheit, Befreiung vom Wachdienst) richtete [133: MOELLER, Kleriker, 200] als auch gegen den Ordensklerus wegen der wirtschaftlichen Sonderstellung der Klöster [138: RAMMSTEDT, Stadtunruhen, 264]. Schließlich fand der Antiklerikalismus Nahrung in der Institution des geistlichen Gerichts, das bei Streitigkeiten zwischen Bürgern und Klerikern in Ak-

Antiklerikalismus als Ursache von Stadtunruhen

tion trat und die Stadtbewohner häufig ihrem ordentlichen Gericht entfremdete. „Die städtische Reformation kann nur verstanden werden", so faßt HEIKO OBERMAN [110: Reformation, 239] seine Einsichten zusammen, „im Rahmen der spätmittelalterlichen Bestrebungen um die Emanzipation der städtischen Gemeinschaft aus der bischöflichen Jurisdiktion und um die Befreiung von klerikalen Privilegien". Als ursächlich für die Stadtrevolten der Reformationszeit ist letztlich auch betont worden, daß die Einsicht in die Entbehrlichkeit kirchlicher Reglementierungen wuchs, seitdem die städtischen Magistrate selbst mittels der Polizei das sittliche und religiöse Leben normierten [35: MAIER, Staats- und Verwaltungslehre, 70f.].

Reformatorische Predigt – das Ziel der aufständischen Bürger

Die *Ziele* der Unruhen sind unstreitig überwiegend religiöser und kirchenorganisatorischer Natur: Es geht um die Einführung der Predigt des „reinen Gotteswortes" – ein bürgerliches Bedürfnis, das sich schon in vorreformatorischer Zeit in der Stiftung von Prädikaturen geäußert hatte [63: KIESSLING, Kirche, 320; 137: PFEIFFER, Gemeinde, 86f.] – und um die Eingliederung der Geistlichen in das Bürgerrecht [133: MOELLER, Kleriker] mit der Absicht, ihnen ihre privilegierte Stellung zu nehmen und sie in den Pflichten den Bürgern gleichzustellen. Häufig sind die Forderungen nach „Einführung" der Reformation begleitet von einer Vielzahl wirtschaftlicher, sozialer und politischer Forderungen [138: RAMMSTEDT, Stadtunruhen], die ihren gemeinsamen Nenner in der freilich vagen „Gleichheit und Brüderlichkeit" finden [141: H. R. SCHMIDT, Reichsstädte, 261].

Der Aufstand als Modus der Durchsetzung der Reformation: Maschke, Scribner, Brady

Der im Zusammenhang von „Unruhen" interessanteste Aspekt ist der der *Träger- und Führungsschichten* bei der Einführung und Durchsetzung der Reformation. In der Diskussion der letzten zehn Jahre war das eine der leitenden Fragestellungen der Reformationsgeschichtsforschung [130: v. GREYERZ, Stadt und Reformation, 8–16]. BERND MOELLER hat, als er die Diskussion um die Stadtreformation eröffnete, die These von der Kongenialität von reformatorischer Theologie und städtischer Verfassung vertreten [132: Reichsstadt, 32ff.]; „Unruhen" und „Reformation" waren damit keine aufeinander beziehbaren Größen. Intime Kenner der Stadtgeschichte wußten freilich, daß die Reformation Konflikte schuf, weil „die mittleren und unteren Schichten der Bevölkerung ... sich zuerst und allgemein zu der neuen Lehre" bekannten, wohingegen die Patriziate gespalten waren, das heißt, daß die Reformation gegen deren Willen durchgesetzt werden mußte [68: MASCHKE, Städte, 22f.]. Der Impuls, den konfliktträchtigen Charakter des Rezeptionsprozesses in den Städten zu einer forschungsleitenden Fragestellung zu machen, kam aus dem angelsächsischen Bereich. Theoretisch zunächst von BOB SCRIBNER [143: Cologne] vorformuliert und empirisch von THOMAS A. BRADY mit einer großen Monographie über Straßburg [125: Strasbourg] abgesichert, wurde die Stadtreformation als „social movement“ [145: SCRIBNER, Social Movement] interpretiert, deren gewaltsame Züge immer deutlicher erkennbar wurden.

Die divergierenden Positionen wurden in mehreren Sätzen zwischen BERND MOELLER und THOMAS A. BRADY ausgespielt. MOELLER [134: Stadt und Buch, 28f.] hatte richtig erkannt, daß nach BRADYS Auffassung „der soziale Antagonismus“, die „Klasseninteressen“ des Patriziats und des Bürgertums den Gang der Reformation in Straßburg bestimmten, und dagegen gehalten, „die sozialen Spannungen ... [würden] gewissermaßen überfordert, wenn sie es leisten sollen, den Erfolg der Reformation in einer Stadt wie Straßburg verständlich zu machen“. Vor allem monierte MOELLER, daß BRADY „die geistige und zumal die religiöse Komponente des Geschehens ganz vernachlässigt, ja im Grunde sogar vollkommen ignoriert“. Damit sah er „das Gespenst eines ‚Soziologismus‘ aus der Tiefe steigen“ und empfand „das eigentlich als einen Rückschritt gegenüber dem Stand der Erkenntnis“. BRADY [126: Social History, 40ff.] hat MOELLER daraufhin „romantischen Idealismus“ attestiert und ihm entgegengehalten, bei ihm breche ein ewiges Reformations„prinzip“ durch, wo es doch dem Historiker darum gehen müsse zu erklären, welche historischen Bedingungen es dem Christentum erlaubt hätten, in Form des Protestantismus eine neue Gestalt anzunehmen.

Die Kontroverse Moeller – Brady

Zwischen dem „Hegelianer“ und dem „Marxisten“ der Stadtreformationsforschung – wenn sie es denn sind – hat HEINZ SCHILLING zunächst eine vermittelnde Position eingenommen, wenn er im Blick auf Norddeutschland feststellte, es sei den „stadtbürgerlichen Aufstandsbewegungen primär um die der Stadt und ihrem Bürgertum adäquate Gestalt von Religion und Kirche“ gegangen [294: Politische Elite, 239]. Obwohl er die von MOELLER angenommene Kongenialität des Reformatorischen mit dem Städtischen teilt, muß sich das Reformatorische ähnlich wie bei BRADY mittels Aufstandsbewegungen durchsetzen. Wenig später freilich hat SCHILLING [295: Konfessionskonflikt, 16f., 376] BRADY scharf attackiert und seine warme Sympathie mit MOELLERS Auffassungen bekundet, was es entbehrlich macht, sie nochmals ausführlicher zu rekapitulieren. SCHILLING wirft – um es kurz zu sagen – BRADY vor, mit einem „anachronistischen Modell“ zu arbeiten, mit „einer weitgehend unhistorischen

Übertragung moderner ‚Soziologismen'" notwendigerweise zu Fehleinschätzungen zu kommen.

Nachdem mittlerweile die Stadtreformation als solche nach zahlreichen Einzelmonographien offensichtlich nur noch wenig reizvolle Aspekte bietet, kann eine vorläufige Bilanz gezogen werden. Gesichert dürfte sein, daß die Reformation nicht durch die Räte „eingeführt" wird, sondern daß diese mit dem Erlaß von proreformatorischen Kirchenordnungen den Willen der Gemeinde exekutieren. Seitdem der Realtypus für eine „Ratsreformation", Nürnberg nämlich, seine Gültigkeit verloren hat [141: H. R. SCHMIDT, Reichsstädte], gibt es zumindest unter den Reichsstädten keine, die nicht auf Drängen „from below" [125: BRADY, Strasbourg, 292], „von unten" [295: SCHILLING, Konfessionskonflikt, 82] der Reformation zugeführt worden wäre. HEINRICH R. SCHMIDT hat zuletzt mit dem relativ „objektiven" Quellenmaterial der Städtetagsakten – objektiv deswegen, weil auf den Städtetagen die Ratsboten weder „nach oben" gegenüber dem Kaiser, noch „nach unten" gegenüber ihren Bürgern taktisch oder rhetorisch Rücksicht nehmen mußten – nachweisen können, daß in den von ihm untersuchten Städten Nürnberg, Straßburg, Frankfurt, Augsburg und Ulm der Rat die Reformation nie aus eigenem Antrieb durchgeführt hat. Vielmehr ist „der gemeine Mann ... der Patron der Reformation" [141: Reichsstädte, 332]. Die Modalitäten der Durchsetzung der Reformation sind die nämlichen wie in den spätmittelalterlichen Stadtunruhen und wie sie OTTHEIN RAMMSTEDT [138: Stadtunruhen] beschrieben hat. Das erlaubt immerhin das für die Bedeutung der Unruhen in der altständischen Gesellschaft wichtige Fazit, daß die reformatorische Theologie und Ethik auf weite Strecken mittels Unruhen durchgesetzt wurde und daß der Protestantismus nicht zuletzt auf diese Weise geschichtliche Wirklichkeit geworden ist.

Stadtreformation – Reformation durch die Gemeinde

Die Durchsetzung der Reformation durch die Städte

Darin sind auch die wichtigsten *Folgen* der städtischen Unruhen in der Übergangsepoche vom Mittelalter zur Neuzeit zu sehen. Die Forschung ist sich heute zumindest darüber einig, daß es ohne Stadt keine Reformation gegeben hätte, und sie bestätigt damit auf einer qualitativ neuen Ebene das Urteil von ARTHUR G. DICKENS [105: Luther, 182], der die Reformation als „urban event" apostrophiert hatte. Freilich ist unter Einbezug der längerfristigen Perspektiven nicht zu übersehen, daß einerseits die städtischen Räte mit der Reformation ihre obrigkeitliche Position gegenüber ihren Bürgern enorm ausbauen konnten: Reformation war gleichbedeutend mit der Übernahme bisheriger episkopaler Rechte und mit dem Trans-

Langfristige Folgen der Stadtreformation

fer kirchlichen Besitzes in die Hand der Kommunen [102: BRADY, Turning Swiss, 193-221]. Andererseits ist unstrittig, daß in der konfessionellen Polarisierung zwischen Kaiser und Fürsten die Städte – die Reichsstädte näherhin – nach dem Sieg des Kaisers im Schmalkaldischen Krieg merkliche Einbußen ihrer Autonomie hinnehmen mußten [307: PRESS, Reichsstadt, 22ff.]. Daß das kommunale Prinzip keine dritte Kraft in Deutschland wurde, hat auch hierin seine Gründe [102: BRADY, Turning Swiss].

2.3 Von der Frühbürgerlichen Revolution zur Revolution des Gemeinen Mannes

Der Revolutionsbegriff von Franz

Als „politische Revolution des deutschen Bauernstandes" hatte schon GÜNTHER FRANZ den Bauernkrieg verstanden, wiewohl er diese Bezeichnung nicht theoretisch reflektiert verwendet und sie sich auch mit dem Interpretament, der Bauernkrieg sei eine Summe lokaler und regionaler Aktionen [165: Bauernkrieg, 285, 289], nicht gerade leicht harmonisieren ließ. Dennoch hat die FRANZsche Interpretation des Bauernkriegs eine erstaunliche Vitalität bewiesen. Unbestreitbar ist das Buch ein Klassiker geworden und geblieben. FRANZ hat – bei einer enormen Flexibilität gegenüber den regionalen Varianten, die ihn vor eindeutigen Festlegungen schützt – die These entwickelt, die auch bei den spätmittelalterlichen Bauernunruhen schon kurz gestreift wurde, daß der Bauernkrieg eine Auseinandersetzung zwischen Gemeinde und Territorialstaat gewesen sei. Damit hat er Ursachen, Ziele und Folgen in einen äußerst griffigen Begründungszusammenhang gebracht: der sich ausbildende Territorialstaat verursacht den Bauernkrieg, der – wie sollte es in diesem Konzept mangels weiterer staatlich-politischer Alternativen anders sein – ein starkes Kaisertum unter Respektierung der bäuerlichen Gemeinderechte erstrebt und nach seinem Scheitern notwendigerweise einerseits das Landesfürstentum stärkt, andererseits die bäuerliche Gemeinde schwächt.

Neuinterpretation der 12 Artikel – Walder

Modifikationen der These von FRANZ erfolgten zögernd, zunächst ohne erkennbare Spuren in der Bewertung des Ereignisses auf allgemeinerer Ebene zu hinterlassen. ERNST WALDER [187: Zwölf Artikel] hatte aufgrund einer Analyse der Zwölf Artikel die Lesart angeboten, nicht um Sicherung gemeindlicher Rechte sei es 1525 den Bauern gegangen, sondern um deren Ausweitung. HORST BUSZELLO konnte geltend machen, daß die Vielfalt der Regionalbeschwerden und -forderungen systematisiert werden könne: Ent-

Neuinterpretation der Programme – Buszello

würfe von überregionalen Bundesvorstellungen seien, in Anlehnung an das eidgenössische Vorbild, vornehmlich im Gebiet der Kleinterritorien entwickelt worden, Vorstellungen von einer stärkeren politischen Repräsentation der Bauern vornehmlich in den größeren Territorien mit landständischer Verfassung [155: Bauernkrieg, 19–67]. DAVID SABEAN schließlich versuchte, am regionalen Beispiel, vornehmlich des oberschwäbischen Klosters Weingarten, die wirtschaftlichen Ursachen des Bauernkriegs aufzuzeigen [176: Landbesitz]; die allgemeinere Bedeutung dieses Buches für die kategoriale Erfassung des Bauernkriegs besteht darin, daß es den Aufstand als einen nach außen gekehrten innerdörflichen Konflikt beschrieb [176: Landbesitz; 100–113] – eine Position, die angesichts ihrer empirisch bescheidenen Validität bei Kennern der Materie auf glatte Ablehnung gestoßen ist. RUDOLF ENDRES, methodisch der Landesgeschichte verpflichtet, hat kurz vor dem Bauernkriegsgedenkjahr 1975, das eine vertiefte Auseinandersetzung mit dem Gegenstand zur Folge hatte, mit einem auf Franken eingegrenzten Geltungsanspruch behauptet, Ziel des Bauernkriegs sei die Beseitigung der mediaten Gewalten zugunsten eines „zentralistisch regiert(en), einheitlich(en), sozial(en) Territorialstaats“ gewesen [161: Bauernkrieg, 68]. Alle hier skizzierten interpretatorischen Annäherungen an den Bauernkrieg haben je in ihrem Gegenstandsbereich den FRANZschen Thesen widersprochen, eine umfassendere konzeptionell neue Bewertung freilich nicht provoziert.

Bauernkrieg als innerdörflicher Konflikt – Sabean

Der Territorialstaat als Ziel der Bauern – Endres

Neue Gesamtinterpretationen I – die Frühbürgerliche Revolution

Das änderte sich, als das Konzept der „Frühbürgerlichen Revolution“ in die Diskussion Eingang fand [116: WOHLFEIL, Einführung, 174–199]. Die marxistisch-leninistische Geschichtswissenschaft hatte in der Tradition von FRIEDRICH ENGELS Bauernkrieg und Reformation als zusammengehörende, im Jahr 1525 kulminierende Bewegung verstanden, die einerseits aus den Widersprüchen des Feudalismus resultiert, ausgedrückt im Gegensatz Adel – Bauer, andererseits aus den Überlagerungen des Feudalismus durch den Kapitalismus, der vor allem im Bergbau und Textilgewerbe entstanden war. Im theoretisch vorgegebenen Ablauf der Gesellschaftsformationen, nach dem der Kapitalismus dem Feudalismus folgt und der Adel als herrschende Klasse vom Bürgertum abgelöst wird, mußte eine Revolution notwendigerweise eine „bürgerliche“ sein, angesichts des geringen Reifegrades der kapitalistischen Verhältnisse konnte es nur eine „frühe“ bürgerliche, eine „frühbürgerliche“ sein. Die Veränderungen an der „Basis“ spiegelten sich im „Überbau“ in Form der Theologie der Reformatoren, zunächst der

Luthers [103: BRENDLER, Luther, 146 f.], weil er eine Überbauorganisation des Feudalismus, die Römische Kirche, attackierte, dann der Müntzers, weil er die Wünsche, Hoffnungen, Sehnsüchte der einfachen Leute in eine agitatorisch verwertbare Theorie der „translatio imperii" an das gemeine Volk umsetzte [179: SMIRIN, Münzer, 96, 164, 294, 653, 660].

Empirische Grundlagen des Konzepts der Frühbürgerlichen Revolution

Auf der empirischen Ebene stützt sich das Konzept der Frühbürgerlichen Revolution zum einen auf das von SMIRIN [179: Münzer] gelieferte Interpretament von einer verstärkten Ausbeutung der Bauern in den Jahrzehnten vor dem Bauernkrieg, zum andern auf die von LAUBE vorgelegten Untersuchungen [170: Silberbergbau] zur Ausbildung früher Formen des Kapitalismus. Es ist allerdings weniger die Quellenarbeit, die dem Konzept die Aufmerksamkeit der Forschung gesichert hat, sondern vielmehr die intellektuell anspruchsvolle und damit gefällige Verarbeitung des bekannten Datenmaterials im Konzept des Historischen Materialismus. Die Reformulierungen ihrer Thesen im Ganzen und im Detail, zu denen die Verfechter der Frühbürgerlichen Revolution dank des internationalen Interesses gezwungen waren, haben zu vielen Varianten und Differenzierungen – und nicht zuletzt auch zu Unübersichtlichkeiten – geführt, so daß OTTO HERMANN PESCH geraten hat, das Thema „Reformation als Revolution" beiseite zu legen, „weil die Erklärung der Erklärung inzwischen mehr Kraft verbraucht, als die erklärte Erklärung Gewinn abwirft" [zit. bei 186: VOGLER, Reformation, 47]. In der Tat ist die durch STEINMETZ [181: Frühbürgerliche Revolution] begründete „national-materialistische" Betrachtungsweise, die die objektiven Ziele im Nationalstaat und der Überwindung des Feudalismus sieht, abgelöst worden von der durch VOGLER [183: Marx] eingeleiteten „welthistorisch-dialektischen" Betrachtungsweise; damit wurden der Frühbürgerlichen Revolution Fernwirkungen bis Calvin zugebilligt, und solcherart konnte sie an die Revolutionen in England und Frankreich angebunden werden [vgl. 162: FOSCHEPOTH, Reformation].

Von der „national-materialistischen" zur „welthistorisch-dialektischen" Interpretation

Der Gewinn, den das Konzept der Frühbürgerlichen Revolution brachte, besteht zumindest darin, daß der Bauernkrieg heute nicht mehr unter Ausblendung der wirtschaftlichen Faktoren diskutiert werden kann, wie das über fast ein Jahrhundert der Fall war. Schwerer wiegt die Herausforderung, einen neuen interpretatorischen Gesamtentwurf zu liefern und nicht mit dem Vorwurf mangelnder empirischer Absicherung des Konzepts der Frühbürgerlichen Revolution den eigenen Positivismus schon für Erkenntnis zu halten.

Kritik der Frühbürgerlichen Revolution

Eine alternative Position zur Frühbürgerlichen Revolution betont die Unvergleichbarkeit der regionalen Ereignisse, den Mangel an Kohärenz im Aufstandsverlauf und in den programmatischen Aussagen der Bauern [161: ENDRES, Bauernkrieg; 188: WOHLFEIL, Nachwort, 280]. Das hat eine bis zu FRANZ [165: Bauernkrieg, 285] zurückreichende Kontinuität, wird aber dann erkenntnishemmend, wenn daraus ein methodisches Postulat gemacht wird [vgl. 148: BIERBRAUER, Methodenfragen, 24]. Es entsteht nämlich dann die paradoxe Situation, daß eine Ereigniskette, die schon die Zeitgenossen – Luther, Müntzer, die Innsbrucker Regierung – als zusammengehörig empfanden, wissenschaftlich nicht mehr vermittelt werden kann. Aus dieser Situation sind Urteile wie dieses formuliert worden: der Bauernkrieg werde lediglich durch die militärischen Gegenmaßnahmen der Fürsten zu einer „einheitlichen Erscheinung" [188: WOHLFEIL, Nachwort, 280].

Neue Gesamtinterpretationen II – die Revolution des gemeinen Mannes

Eine Annäherung an eine neue Deutung des Bauernkriegs sollte mit dem Konzept der „Revolution des gemeinen Mannes" [150: P. BLICKLE, Revolution] erreicht werden: Ursachen des Aufstandes sind einerseits die im wesentlichen demographisch bedingte wirtschaftliche Verschlechterung für den einzelnen landwirtschaftlichen Betrieb und die Verschärfung innerdörflicher und innerfamiliärer Spannungen, andererseits die steigenden politischen Erwartungen der Bauern, ausgelöst durch die allmähliche Eingliederung in landständische Körperschaften. Ziel der Aufständischen ist, nachdem sich bei ihnen das göttliche Recht als Legitimationsfigur durchgesetzt hat, eine auf Gemeinnutz und Nächstenliebe orientierte Gesellschafts- und Rechtsordnung, die in ihrer politischen Ausgestaltung auf gemeindlicher Autonomie und Wahl aller Amtsträger durch die Gemeinden fußt (wobei die Position des Kaisers nie, die der Fürsten nicht immer gefährdet ist). Die Folgen liegen in der Stabilisierung des Systems durch stärkere Integration der Bauern, bei prinzipieller Zurückweisung aller „revolutionären" Forderungen, und einer Abkoppelung der Reformation von der bäuerlichen Gesellschaft. Der Revolutionsbegriff wird wesentlich über die Programmatik erhärtet, aber auch durch die Massenhaftigkeit der Bewegung, die ständeübergreifend insofern ist, als sich an ihr nicht nur Bauern beteiligen, sondern, numerisch und qualitativ ins Gewicht fallend, auch Bürger und Bergknappen – der in den zeitgenössischen Quellen sogenannte „gemeine Mann".

Dieser Entwurf ist vornehmlich auf der Ebene der Begrifflichkeit kritisiert worden. Die Programmatik sei zu vage und nur mittels überzogener Abstraktionen auf ein antizipatorisch-emanzipatorisches politisches Konzept hinaufzuinterpretieren, um ihr damit „revolutionäre" Qualität zu sichern [168: HOCKERTS, Bauernkrieg, 8–13; 177: SCOTT, Peasants' War]. WOHLFEIL hat aufgrund ähnlicher Bedenken den Bauernkrieg einen „Systemkonflikt des ‚gemeinen Mannes' in Land und Stadt mit seiner Herrschaft" genannt [115: Reformation, 101], diesen „Systemkonflikt" aber nicht näher empirisch oder theoretisch dargestellt. Der Begriff „gemeiner Mann", so lautet die Kritik weiter, verschleife die Trägerschicht, zumindest ließen sich die städtischen Schichten und die Bergknappen nur sehr vereinzelt für den „Bauernkrieg" vereinnahmen [101: BECKER, Reformation, 132; 293: SCHILLING, Aufstandsbewegungen, 237 ff.]. Kritik der „Revolution des gemeinen Mannes"

Die lebhafte Debatte um die Tragfähigkeit und Operationalisierbarkeit des Begriffs „gemeiner Mann" [173: LUTZ, Wer war der gemeine Mann?; 172: LAUBE, Zur These von der „Revolution des gemeinen Manns"] hat zweifellos die Aufmerksamkeit stärker auf die Frage gelenkt, wie eng städtische und ländliche Unruhen zusammengehören. Neuerdings wird auch die von FRANZ [164: Führer, 1] durchgesetzte Separierung von Reformation und Bauernkrieg wieder skeptischer beurteilt, was es erlaubt, die Stadtunruhen, die ja primär reformatorisch motiviert waren, und den Bauernkrieg, insofern auch er stärker durch die Reformation geprägt gesehen wird, zu einer vergleichsweise einheitlichen Bewegung zusammenzufassen. Der Zusammenhang von städtischen und ländlichen Unruhen

Zunächst ist der Antiklerikalismus als ein in Stadt und Land gleichermaßen verbreitetes Phänomen herausgearbeitet worden [107: GOERTZ, Aufstand gegen den Priester, 206–209; 104: COHN, Antiklerikalismus, 322]. Seine eruptiven Ausbrüche gegen Welt- und Ordensgeistliche gehören zum Erscheinungsbild der Stadtunruhen wie des Bauernkriegs gleichermaßen. Die Frage, wie Widerstand in dieser massiven Form gerechtfertigt werden konnte, ist über die Bedeutung des „göttlichen Rechts" als prinzipielle Entgegensetzung zum „alten Recht" und als weltliche Entsprechung des „reinen" Evangeliums beantwortet worden: der Begriff verweist auf Zürich [152: P. BLICKLE, Göttliches Recht]. Dort hatte Zwingli mindestens bis 1523 ein Widerstandsrecht propagiert [169: HODLER, Zwingli] und mit seiner politiktheoretischen Prämisse verkoppelt, weltliche Ordnungen seien dem Evangelium, der göttlichen Gerechtigkeit anzunähern. HEINRICH R. SCHMIDT [141: Reichsstädte, 284 ff., 311 ff., 335 f.] hat mit neuen Argumenten und mit räumlich weiterreichendem Geltungsanspruch die schon von MOELLER [132: Reichsstadt, Gemeinsamkeit: Antiklerikalismus Gemeinsamkeit: göttliches Recht

59–67] entwickelte These gestützt, die Reformation, die der „gemeine Mann" in den Reichsstädten durchsetzt, sei als „zwinglianisch" einzustufen, und gleiches ist für die bäuerliche reformatorische Bewegung der Jahre 1523 bis 1525 behauptet worden [151: P. BLICKLE, Gemeindereformation, 155–158]. Das Gemeinsame der Unruhen in Stadt und Land in den 1520er Jahren artikuliert sich theologisch in der Orientierung auf Zwingli und politisch in der Ausrichtung auf eine kommunal fundierte Republik. Diesen Sachverhalt sucht der neuerdings angebotene Begriff der „Gemeindereformation" zu vermitteln. Zunehmend gewinnt die Überzeugung an Boden, daß dieser theologische und politische Aspekt seit 1525 durch die Fürsten auf breiter Front zurückgedrängt wird [116: WOHLFEIL, Einführung, 27ff.; 111: H. R. SCHMIDT, Häretisierung; 151: P. BLICKLE, Gemeindereformation, 205ff.].

Reformation als Revolution – van Dülmen

Trotz vielfacher kritischer Würdigung zum Zeitpunkt des Erscheinens ist eine dritte Position, dem Reformatorischen revolutionäre Qualität zu vindizieren, nämlich RICHARD VAN DÜLMENS These der revolutionären Verdichtung des Reformatorischen in Thomas Müntzer und dem Täuferreich von Münster, weder in der Täufer- noch in der Müntzerforschung von lange fortdauernder Wirkung gewesen. In beiden Bewegungen erreichte nach VAN DÜLMENS Auffassung „der religiöse und soziale Welterneuerungswille der deutschen Gesellschaft des Spätmittelalters einen Höhepunkt" [106: Reformation, 367]; die von Krisen besonders betroffenen „Mittelschichten" sahen in der Vernichtung der weltlichen und kirchlichen Ordnungen und deren Ersetzung durch ein „Reich Gottes", verstanden als Aufhebung der Entfremdung, ihr unaufgebbares Ziel. Zwar war „die chiliastische Revolution ... die einzig mögliche Revolution in einer feudalen Gesellschaft mit religiös legitimierter Herrschaft" [106: Reformation, 369], doch blieb sie „letztlich unbestimmt und irrational" und damit ein „Ausbruch aus der Geschichte". Der Vorwurf, „die Originalität des religiösen Charismas" würde verkürzt, wo es als Ideologie für soziale Unzufriedenheit und gesellschaftlich antifeudale Umorientierung [101: BECKER, Reformation, 149] interpretiert würde, dürfte ein VAN DÜLMEN nicht angemessener Einwand sein, jedenfalls ist er in die umfassende Würdigung von WOHLFEIL [116: Einführung, 172] nicht eingegangen.

Die Debatte um Reformation und Revolution hat sich zweifellos an der Frage nach der Kohärenz der Ereigniskomplexe der massenhaften Stadtrevolten, des länder- und territorienübergreifenden Bauernkriegs und der reformatorischen Bewegung festgeklammert.

Probleme der „Bauernkriegsforschung“

Problematisieren lassen sich einige bislang strittige Fragen. Im Bereich der Ursachen bleibt zu klären, in welcher Weise die konstatierten Faktoren: Herausbildung des Territorialstaats, Verschärfung persönlicher Abhängigkeiten, Entstehung eines bäuerlichen politischen Bewußtseins, Herausbildung frühkapitalistischer Produktionsformen und Rezeption reformatorischen Gedankengutes, miteinander verknüpft werden können. Durchgesetzt haben sich offensichtlich gegenüber der älteren Forschung die Auffassungen, daß die Formen frühkapitalistischer Wirtschaft hoch einzuschätzen sind – die Protoindustrialisierungsdebatte, die heute auch das 16. Jahrhundert mit einbezieht, mag als Zitat genügen – und daß die Bauern durch ihre allmähliche Integration in landständische und landschaftliche Körperschaften in hohem Maße politisiert werden [vgl. 251: TROSSBACH, Soziale Bewegung, 11–15; 102: BRADY, Turning Swiss, 29ff.]. Von der Einschätzung der Ursachen hängt es auch ab, wie die Ziele zu bewerten sind. Strittig ist, ob die vielen programmatischen Äußerungen, die teils stark regional geprägt sind, teils durch Handlungsformen erschlossen werden mußten, auf ein im Kern gemeinsames Programm zugespitzt werden dürfen oder ob ganz im Gegenteil die Differenz betont werden muß, mit der Folge, auf alle Generalisierungen zu verzichten. Davon hängt letztlich auch die Einschätzung der Folgen ab. Wo die Bauern keine Ziele hatten, konnten sie auch nicht scheitern.

Problemfeld Ursachen

Problemfeld Ziele

Problemfeld Folgen

Unabhängig davon ist in der jüngsten Diskussion die These von FRANZ bezüglich der „politischen Entmündigung der Bauern“, übrigens von ihm selbst [163: FRANZ, Heutige Sicht, 75], preisgegeben worden, weil nachgewiesen werden konnte [25: P. BLICKLE, Landschaften], daß Bauern in der Frühneuzeit noch eine erhebliche politische Rolle spielten – davon wird anschließend gleich die Rede sein. Strittig ist allerdings nach wie vor, was die Niederschlagung des Bauernkrieges für die Reformation bedeutet, ob es die Fürstenreformation ermöglicht und begünstigt hat [116: WOHLFEIL, Einführung, 27ff.; 151: P. BLICKLE, Gemeindereformation, 211–215] oder ob sie seinen Fortgang als breit im Volk verankerte Bewegung nur unwesentlich berührt hat [284: LAU, Reformation als spontane Volksbewegung; 294: SCHILLING, Politische Elite].

Die begriffliche Erfassung des Bauernkriegs und ihre Folgen

Die Kardinalfrage bleibt, ob der Bauernkrieg als Revolution interpretiert werden darf oder nicht. Dadurch, daß die marxistische Forschung auf der Qualität der Ereignisse als Revolution beharrt, hat die Diskussion nicht nur ihren prinzipiellen Charakter erhalten, sondern auch eine unnötige Dramatik in der Abwehr des Revolutionsbegriffs. Einigkeit scheint jedenfalls darin zu bestehen, daß mit Bezeichnungen wie Aufstand, Revolte und Krieg nicht auszukommen ist, der „Bauernkrieg“ vielmehr hinsichtlich Massenbasis, Gewaltsamkeit und perspektivischer Weite der Programmatik alle bäuerlichen Erhebungen nicht nur im Reich, sondern auch im mittelalterlichen und frühneuzeitlichen Europa übertrifft. In Deutschland blieb – bei den Bauern wie bei den Obrigkeiten – der Bauernkrieg bis ins 18. Jahrhundert ein Trauma [251: TROSSBACH, Soziale Bewegung, 169–174; 192: GABEL/SCHULZE, Folgen, 347ff.], und allein das belegt seine alle übrigen Unruhen überragende Bedeutung. Diesen Sachverhalt angemessen zu umschreiben ist das eigentliche Problem. Daß mit der begrifflichen Festlegung auch Weiterungen für die Interpretation der deutschen und der europäischen Geschichte verbunden sind, liegt auf der Hand.

3. Frühneuzeit

Die städtischen und ländlichen Unruhen des Spätmittelalters wirken auf die bestehenden feudalen Strukturen enorm destabilisierend. Ihr Zusammenlaufen in der Reformationszeit gibt dem Protest eine neue Qualität, zumindest systemgefährdender Art. In der Frühneuzeit hingegen ist das Gemeinsame bürgerlicher und bäuerlicher Widerstandsaktionen nur schwer auszumachen, jedenfalls auf den ersten Blick; vielmehr fällt auf, daß im Gegensatz zur Reformations- und Vorreformationszeit Stadt und Land sich kaum mehr zu gemeinsamen Aktionen zusammenfinden. Auch quantitative und qualitative Änderungen springen ins Auge: der zahlenmäßige Rückgang der Stadtrevolten und die zumindest räumliche Ausdehnung bäuerlichen Widerstandes einerseits, der offensichtlich weniger prinzipielle Charakter der Unruhen andererseits.

3.1 Verrechtlichung sozialer Konflikte und niedere Formen des Klassenkampfes

Zur Beschreibung bäuerlichen Widerstandes in der frühen Neuzeit haben sich zwei konkurrierende Begriffe eingebürgert, die unterschiedlichen Formen der Interpretation entsprechen: es handelt sich um die ältere, von KURT WERNICKE in Anlehnung an PORŠNEV geschaffene Bezeichnung „niedere Formen des Klassenkampfes“

der marxistischen Historiker und den von WINFRIED SCHULZE eingeführten Terminus der „Verrechtlichung sozialer Konflikte". Zwischen 1525 und 1789 war, so lautet etwa das Urteil von GERHARD HEITZ, „der Klassenkampf der Bauern ... gekennzeichnet durch das Zurücktreten bzw. Fehlen größerer Bauernbewegungen sowie durch das allmähliche bzw. schließlich eindeutige Überwiegen der sog. niederen Formen des Klassenkampfes" [196: Bäuerliche Klassenkämpfe, 769], und WINFRIED SCHULZE beobachtet, „daß das vielfältig existente Konfliktpotential verstärkt durch gerichtliche Instanzen der Territorien oder des Reiches kanalisiert und somit eine tendenzielle Verrechtlichung sozialer Konflikte erreicht wurde" [206: Bäuerlicher Widerstand, 141].

Bäuerlicher Widerstand in der Frühneuzeit – ein neues Forschungsgebiet

Nirgendwo im Bereich der Konflikt- und Widerstandsforschung hat die Geschichtswissenschaft der letzten Jahre so viel neues Material und so viele neue Einsichten zu Tage gefördert wie für die Frühneuzeit. Pionierarbeit haben ganz zweifellos die marxistischen Historiker geleistet [263: VOGLER, Brandenburg; 196: HEITZ, Bäuerliche Klassenkämpfe; 256: HARNISCH, Bäuerliche Klassenkämpfe; 204: SCHULTZ, Bäuerlicher Klassenkampf], die angesichts ihres geschichtstheoretischen Rahmens an „Volksbewegungen" besonders interessiert waren. Erst seit etwa zehn Jahren ist auch in der Bundesrepublik Deutschland „bäuerlicher Widerstand" ein prominenter Forschungsgegenstand geworden. Weil die marxistische Forschung zwischen Reformation und Französischer Revolution gewissermaßen in einem „dogmatisch" nicht besetzten Raum argumentieren kann, haben ihre diesbezüglichen Interpretationen einen höheren Realitätsgehalt als der Entwurf der Frühbürgerlichen Revolution; insofern die „westliche" Forschung sich mehr oder minder Neuland erschließt, ist sie bei der Analyse bäuerlichen Protestverhaltens nicht an vorgängige Interpretamente gebunden.

Bislang lagen nämlich nur äußerst lockere Erklärungen bäuerlicher Widerstandsaktionen vor. Sie stammen von GÜNTHER FRANZ [33: Bauernstand, 183–202], der „Bauernkriege", die vornehmlich in einem Raum stattfanden, wo die Bauern Landstandschaft besaßen oder in unmittelbarer Nachbarschaft zur Schweizer Eidgenossenschaft lebten, und kleinere Unruhen wie Fronstreiks, Flucht oder Prozesse unterscheidet. In der Tat ist es schwierig, massive militärische Auseinandersetzungen, wie sie etwa 1626 in Oberösterreich stattfanden, wo Zehntausende von Bauern unter Waffen standen, und einen vornehmlich in prozessualen Formen ausgetragenen Konflikt oberösterreichischer Grundholden mit ihrem adeligen

Herrn als sachlich zusammengehörig zu beschreiben. Weil die notwendigerweise archivalisch fundierte Erforschung bäuerlichen Protestes stark lokal und regional ausgerichtet ist und sich mehr den alltäglichen Formen des Widerstands gewidmet hat als den bekannteren, spektakuläreren „Bauernkriegen", soll der Forschungsstand in dreifachem Anlauf vermittelt werden, indem zunächst der besonders verbreitete Typus relativ gewaltfreier Proteste beschrieben wird, anschließend die „Bauernkriege"; abschließend sollen solche Interpretationen vorgestellt werden, die beide Formen des Protesthandelns integrieren.

Noch 1980 konnte PETER BIERBRAUER [24: Forschungsbericht, 50] feststellen, „eine systematische, an grundsätzlichen Fragestellungen orientierte Auseinandersetzung mit den Aufständen zwischen 1525 und dem Ende des Alten Reiches ist, einmal abgesehen von einigen ersten Annäherungsversuchen in der neueren Forschung, bis heute nicht erfolgt". Diese seinerzeit zumindest für die westliche Forschung richtige Feststellung [vgl. 240: PRESS, Hohenzollern-Hechingen, 87] gilt heute kaum mehr. Hinsichtlich Ursachen, Verlaufsformen, Zielen, Legitimation, Trägern und Folgen liegen viele neue Erklärungen vor, die trotz eines hohen Maßes an Übereinstimmung nicht widerspruchsfrei sind, weil sie auf unterschiedlichen regionalen Bezügen fußen.

Ursachen frühneuzeitlicher Bauernunruhen

In allen jüngeren Arbeiten zum bäuerlichen Widerstand kommt zum Ausdruck, wie komplex die *Ursachen* sind: Die bäuerlichen Beschwerdeschriften selbst nennen Steuern, Abgabenerhöhungen der verschiedensten Art, Ausweitung der Zehntforderungen, Vorenthaltung der herrschaftlichen Gegenleistungen bei Frondiensten, Erhöhung der Dienste selbst und vieles andere mehr [vgl. 230: VALENTINITSCH, Proces Gornji Grad; 309: ULBRICH, Triberg; 301: R. BLICKLE, Rottenbuch]. Aufgrund solcher gemeinsamer Beobachtungen ist von WERNER TROSSBACH formuliert worden: „die primäre Motivation bäuerlichen Widerstands war ... ökonomischer Natur" [249: Bauernbewegungen, 496]. Damit meint TROSSBACH freilich nicht, schiere Armut habe – wie die ältere Forschung gelegentlich glaubte – die Bauern in den Aufstand getrieben [219: GRÜLL, Bauer im Land ob der Enns, 229; 217: DERS., Bauer, 604], vielmehr sind es herrschaftliche Neuerungen, „erhebliche Fronsteigerungen, Einschränkungen der Allmendenutzung und Steuererhöhungen bzw. angebliche Überbesteuerung", die eine Unruhe auslösen. „Neuerungen" provozieren Unruhen – das hat sich als konsensfähige Formel erwiesen –, doch welcher Art diese Neuerungen sind, ist umstritten

Abgabensteigerungen und Neuerungen

und unklar. – Für Kursachsen ist die Steigerung der Frondienste als zentrale Ursache herausgearbeitet worden [198: Heitz, Agrarstruktur, 161], für Oberösterreich die enorme Steigerung der Besitzwechselabgaben und der Roboten sowie die Kapitalisierung der Grundherrschaften [221: Hoffmann, Oberösterreich, 311–314], schließlich für das späte 17. und frühe 18. Jahrhundert die Wildschäden und Jagdfronen, so daß ein eigener Typus der „Jagdaufstände" konstituiert wurde [217: Grüll, Bauer, 205–340], für Oberschwaben die Steigerung der Fronen, die herrschaftlichen Eingriffe in die Allmende und die Gemeindeautonomie und die Steuersteigerungen [245: Zückert, Barockkultur, 123f.], für Vorder- und Niederösterreich die Mißwirtschaft der landesherrlichen Beamten und Vögte [311: Ulbrich, Widerstand in vorderösterreichischen Herrschaften, 207–216; 216: Feigl, Bauernaufstand 1596/97, 10f.], für Niedersachsen neben Steuererhöhungen und Rechtsminderungen das Selbstbewußtsein des Bauerntums [260: Hauptmeyer, Territorialverfassungen, 262]. Solche unterschiedlichen und schwer verallgemeinerbaren Erscheinungen haben Schulze die Folgerung ziehen lassen, die „fehlende Korrelierbarkeit von ökonomischer Lage und Widerstand (mache) Widerstand zu einem kulturellen Phänomen im weitesten Sinne" [211: Widerstand, 133] und führe heraus aus der unbefriedigenden Kausalität von Unterdrückung und Revolte.

Überregionale Gemeinsamkeiten: Fronen

Offenkundig spielen Fronen in nahezu allen deutschen Territorien und Herrschaften eine besonders herausragende Rolle [239: Elbs, Owingen; 247: G. Schmidt, Weilmünster; 229: Valentinitsch, Pritozbe podloznikov; 263: Vogler, Brandenburg, 78f.]. Das ist begründet worden mit „der Bündelung sehr verschiedener Tatsachen: Fronen stellen ohne Frage eine ökonomische Belastung der Pflichtigen dar; sie stören die Organisation und Abwicklung der bäuerlichen Arbeit auf dem eigenen Hof; sie werden als konkrete, immer wieder körperlich erfahrene Beeinträchtigung der persönlichen Freiheit empfunden; sie sind – was den Widerstand erleichtert – eine Gemeindepflicht" [191: R. Blickle/Ulbrich/Bierbrauer, Mouvements paysans, 28]. Daneben spielen verbreitet, wenn auch nicht so generell, Steuern bzw. Steuersteigerungen eine prominente Rolle [24: Bierbrauer, Forschungsbericht, 52], was die gelegentliche „Stoßrichtung gegen die Intensivierung des Staates" [240: Press, Hohenzollern-Hechingen, 89] erklären mag; unentschieden bleibt, wie hoch der Faktor Religion anzusetzen ist, der immerhin in den Alpenländern gelegentlich aufstandsmotivierend gewesen sein dürfte. Ob es gelingt, epochenspezifische Ursachen auszumachen,

Umstrittene überregionale Gemeinsamkeiten: Steuern, Religion wie TROSSBACH [212: Kleinterritorien, 8–12] glaubt – nämlich Geldforderungen im 16. Jahrhundert, Fronkonflikte im 17. Jahrhundert und Waldstreitigkeiten im 18. Jahrhundert –, darf angesichts der Gleichzeitigkeit des Ungleichzeitigen im bäuerlich-herrschaftlichen Beziehungsgefüge eher skeptisch beurteilt werden.

Der Verlauf der Unruhen – das Modell Bierbrauers

Der Forschung ist mehrfach aufgefallen, daß im Gegensatz zu modernen Revolutionen die Ziele der altständischen Revolten erst im *Verlauf* des Aufstandes entwickelt werden. Das älteste Verlaufsmodell [24: BIERBRAUER, Forschungsbericht, 44] unterscheidet fünf Stufen. Die 1. Stufe stellt die Beschwerde der Untertanen gegen herrschaftliche Neuerungen dar. Werden diese Beschwerden nicht beigelegt, kommt es auf einer 2. Stufe zur Verweigerung der Huldigung, womit das Herrschaft-Untertanenverhältnis in einer prinzipielleren Weise in Frage gestellt ist; dies gibt den Bauern auch das subjektive Recht, die inkriminierten Abgaben oder Leistungen zu verweigern. Die Dringlichkeit, jetzt Schlichter oder Richter einzuschalten, führt auf die 3. Stufe, die einerseits Ähnlichkeiten mit der 1. Stufe aufweist (Beschwerden formulieren und begründen), andererseits aber auch über sie hinausweist, weil die Beschwerden nun viel umfassender und grundsätzlicher formuliert und begründet werden: das Verhältnis Herr – Bauern in seiner Gesamtheit steht zur Debatte. Kommt es auf der 3. Stufe zu keinem Vergleich oder Entscheid, so eskaliert der Konflikt auf die 4. Stufe: die Bauern organisieren sich militärisch oder paramilitärisch, was die Herren mit dem Einsatz militärischer Mittel zum Teil übergeordneter Instanzen (Schwäbischer Bund) beantworten. Beendet wird der Konflikt auf einer 5. und letzten Stufe in der Regel mit einem Vertrag, einem Vergleich, einem Entscheid. Die Parallele zur 3. Stufe ist evident, und gesichert ist, wie mittlerweile alle ähnlich gelagerten Studien bestätigen, daß im Verlauf einer Auseinandersetzung immer weitergehende Forderungen entwickelt werden, auch den Bauern selbst die Grundlagen des Beziehungsgefüges Herrschaft – Bauernschaft erst klar werden.

Kritik am Modell durch Troßbach – die Bedeutung des gerichtlichen Austrags

Das Modell ist von TROSSBACH zu Recht dahingehend kritisiert worden, daß es zu stark auf empirischem Material des Spätmittelalters und des 16. Jahrhunderts ruhe; für das 17. und 18. Jahrhundert hingegen sei in Rechnung zu stellen, daß Militanz angesichts der stehenden Heere der Territorialstaaten nur mehr bedingt in Frage gekommen sei, auch daß die Huldigung viel von ihrer Bedeutung verloren habe [251: Soziale Bewegung]. Sicher ist auch stärker zu berücksichtigen, daß durch die Kriminalisierung des Widerstandes der konspirative Charakter zunimmt und Einungen zum Schutz der Rädelsführer eine größere Bedeutung gewinnen [263: VOGLER, Brandenburg, 91 f.], aber auch mit Hilfe von Juristen ein rasches „Öffentlichwerden" des Protestes angestrebt werden muß, um dem Verdacht der Verschwörung zu entgehen. Die Tatsache, daß kaiserliche und landesherrliche Instanzen – Reichskammergericht, Reichshofrat, fürstliche Hofräte und Hofgerichte – tätig werden, ist ein charakterisierendes Merkmal im Ablauf frühneuzeitlicher Unruhen. Zwar wurde von VOLKER PRESS [240: Hohenzollern-Hechingen, 103] auf die Bedeutung von Reichshofrat und Reichskammergericht erstmals deutlicher hingewiesen und von HELGA SCHULTZ [204: Bäuerlicher Klassenkampf, 396–399] auf die Hofgerichte mittel- und ostdeutscher Territorien, doch zweifellos ist erst WERNER TROSSBACH die Herausarbeitung der prozessualen Mechanismen zu verdanken [251: Soziale Bewegung], der damit auch sein qualitatives Urteil stützte, von einer Lokalborniertheit und einer auf die ländliche Arbeitswelt fixierten Optik könne bei den Bauern keine Rede sein [249: Bauernbewegungen, 451]. Die jetzt viel breiter dokumentierte Form des gerichtlichen und prozessualen Austrags verdankt heuristisch viel SCHULZES Verrechtlichungskonzept. Strittig ist daran freilich, ob der Verrechtlichung per se, wie SCHULZE annimmt, für die Bauern positive Aspekte abzugewinnen sind [205: Veränderte Bedeutung, 282 f.] oder ob nicht vielmehr „die Konfliktregulierungsmöglichkeiten ... durch die Übernahme des römischen Rechts und den Ausbau des Gerichts- und Verwaltungsapparates für die Untertanen schwieriger, unübersichtlicher und kostspieliger" [311: ULBRICH, Widerstand in vorderösterreichischen Herrschaften, 214], ja die bäuerlichen Beschwerdemöglichkeiten sogar eingeschränkt wurden, wie VALENTINITSCH [231: Advokaten] in Hinblick auf den Anwaltszwang in habsburgischen Ländern vermutet.

Der Verlauf der Unruhen – das Modell von R. Blickle/Ulbrich/Bierbrauer

Aufgrund vielfältiger unterschiedlicher Erfahrungen und unter Einbezug der von TROSSBACH formulierten Einsichten ist für das 17. und 18. Jahrhundert – von lokal-regional entwickelten Verlaufsmodellen abgesehen [246: G. SCHMIDT, Moos, 296] – ein weiterer vergleichsweise loser Verlaufstypus erstellt worden [191: R. BLICKLE/ULBRICH/BIERBRAUER, Mouvements paysans, 21 f.], der insgesamt sechs Stufen aufweist: Konflikte stauen sich an (1), ein Meinungsbildungsprozeß findet (unter konspirativen Formen) in den Gemeinden statt und führt zu einer Beschwerdeschrift an die Herrschaft (2); bleiben die Beschwerden unerledigt, kommt es zur Schwurgemeinschaft (Einung) mit der allgemeinen Verpflichtung,

„Leib und Leben" für die Sache einzusetzen und den Führern zu folgen (3). Nach diesem grundsätzlichen Entscheid werden mit Hilfe der Juristen Klageschriften aufgesetzt (4) und damit gerichtliche Verfahren in die Wege geleitet, deren Ernsthaftigkeit die Bauern mit Verweigerungen von Abgaben unterstreichen (5). Dagegen setzt die Herrschaft Gewalt ein in Form von Verhaftungen, Truppeneinquartierungen, Pfändungen und Militäreinsatz, was die Bauern mit Gegengewalt (Befreiung der Gefangenen, Verhöhnung herrschaftlicher Beamter etc.) beantworten (6), „aber insgesamt ist die bekannte Scheu der deutschen Bauern, Gewalt gegenüber dem eigenen Herrn zu üben, vor allem seinen Leib und sein Leben anzutasten, auch in dieser Zeit zu beobachten". Zu bäuerlichen Gewalttätigkeiten militärischer Art, hat TROSSBACH [249: Bauernbewegungen, 493f.] ergänzt, kommt es erst, wenn die Urteile weit hinter den Erwartungen der Aufständischen zurückbleiben. Ob sich darin eine geringe Reife des Widerstands ausdrückt [247: G. SCHMIDT, Weilmünster, 93], mag dahingestellt bleiben, eine für neuzeitliche Bauernunruhen insgesamt glückliche Formel hat TROSSBACH mit dem Satz angeboten, Gewalt ist „ein Faktor des Prozesses und dem Prozessieren untergeordnet" [249: Bauernbewegungen, 494].

Ziele aufständischer Bauern

Der überwiegend friedliche Charakter deutscher Bauern und der altrechtliche Begründungsmodus der Unruhen – auf den noch einzugehen ist – ließen es naheliegend erscheinen, die *Ziele* eher als bescheiden einzuschätzen. Selbstverständlich ging es zunächst – darüber herrscht kein Zweifel – um die Beseitigung der Neuerungen, doch „im Vergleich mit den bäuerlichen Erhebungen des späten Mittelalters scheint die Zielsetzung der Revolten nach 1525 deutlich gewandelt. Kämpften die Bauern vor dem Bauernkrieg alles in allem um eine Stärkung und Verbesserung ihrer rechtlichen, politischen und wirtschaftlichen Position, so drängt sich im Hinblick auf die späteren Aufstände eher der Eindruck einer überwiegenden Abwehrhaltung auf" [24: BIERBRAUER, Forschungsbericht, 56]. Auch bei den niederen Formen des Klassenkampfes sei es ausschließlich um Bewahrung der wirtschaftlichen Position, um Sicherung der dörflichen Rechte, um eine Stabilisierung der Feudalrente zugunsten der Bauern gegangen [196: HEITZ, Bäuerliche Klassenkämpfe, 768].

Defensive Ziele

Diese Einschätzung ist zunächst einmal dadurch in Zweifel gezogen worden, daß die archivalischen Forschungen zahlreiche Zeugnisse beigebracht haben, die den Tenor haben, „man bedürfe kainer oberkait und man könde wohl ohn ein oberkait wie im Schweizerland leben" [251: TROSSBACH, Soziale Bewegung, 62]. Daß solche Aussagen „übersetzt" werden müssen, ist offensichtlich, zumal sie häufig von obrigkeitlicher Seite stammen, in der Absicht, die Bauern prinzipiell ins Unrecht zu setzen. Die Antworten lauten sehr unterschiedlich: SUTER [243: Troublen] hat geltend gemacht, die „Utopie vom freien Dorf" habe den Unruhen in seinem Untersuchungsbereich, dem Hochstift Basel, die Perspektive geliefert; GABEL [253: Kornelimünster, 126] sieht in „dem mit Nachdruck vorgetragenen Anspruch der Untertanen auf die Mitgestaltung der Herrschaftsverhältnisse" das weitergehende, freilich in dieser Formulierung etwas sibyllinisch skizzierte Ziel; PRESS [240: Hohenzollern-Hechingen, 99] und TROSSBACH [251: Soziale Bewegung, 66f.] haben als objektive Ziele mindestens eine Art ständisch-parlamentarischer Kontrolle herrschaftlicher Maßnahmen seitens der Bauern in Erwägung gezogen. Tendenziell neigt die Forschung heute zweifellos dazu, die Äußerungen von Protest und Widerstand nicht nur als Reaktion einzustufen, sondern in ihnen durchaus ein kreatives Moment zu sehen, wobei eine Verständigung darüber noch nicht erzielt ist, ob sich diese „Kreativität" auf die Erweiterung des gemeindlichen Handlungsspielraums beschränkt oder ob sie zu ständischer Repräsentation drängt oder gar auf eine völlige Entfeudalisierung der ländlichen Sphäre orientiert ist.

Neue Perspektiven – das freie Dorf, bäuerliche territorialstaatliche Repräsentation.

Kaum etwas hat der Forschung so große Schwierigkeiten bereitet wie die Entschlüsselung des alten Rechts, das der *Legitimation* bäuerlichen Widerstandes nicht nur im Mittelalter, sondern auch in der Neuzeit dient – die kurze Zeitspanne in der Vorreformations- und Reformationsepoche ausgenommen. Nimmt man das alte Recht „beim Wort", wird es ausgesprochen schwierig, den Bauernbewegungen Perspektive zu attestieren. Es liegen zwei Interpretationen vor, die versuchen, durch eine inhaltliche Neubestimmung des alten Rechts diesem Dilemma zu entkommen. WERNER TROSSBACH unterscheidet – soweit sein an dieser Stelle äußerst komplizierter Text richtig verstanden wurde – zwei Gruppen oder Ebenen von altrechtlichen Vorstellungen. In einem ersten, unmittelbaren und wenig reflektierten Gebrauch heißt altes Recht „Streben nach ‚gutem Leben', ‚Auskommen' und ‚Nahrung', die, der Ineinssetzung von Gut und Alt folgend, in der Vergangenheit vermutet werden" [251: Soziale Bewegung, 61]. In einem weitergetriebenen, meist im Verlauf der Prozesse elaborierten Sinn verweist es auf eine gewissermaßen vor aller geschichtlichen Wirklichkeit liegende höhere Gerechtigkeit, wird damit zur ideologischen Waffe, die neue Forderungen tragen kann. Daß die bäuerlichen Rechtsvorstellungen so voluntari-

Legitimationsmuster

Neue Interpretationen des alten Rechts

stisch waren, wie TROSSBACHS Äußerungen vermuten lassen können, würde HARTMUT ZÜCKERT wohl bezweifeln [245: Barockkultur, 337]. Der Bezug auf das alte Recht oder das alte Herkommen „meint nichts anderes als eine eingespielte mäßige Praxis", die beiden Seiten, Bauern und Herren, die „auskömmlichen Verhältnisse" garantiert, aber gerade deswegen die Barockkultur mit ihrer Repräsentationslust und ihrem Luxuskonsum in Frage stellt. Denn spätestens im Absolutismus verlassen die Herren die altrechtlichen Grundlagen des Beziehungsgefüges Obrigkeit – Bauern. Der subjektive Rechtsbegriff der Herren, der es ihnen erlaubt, die Bauern zum Bau von luxuriösen Kirchen und üppigen Konventsgebäuden, zur Finanzierung von Festen und Reisen über das herkömmliche Maß hinaus zu belasten, erlaubt auch den Bauern, einen subjektiven Rechtsbegriff zu entwickeln. Dieser neigt dazu, „Herrschaft zu verkleinern, den Raum der Selbstbestimmung auszudehnen, den der Unterordnung einzugrenzen, das Auskommen zu erweitern zum Wohlleben ..." [245: ZÜCKERT, Barockkultur, 338] usw. Altes Recht und altes Herkommen reklamieren heißt im altständischen System nach ZÜCKERT immer, Recht im staatlichen Leben überhaupt zur Geltung zu bringen und weist damit angeblich „auf den bürgerlich-demokratischen Rechtsstaat" voraus.

Altes Recht als kaiserliche Gerechtigkeit

VOLKER PRESS hat für die Neuzeit nochmals auf den Aspekt aufmerksam gemacht, daß die Bauern ihr altes Recht mit der „kaiserlichen Gerechtigkeit" „identifizierten" [240: Hohenzollern-Hechingen, 103 f.], damit die Beliebtheit der Reichsgerichte, vornehmlich des Reichshofrats, begründet, aber auch das gefährdende Moment dieses Rechtsverständnisses für Obrigkeiten beschrieben: in der Konfliktsituation konnte der gute Kaiser gegen die tyrannischen Landesherren ausgespielt werden, und „die Untertanen stellten damit die Legitimität der eigenen Herrschaft in Frage".

Naturrechtliche Vorstellungen der Bauern

Unklar ist, wieweit Naturrechtsvorstellungen bei den Bauern verbreitet waren. Ganz vereinzelt lassen sich beispielsweise für Hessen „naturrechtlich begründete Eigentumsansprüche" [250: TROSSBACH, Widerstand als Normalfall, 60] erschließen. Sehr viel deutlicher sind solche Vorstellungen für Bayern belegt [305: R. BLICKLE, Ammergau], werden hier doch explizit von Bauern, natürlich in der Terminologie ihrer Advokaten, Forderungen „in favorem libertatis naturalis" gestellt. Bemerkenswert bleibt auch der Tatbestand, daß Forderungen, die im System des alten Rechts und Herkommens nicht begründet werden konnten – etwa im Bereich der Leibeigenschaft –, ohne jede Legitimation vorgetragen werden [300: P.

BLICKLE, Freiheit, 32ff.]. Das alles zeigt, daß hier noch viele Fragen einer grundsätzlichen Klärung bedürfen [vgl. 241: SCHULZE, Oberdeutsche Untertanenrevolten, 143f.].

Trägerschichten in Bauernaufständen

Hinsichtlich der *Trägerschicht* der Aufstände hat sich das Bild deutlich gewandelt. Die ältere Überzeugung, die wohlhabenden Bauern seien die Träger und Führer von Aufständen gewesen [vgl. 24: BIERBRAUER, Forschungsbericht, 55f.; 216: FEIGL, Bauernaufstand 1596/97, 4f.], wird kaum mehr vertreten. Ein Fortschritt ist zunächst die Unterscheidung der Trägerschicht nach organisatorischen und sozialen Kategorien. Unbestritten gilt heute, daß die Gemeinden Träger der Aufstände sind [256: HARNISCH, Bäuerliche Klassenkämpfe, 294; 257: DERS., Bauern 81–99; 199: HEITZ/VOGLER, Bauernbewegungen, 9; 240: PRESS, Hohenzollern-Hechingen, 98; 260: HAUPTMEYER, Territorialverfassungen, 273; 265: WUNDER, Preußen, 133]. Die geläufige Ineinssetzung von politisch aktiven mit reichen Gruppen im Dorf ist gründlich revidiert worden. Vor allem ANDREAS SUTER hat am Beispiel des Hochstifts Basel gezeigt, daß Gemeinden, Knabenschaften und die verheirateten Frauen den Widerstand tragen [242: Träger, 90]. Das wird man nicht verallgemeinern können, wohl aber seine Einsicht, „daß offenbar sozioökonomische Ungleichheits- und Schichtungsmerkmale ... nicht in dem Ausmaße Achsen sozialen Widerstandshandelns darstellen, wie dies ... im 19. und 20. Jahrhundert mehr und mehr der Fall ist“. Entsprechend belegen auch alle weiteren Untersuchungen, daß die Träger- und Führerschicht in Aufständen die Sozialstruktur des Dorfes breit abbildet, ökonomische Kriterien jedenfalls zur Kategorisierung nichts hergeben [250: TROSSBACH, Widerstand als Normalfall, 84f.; 246: G. SCHMIDT, Moos, 265f.; 199: HEITZ/VOGLER, Bauernbewegungen, 9; 301: R. BLICKLE, Rottenbuch, 128–140; 309: ULBRICH, Triberg, 204–211; 191: R. BLICKLE/ULBRICH/BIERBRAUER, Mouvements paysans, 27]. Kontrovers bleibt lediglich noch, wie sich die dörflichen Amtsträger verhielten, ob sie die Aufständischen unterstützten [26: P. BLICKLE, Modell, 304] oder sich von den Konflikten fernhielten [240: PRESS, Hohenzollern-Hechingen, 98].

Gemeinden als Träger

Die soziale Breite der Trägerschicht

Dörfliche Amtsträger als Führer?

Folgen bäuerlicher Unruhen

Die historische Erheblichkeit von Bauernunruhen hängt davon ab, ob ihnen *Folgen* zugebilligt werden können. Es dürfte mittlerweile unbestritten sein, daß den Revolten nicht schiere Repression folgt, sie vielmehr – gemessen an der Ausgangslage des Konflikts – mit einem Kompromiß enden. Über diesen Minimalkonsens hinaus gibt es sehr divergierende Einschätzungen, die freilich partiell komplementären Charakter haben. Wenn behauptet wurde, bäuerlicher

Verhinderung von Willkür – Stärkung des frühmodernen Staates

Widerstand verhindere Willkürherrschaft und beschränke absolutistische Praktiken [26: P. Blickle, Modell, 306], so ist auf der anderen Seite bemerkt worden, innerterritoriale Konflikte hätten die „frühmoderne, zur Souveränität tendierende Staatlichkeit" befördert [208: Schulze, Europäische Bauernrevolten, 23]. Beides dürfte richtig sein: recht plausibel nachgewiesen wurde, daß das Fehlen der Gutsherrschaft in Westdeutschland nicht ökonomischem Desinteresse des Adels zu verdanken ist, sondern dem bäuerlichen Widerstand, der jeder Ausweitung der Frondienste mit Widersetzlichkeiten begegnete [302: R. Blickle, Altbayern, 186f.; 258: Harnisch, Gutsherrschaft, 145]; erhärtet wurde auch, daß die Aufstände durch das Verbot der Gemeindeversammlungen zunehmend ihres „öffentlichen" Charakters beraubt und Rechtsansprüche je länger je mehr auf den Gnadenweg abgedrängt wurden [234: R. Blickle, Haag]. Wie der Ausbau der Grundherrschaft zur Gutsherrschaft verhindert werden konnte, so konnte der Abbau der Leibeigenschaft gefördert werden, wenigstens in einigen Regionen des Reiches [vgl. 310: Ulbrich, Agrarverfassung, 158].

Verhinderung der Gutsherrschaft in Westdeutschland

Auch die Folgen für das System als ganzes werden unterschiedlich bewertet. Die starke Beteiligung der höchsten Reichsgerichte an Bauernprozessen hat die Hoffnung berechtigt erscheinen lassen, daß daraus grundsätzlichere Reformvorstellungen erwachsen wären. Doch mußte Trossbach feststellen, daß die „Reformbereitschaft im Verlauf des 18. Jahrhunderts an den Gerichten eher ab- als zunimmt" [249: Bauernbewegungen, 465]. Dennoch führen für ihn vom bäuerlichen Protest der Frühneuzeit Wege, auch wenn sie noch nicht hinreichend befestigt sind, in die Moderne: das verfahrensadäquate Verhalten, das Zurückdrängen der spontanen Aktionen, der lange Atem bei den Auseinandersetzungen [249: Bauernbewegungen, 492]. Auch Günter Vogler gewinnt dem Protest, vornehmlich dem des 18. Jahrhunderts, zukunftsweisende Aspekte ab. Bäuerlicher Widerstand führt, sekundiert von der bürgerlichen Kritik am Feudalismus [vgl. 261: Hauptmeyer, Schaumburg-Lippe, 227ff.], „schließlich auf den Weg der kapitalistischen Bauernbefreiung" [263: Brandenburg, 93; vgl. 256: Harnisch, Bäuerliche Klassenkämpfe, 293].

Modernisierung durch Bauernunruhen

Bislang war aus analytischen Gründen nicht von den großen „Bauernkriegen" der Frühneuzeit die Rede, den ober- und niederösterreichischen und dem bayerischen. Die Franzsche Interpretation, daß sie im weitesten Sinne etwas mit politischer Repräsentation zu tun haben könnten, ist durch neuere Untersuchungen eigent-

Bauernkriege

lich bestätigt worden [24: Bierbrauer, Forschungsbericht, 57; 235: van Dülmen, Volksaufstand in Bayern; 220: Heilingsetzer, Bauernkrieg 1626, 8f.]. Objektives Ziel der Bauern ist die Integration in die in allen Ländern bestehenden Ständeversammlungen. Mit interessantem Belegmaterial aus Norddeutschland hat Hauptmeyer diese Beobachtung als weitverbreitet indirekt bestätigt [260: Territorialverfassungen, 272f.]. Allerdings fehlen für die Bauernkriege der Frühneuzeit umfassendere Untersuchungen mit einer scharf profilierten Fragestellung, das gilt vor allem für den bayerischen Bauernkrieg von 1705/6 und den – hier nicht mehr zu berücksichtigenden – Schweizer Bauernkrieg von 1653. Wie kontrovers die Beurteilungen sein können, zeigt das Beispiel des oberösterreichischen Bauernkriegs von 1626. Ernst Bruckmüller erklärt ihn aus der Erhöhung herrschaftlicher Forderungen bei gleichzeitiger Verminderung der Gegenleistungen (Schutz) und einem starken, in der Verteidigung gegen die Türken gewachsenen bäuerlichen Selbstbewußtsein, das sich mit einer Wirtschaftskrise und den gewaltsamen Rekatholisierungsmaßnahmen konfrontiert sah [214: Bauern um 1626], wohingegen Hermann Rebel [225: Peasant Classes] in den langfristigen Trends der Uniformierung, Bürokratisierung, der Teilung der Gesellschaft in Haushäbliche und „unhoused" und schließlich in der zu geringen Kapitalausstattung der Haushäblichen und ihrer damit gegebenen leichten Anfälligkeit für Wirtschaftskrisen den eigentlichen Grund des Krieges sieht: es ist ein nach außen gestülpter Konflikt, der in Wahrheit innerhalb der ländlichen Gesellschaft selbst angesiedelt ist.

Politische Ziele: ständische Repräsentation

Kontroverse Interpretation der Ursachen

Die Versuche, alltägliche Formen des Widerstandes und große Bauernkriege als einheitliches Phänomen zu erfassen und begrifflich zur Darstellung zu bringen, sind nicht eben zahlreich. Sie beschränken sich auf die mittlerweile auch schon einige Jahre alten Entwürfe von Winfried Schulze sowie Gerhard Heitz und Günter Vogler; die zahlreichen jüngeren regionalen und lokalen Detailstudien werden von ihnen somit nicht erfaßt.

Die Verrechtlichungsthese Schulzes

Schulze hat schon 1975 die „These" entwickelt, „daß seit dem 15. Jahrhundert, stärker seit dem Ausgang des Bauernkrieges, Tendenzen zu beobachten sind, die, ungeachtet der bestehenden Kriminalisierung, darauf hinauslaufen, den Konflikt zwischen Herrschaft und bäuerlichen Untertanen zu normalisieren und den beteiligten Parteien einen erweiterten Handlungsspielraum zu verschaffen, um somit die bei bewaffneten Formen der Konfliktlösung unvermeidlichen Menschen- und Sachwertverluste zu verhindern" [205: Veränderte Bedeutung, 281]. Das ist die embryonale Form dessen, was seitdem in der Literatur als „Verrechtlichung sozialer Konflikte“ [206: SCHULZE, Bäuerlicher Widerstand, 141] figuriert. Freilich geht es SCHULZE nicht nur um die Explikation dessen, was er unter Verrechtlichung verstehen will, sondern auch um eine umfassendere Beschreibung des Phänomens bäuerlicher Widerstand selbst. Nach einer „Typisierung“ (a) beschreibt er die „Voraussetzungen und Bedingungen“ (b), die „Formen“ (c) und die „Motive und Ziele“ des Widerstandes (d), die schließlich in einem eigenen Aufsatz [209: SCHULZE, Aufruhr und Aufstand] noch um die Folgen (e) erweitert werden.

Bauernrevolten infolge geringer Modernisierung

(a) Die erste und wichtigste Korrelation besteht für SCHULZE zwischen der Häufigkeit der Revolten und dem Grad der Modernisierung. Für ihn sind „jene Territorien in besonderem Maße durch Revolten gefährdet ..., die ... den Entwicklungsschritt zum modernen ‚Militär-, Wirtschafts- und Verwaltungsstaat‘ nicht oder nur unvollkommen vollzogen hatten“ [206: Bäuerlicher Widerstand, 60].

Grundfiguren des Konflikts – Bauer, Grundherr, Landesherr

(b) Bäuerlicher Widerstand ist nur adäquat zu erfassen, wenn man die Bedingungsfaktoren: Grundherren (mit ihrem Interesse an den bäuerlichen Abgaben und Dienstleistungen), Bauern (mit ihrer auf individuelles Wirtschaften orientierten Interessensphäre), Territorialstaat (mit seinem Interesse an einem besteuerungsfähigen Untertanen) und Kaiser (mit dem Bestreben, sich als Kontrollinstanz zu behaupten) berücksichtigt. So kommt es „niemals zu einer Konfrontation allein zwischen zwei Konfliktparteien ..., immer gab es eine Macht, die kontrollierend eingreifen konnte“ [206: Bäuerlicher Widerstand, 66]. Neben diesen institutionellen gibt es gewissermaßen strukturelle Bedingungen: die „wirtschaftlichen“, ausgedrückt im Gegensatz zwischen der zur Autonomie und Autarkie drängenden bäuerlichen Individualwirtschaft und den Formen grundherrlich-territorialstaatlicher Abschöpfung, und die „rechtlichen“, die sich trotz zunehmender Kriminalisierung in der Eröffnung neuer Rechtswege zu den reichischen und territorialen Gerichten ausdrükken.

Formen des Widerstandes

(c) Die Formen des Widerstandes können „latent“, „manifest“ (öffentlicher Protest, Abgabenverweigerung, Prozeß) und „gewaltsam“ (bewaffneter Angriff auf Adelssitze und Städte) sein; mit „gewaltsam“ werden die Bauernkriege in das Konzept hineingeholt, die unter (a) nicht integriert werden konnten.

(d) Indem SCHULZE die „alte Freiheit“ und die „allgemeine Freiheit“ als Ziele benennt, kann er das breite Spektrum von der

Rücknahme einer Steuererhöhung bis zur „Vorstellung einer Welt ohne Herren“ unter den Motiven verbuchen.

(e) Bauernunruhen begünstigen einerseits den „fortschreitenden Prozeß der Kontrolle, Disziplinierung und Kriminalisierung des Widerstandes“ [209: Aufruhr und Aufstand, 270], sie stiften aber auch Einsichten in den Zusammenhang von Unterdrückung, Mißwirtschaft und Widerstand. Konkret wirkt sich das dahingehend aus, daß der Adel geschwächt, die Beschwerdemöglichkeiten für Bauern verbessert, staatliche Untertanengesetzgebung auf den Weg gebracht und Verträge zwischen Bauern und ihren Herren begünstigt werden. Widerstand erweist sich damit für SCHULZE als ein „regulatives Instrument für die Ausübung adliger und staatlicher Herrschaft, und er ist Impuls zur Rationalisierung von Herrschaft“ [209: Aufruhr und Aufstand, 284].

Das Modernisierungspotential von Bauernunruhen

Was SCHULZE überwiegend „bäuerlichen Widerstand“ nennt, bezeichnen HEITZ und VOGLER als „Bauernbewegungen“. Bauernbewegungen, so wird der Begriff definiert [199: HEITZ/VOGLER, Bauernbewegungen, 4], sind „eine Erscheinungsform sozialer Bewegungen in der Feudalgesellschaft ... Sie basieren auf dem antagonistischen Klassengegensatz, der in den Verhältnissen feudaler Herrschaft und Ausbeutung begründet ist. Sie zielen entweder auf die grundlegende Veränderung der gesellschaftlichen Verhältnisse auf dem Lande ... oder auf die Sicherung der Existenz und Reproduktionsbedingungen einfacher Warenproduzenten ... Bauernbewegungen gründen sich auf Elemente von Bewußtheit ... Als Mittel dienen ihnen kollektive Proteste unterschiedlicher Art (Beschwerden, Demonstrationen, Prozesse, Verweigerung von Leistungen u.a.). Unter bestimmten Bedingungen können daraus Revolten, Aufstände und Bauernkriege entstehen. Bauernbewegungen zeichnen sich durch ihren prozeßhaften Charakter aus“.

Das Konzept der „Bauernbewegung“ von Vogler und Heitz

Die Basis-Ursachen sehen HEITZ und VOGLER in den Abgabensteigerungen und Rechtsminderungen seitens der Herren, die nach den primären Subsystemen der Guts- und der Grundherrschaft unterschieden werden; hier richtet sich der Protest gegen die individuelle oder gemeindliche Rechtsminderung, dort gegen die Verschärfung der Unfreiheit in Form der zunehmenden Frondienste, des Gesindezwangsdienstes und des Bauernlegens. Über diese Grundkonfiguration lagern sich unterschiedliche Ebenen von Konfliktursachen: die kapitalistischen Produktionsformen (die, soweit sie in der Landwirtschaft wirksam werden, die Bauern noch stärker an die Scholle binden), die Herausbildung absolutistischer Regierungsfor-

Feudalismus als Grundfigur des Konflikts – Bauern gegen Guts- und Grundherren

men (mit Steuersteigerungen für den Bauern) und die kirchlich-religiösen Veränderungen.

Ziele der Bauernbewegungen sind, von unten nach oben aufsteigend: Sicherung bäuerlicher Rechte, „Modifizierung der Herrschafts- und Ausbeutungsverhältnisse" [199: Bauernbewegungen, 18] und bei hoher Radikalisierung die Veränderung sozialer und politischer Strukturen „in einer die Durchsetzung kapitalistischer Produktionsverhältnisse begünstigenden Richtung". Diese qualitativ unterschiedlichen Ziele werden auf entsprechend unterschiedlichen Ebenen der Bewegung vorgebracht: Petitionen und Verweigerungen; Demonstrationen und Prozesse; Revolten und Aufstände (Bauernkriege).

Kapitalismus als objektives Ziel der Bauern

Systemstabilisierung durch Widerstand

Die Folgen sind von dreierlei Art: sie begrenzen die Intensität der Ausbeutung und der Herrschaftspraktiken, sie sind Warnzeichen für die Herrschaft, und sie wirken regulierend auf die Beziehungen zwischen Bauern und Feudaladel.

3.2 Verfassungskonformer Bürgerprotest

Als Otto Brunner in den frühen 1960er Jahren seine breit angelegte und die Diskussion bis heute bestimmende Untersuchung über städtische Unruhen der Frühneuzeit vorlegte, konnte er zu Recht feststellen: „Die allgemeine Literatur zur deutschen Stadtgeschichte legt das Schwergewicht auf die Anfänge, die Ausbildung der Stadtgemeinde und bricht ihre Darstellung oft im 14. Jahrhundert, bei den Auseinandersetzungen zwischen Rat und Bürgergemeinde, bei den sogenannten Zunftbewegungen, Zunftrevolutionen, ab" [272: Souveränitätsproblem in Reichsstädten, 296]. Dieses Urteil gilt mit Sicherheit nicht mehr für das 15. und frühe 16. Jahrhundert, die durch die Stadt- und Reformationsgeschichtsforschung auch hinsichtlich innerstädtischer Konflikte gut aufgearbeitet sind, es gilt allerdings bedingt noch für die Geschichte städtischer Unruhen in der Zeit zwischen Reformation und Französischer Revolution.

Der Frankfurter Fettmilchaufstand – Fragestellungen

Zwar werden in allen Stadtgeschichten mehr oder weniger ausführlich auch die inneren Unruhen behandelt, eine besonders intensive Analyse hat allerdings vornehmlich der im ereignisgeschichtlichen Teil ausführlicher behandelte Fettmilch-Aufstand in Frankfurt erfahren. Darauf kurz einzugehen erlaubt es, leitende Fragestellungen der heutigen Forschung freizulegen, die anschließend systematischer erörtert werden sollen. Matthias Meyn [286: Frankfurt,

237–246] hat über vier „Krisensymptome" den Aufstand erklärt: im wirtschaftlichen Bereich sei in Frankfurt eine Verlagerung vom Fernhandel, Kleingewerbe und Ackerbau auf Manufaktur, Stückarbeit und Akkordlohn festzustellen; sozialgeschichtlich erheblich sei der Umstand, daß dem Patriziat seit der zweiten Hälfte des 16. Jahrhunderts in der aufsteigenden Kaufmannschaft, „deren führende Vertreter das Patriziat zunehmend an sozialem Ansehen und an Vermögen übertrafen", eine Konkurrenz erwuchs, die begleitet wurde von einem Pauperisierungsprozeß der Unterschicht und der unteren Mittelschicht; kulturell verschärfend habe die Sondergruppe der Juden gewirkt; und schließlich sei für die Gewalttätigkeiten selbst das Fehlen von Konfliktlösungsmöglichkeiten verantwortlich, die in einer zünftisch verfaßten Stadt besser ausgebildet waren. Daß hundert Jahre später in Frankfurt ähnliche Vorgänge zu einer breiteren Partizipation des Händler- und Handwerkerstandes führten – wobei wiederum einer kaiserlichen Kommission das Verdienst zukommt, regulierend eingegriffen zu haben –, bestätigt die aus dem Mittelalter bekannten Abläufe und Folgen innerstädtischer Unruhen.

MEYN spricht drei Konfliktebenen an, die in der neueren Literatur vornehmlich diskutiert werden: der traditionelle Gegensatz Rat – Gemeinde, die mit dem Stichwort Manufaktur angedeuteten wirtschaftlichen und sozialen Veränderungen und die kulturelle (religiöse) Gespaltenheit der Stadt.

Auseinandersetzungen zwischen Rat und Gemeinde – die verfassungsgeschichtliche Interpretation Brunners

Dem Gegensatz Rat – Gemeinde hat vor allem OTTO BRUNNER seine Aufmerksamkeit gewidmet; er hat seine Erkenntnis in den bündigen Satz gebracht, „daß es Auseinandersetzungen zwischen Rat und Bürgergemeinde von der Art der sogenannten ‚Zunftrevolutionen' in allen Jahrhunderten vom 14. bis ins 18. Jahrhundert gegeben hat ... Auch kehren dieselben Streitpunkte, wie Widerspruch gegen die Außenpolitik des Rates, Verweigerung von Steuern, Vorwürfe der lässigen Amtsführung, der Bestechlichkeit, der Mißbräuche in der Rechtsprechung und der Cliquenwirtschaft häufig wieder" [272: Souveränitätsproblem in Reichsstädten, 296]. Auch meint er, keinen Unterschied zwischen wirtschaftlich aufsteigenden, stagnierenden oder schrumpfenden Städten erkennen zu können. Innerstädtische Unruhen sind damit vor allem Verfassungskonflikte. BRUNNERS Interesse galt der Frage, wie vor dem Horizont der europäischen Souveränitätsdebatte die Städte ihre inneren Probleme lösten, und er kommt schließlich zu der Einsicht, entsprechend ihren mittelalterlichen Verfassungsstrukturen hätten die Städte die an sich widersinnige Konstruktion einer auf zwei Träger, Rat und Bürgerschaft, verteilten Souveränität geschaffen. Die Konfliktlage bei Stadtunruhen ist so für BRUNNER über alle Jahrhunderte der altständischen Gesellschaft gleich, und diese Auffassung wurde lange Zeit von vielen Stadthistorikern geteilt [306: MAUERSBERG, Zentraleuropäische Städte, 116ff.; 271: BORST, Oberdeutsche Reichsstädte, 117; 281: HILDEBRANDT, Rat contra Bürgerschaft, 237].

„Manufakturbourgeoisie" gegen feudale Herrschaft – ein Konzept der Marxisten

Das von MEYN mit dem Stichwort Manufaktur als spezifisch neuzeitlich qualifizierte Konfliktmoment spielt in der marxistischen Forschung eine gewisse Rolle, weil die „Manufakturbourgeoisie" die ökonomisch treibende Kraft vom 16. bis 18. Jahrhundert darstellt. Sie freilich kann sich wegen der „feudal-klerikalen Reaktion" und der stärkeren Kraft des Luthertums gegenüber dem Calvinismus einerseits, wegen der relativen Stabilität des Fürstenstaates andererseits nicht durchsetzen. Die „städtischen Volksbewegungen" der Frühneuzeit finden somit naheliegenderweise wenig Interesse [vgl. 42: VOGLER, Klassenentwicklung], und die einzige Studie mit umfassenderem Geltungsanspruch bleibt in der Erklärung der Unruhen auch vergleichsweise vage [282: HOFFMANN/MITTENZWEI, Bürgertum, 200].

Stadtunruhen als Konfessionskonflikte – Schilling

An der Kritik der BRUNNERschen wie der marxistischen Positionen setzt HEINZ SCHILLING an, der nach seiner Überzeugung „insofern einen eigenen Ansatz ein(bringt), als er dem religiösen bzw. konfessionellen Faktor stärkere Aufmerksamkeit schenkt" [292: Bürgerkämpfe in Aachen, 178]. An den von ihm näher untersuchten Aachener Unruhen des 17. Jahrhunderts, die seiner Ansicht nach – was die Ergebnisse betrifft – „jedoch durchaus generalisierbar" sind [292: Bürgerkämpfe in Aachen, 224], scheint ihm bemerkenswert, daß jene Schichten die Reformation tragen, die den Rat lediglich als repräsentatives Organ der Bürgerschaft sehen. Die Reformation entwickelt somit einen in der spätmittelalterlichen Stadtgesellschaft angelegten Gedanken fort. Die Möglichkeit zur Parallelisierung mit spätmittelalterlichen Konfliktfiguren werde noch dadurch unterstrichen, daß entsprechend der „genossenschaftlichen Verfassungstheorie" und Verfassungspraxis die bürgerliche Opposition ihre Aktivitäten durchaus traditionell gerechtfertigt habe: mit einem mittelalterlichen Stadtbrief (Gaffelbrief) und dem Reichsstaatsrecht. „Vor diesem Hintergrund", schärft SCHILLING seinen Lesern ein, „zeigt sich die reformatorische Bewegung, und das trifft keineswegs nur für die Aachener Situation zu, als Fortsetzung der spätmittelalterlichen Bürgerkämpfe" [292: Bürgerkämpfe in Aachen, 230]. Der Bruch erfolgt durch die Gegenreformation, die gewissermaßen die

Kongenialität von Bürgerschaft und Protestantismus zerstört. Das protestantische Großbürgertum wird aus den Räten verdrängt, verhält sich damit notwendigerweise politisch abstinent, verstärkt seine wirtschaftlichen Aktivitäten, aber naturgemäß außerhalb der rekatholisierten oder lutherisierten Stadt, findet sich damit „in gewissem Sinn in einer Exulantensituation, aus der bekanntlich in der Regel stimulierende Impulse für wirtschaftliche Aktivitäten resultieren" [292: Bürgerkämpfe in Aachen, 231]. SCHILLING erreicht den Punkt der Kritik an BRUNNER dort, wo er die Trägerschicht der Reformation als Sondergruppe wirtschaftlich führender Kreise von der Gemeinde abkoppelt. Die Auseinandersetzungen in den Städten erweisen sich als solche zweier Eliten – der alte Rat steht gegen die reformationsfreundliche, wirtschaftlich führende Elite der Stadt, die in den Handwerkern eher einen Parteigänger als einen gleichwertigen Partner findet. Ökonomische und verfassungsrechtliche Kriterien – anders gewendet: der marxistische und der BRUNNERsche Ansatz – reichen nicht aus, das Phänomen Stadtunruhen in der Frühneuzeit zu erfassen. SCHILLINGS Ziel ist eindeutig [vgl. 296: Crisis of the 1590s, 150f.], über das konfessionelle Moment einen eigenen Typus von Stadtunruhen zu konstituieren. SCHILLING hat in einer älteren Arbeit über Münster [293: Stadtunruhen] stärker das genossenschaftliche Moment der Unruhen betont und stand damit BRUNNER näher als in der hier ausführlich referierten Studie.

Kritik an Schilling

Das hat KLAUS GERTEIS veranlaßt, kritische Fragen an SCHILLING zu stellen: „Waren die Volksbewegungen in den deutschen Städten in der frühen Neuzeit Ausdruck einer über Jahrhunderte sich erhaltenden genossenschaftlichen Tradition, die die Bürgerschaft stets erneut zu politischen und Verfassungskonflikten mit der als Obrigkeit sich etablierenden Ratsoligarchie führten? Oder: Waren die Volksbewegungen Ausdruck sozialer Spannungen zwischen verschiedenen Schichten, zum Teil zwischen konkurrierenden Honoratiorenschichten? Oder: Können unter den verschiedenen historischen Situationen die Volksbewegungen im Rahmen des genossenschaftlichen Mitwirkungsanspruchs in verschiedenen Typen auftreten?" [279: Frühneuzeitliche Stadtrevolten, 45].

Die Suche nach einem Profil frühneuzeitlicher Stadtrevolten

GERTEIS selber hat sich in die Debatte über Stadtunruhen mit einem Periodisierungsvorschlag eingeschaltet [279: Frühneuzeitliche Stadtrevolten, 46ff.] und angeregt, Unruhen der Reformationszeit, des Übergangs zum 17. Jahrhundert, des späten 17. und frühen 18. Jahrhunderts und der Revolutionszeit zu unterscheiden. Bemerkenswert ist vornehmlich der vorletzte Typus, denn er zeichnet sich dadurch aus, daß die Städte damit stärker territorialstaatlicher Kontrolle unterworfen wurden. Solche Unruhen „sind ein wichtiges Element im Vorgang der Trennung von Staat und Gesellschaft ... Indem der absolutistische Staat die Berechtigungen der Korporationen auf die Verwaltung des Gemeinschaftseigentums eingrenzte, drängte er sie in den Bereich des Privaten zurück und damit aus spezifisch politischen Funktionen und Ansprüchen hinaus" [279: Frühneuzeitliche Stadtrevolten, 53]. In anderen Zusammenhängen hat GERTEIS [278: Repräsentation und Zunftverfassung, 285] diese Auffassung dahingehend modifiziert und präzisiert, der Stadtrat sei dadurch „zu einer obrigkeitsstaatlichen Einrichtung" geworden.

CHRISTOPHER FRIEDRICHS hat zuletzt in diese Debatte eingegriffen und versucht, den frühneuzeitlichen Unruhen ein schärferes Profil zu geben. Die Unruhen des 17. Jahrhunderts unterscheiden sich von ihren Vorgängern genau in dem Maße, wie sich auch in Westeuropa soziale Konflikte von ihren Vorgängern unterscheiden: durch eine beispiellose Kombination von Gewalt und weitläufigen Verfassungsdebatten mit einer ungewöhnlichen Tiefe und Komplexität [275: Town revolts, 30f.], während im 18. Jahrhundert das Moment der Gewalt deutlich zurücktritt.

Probleme der Erforschung städtischer Revolten

Es ist offensichtlich, daß eine Typologie der frühneuzeitlichen Stadtunruhen – wenn sie sich denn überhaupt von der Sache her anbietet – noch in den Anfängen steckt. Scheint der Verlauf spätmittelalterlichen Traditionen zu entsprechen und so gewissermaßen „verfassungskonform" zu sein, so ist noch unentschieden, wie weit der von SCHILLING verfochtene konfessionelle Aspekt trägt. Zu prüfen bleibt schließlich auch, ob die in weiteren Zusammenhängen formulierte These vom verstärkten Eingreifen des Kaisers und reichischer Institutionen [307: PRESS, Reichsstadt; 273: CARL, Aachener Mäkelei, 168f.] zur Charakteristik herangezogen werden kann.

4. Unruhen und gesellschaftlich-politischer Wandel

Widerstandstradition und Konfliktkontinuität sind Charakteristika der deutschen Geschichte, nicht nur vereinzelte Revolten wie der Fettmilchaufstand von 1612 oder der bayerische Bauernkrieg von 1705/6. Es gehört zu den hervorzuhebenden Erkenntnissen der jüngeren Revoltenforschung, daß es Regionen, Herrschaften und Städte gegeben hat, in denen prinzipielle Konflikte in jeder Generation ausgetragen wurden. Das breite Belegmaterial für die Städte

[68: MASCHKE, Städte; 59: EHBRECHT, Bürgertum in den hansischen Städten; 272: BRUNNER, Souveränitätsproblem in Reichsstädten] und das Land [36: PEYER, Verfassungsgeschichte, 139ff.; 217: GRÜLL, Bauer; 77: BIERBRAUER, Berner Oberland; 309: ULBRICH, Triberg; 301: R. BLICKLE, Rottenbuch; 263: VOGLER, Brandenburg] gestattet keinen Zweifel mehr an der Feststellung, daß Unruhen wesentlich zur Struktur des Reiches gehören. Früher geläufige Einschränkungen auf „die Alpenländer" oder den „Südwesten des deutschen Reiches" haben allenfalls noch eine zeitlich beschränkte Gültigkeit, seitdem plausibel gemacht werden konnte, daß die „Formen des niederen Klassenkampfes" in Brandenburg und Sachsen ebenso als Unterfall bäuerlichen Widerstandes zu werten sind wie der Arme Konrad von 1514 in Württemberg oder daß die Unruhen in Hamburg im 17. Jahrhundert sich nur wenig von denen in Straßburg im 14. Jahrhundert unterscheiden. Beweiskräftig war vor allem die Tatsache, daß sich Regionen, die bislang als „revoltenfrei" galten wie Hessen oder Bayern, durch gezielte archivalische Forschungen als äußerst unruhenintensiv erwiesen [249: TROSSBACH, Bauernbewegungen; 302: R. BLICKLE, Altbayern]. Der innerterritoriale oder innerstädtische Konflikt ist nicht mehr die Ausnahme, sondern viel eher die Regel.

Unruhen als strukturelles Merkmal des Reiches

Diese Einsicht muß für die Interpretation der mittelalterlichen und neuzeitlichen Geschichte Folgen haben, allerdings ist erst in Umrissen abzusehen, was daraus für die strukturelle Beschreibung des Reiches und für die Entwicklung der Geschichte Mitteleuropas zu gewinnen ist. Die derzeit weitgehend noch „offene" Debatte ist bestimmt durch die Interpretationsdifferenzen zwischen dem Feudalismus-Kapitalismus-Konzept der marxistisch-leninistischen Geschichtswissenschaft (1) und dem Verrechtlichungs-Konzept (2); sie leidet darunter, daß zumindest in der westlichen Forschung städtische und ländliche Unruhen völlig isoliert diskutiert und interpretiert werden und so deren Gemeinsamkeiten kaum in den Blick gekommen sind (3). Daß die städtischen wie die ländlichen Aufstände, Revolten und Prozesse, die hier versuchsweise mit dem wenig „besetzten" Begriff Unruhen abgebildet wurden, in Ursachen, Zielen und Folgen eine gemeinsame Mitte haben, ist eine der deutschen Geschichtswissenschaft fremde Vorstellung. Das bedingt die skizzenhafte Darstellung dieser Zusammenhänge am Schluß dieses Bandes.

Stadtunruhen und Bauernunruhen als Forschungsaufgabe

4.1 Vom Feudalismus zum Kapitalismus?

Der Historische Materialismus als geschichtsphilosophisches System liefert mit seinem teleologischen Geschichtsverständnis und seinen theoretischen Prämissen einen Rahmen, in dem sich „Volksaufstände" relativ präzise lokalisieren lassen. Entsprechend kohärent sind die von der marxistisch-leninistischen Geschichtswissenschaft angebotenen Interpretationen. Daß dennoch „Bauernbewegungen" und „Kommunebewegung" separiert diskutiert werden, verweist weniger auf die Schwierigkeit, beide Erscheinungsformen als zusammengehörig zu interpretieren, sondern dürfte eher forschungspraktisch zu begründen sein: die spätmittelalterlichen Bauernaufstände und die frühneuzeitlichen Stadtunruhen sind kaum untersucht worden.

Die Interpretation der „Volksaufstände" in der Abfolge der Gesellschaftsformationen Feudalismus – Kapitalismus – der Entwurf Voglers

Die umfassendsten Interpretationen stammen von GÜNTER VOGLER. Bei der Beurteilung bäuerlichen Widerstandes geht VOGLER [213: Bäuerlicher Klassenkampf] davon aus, daß die „primäre gesellschaftliche Beziehung im Feudalismus" durch das „feudale Produktionsverhältnis" gegeben ist. Durch die Grundherrschaft, in der der Adel (Kirche) über das Produktionsmittel Boden verfügt, das er an Bauern verleiht, deren Arbeit er sich so aneignet, entstehen „Klassenbeziehungen", die mittels „außerökonomischem Zwang" in Form der Herrschaftsrechte gesichert werden müssen, weil die eigenständig als „kleine Warenproduzenten" arbeitenden Bauern dazu neigen, ihren Anteil an ihrem Arbeitsertrag zu vergrößern. Daraus ergibt sich, solange der Feudalismus existiert, eine Situation, „die latente Spannungen erzeugt oder offene Auseinandersetzungen auslöst. Wenn das geschieht, in welcher Form auch immer, handelt es sich um Klassenauseinandersetzungen" [213: Bäuerlicher Klassenkampf, 29]. Das Kriterium des „Klassenkampfes" erfüllen solche Auseinandersetzungen dann, wenn sie von Bauern als „bewußte" Handlungen gegen die Grundherren geführt werden. Dazu sind nicht nur die spektakulären Bauernkriege zu zählen, sondern auch die alltäglichen Formen der Auseinandersetzung um Abgaben und Dienstleistungen, vor allem wenn sie kollektiv, etwa durch die Gemeinde, getragen werden. Die Grundfigur bäuerlichen Widerstandes findet sich dort, wo Bauern und Grund- bzw. Gutsherren direkt aufeinandertreffen. Konfliktverursachend ist „im Grunde jede Maßnahme, die zur Intensivierung der Ausbeutung, zur Verstärkung der Abhängigkeit, zur Verschärfung der Herrschaft führte" [213: Bäuerlicher Klassenkampf, 36]. Damit handelt es sich von sei-

Bauernunruhen als Klassenkampf im Feudalismus

ten der Bauern vorwiegend um „Abwehrreaktionen“, um „Sicherung der Existenz- und Reproduktionsbedingungen kleiner Warenproduzenten“. „Nur unter den Bedingungen einer tiefgreifenden gesellschaftlichen Krise erreichten die Bewegungen das Niveau, auch subjektiv die Feudalordnung infrage zu stellen und ein Bild von einer neuen Gesellschaft als Programm oder Utopie zu entwerfen, wie es zum Beispiel im deutschen Bauernkrieg geschah“ [213: Bäuerlicher Klassenkampf, 36].

Sind Bauernunruhen dem Feudalismus immanent und somit letztlich gar nicht mehr erklärungsbedürftig – erklärungsbedürftig wäre lediglich ihr Ausbleiben –, so ist das bei den Stadtunruhen anders. Stadtunruhen nämlich – das gilt zumindest für ihre mittelalterliche Erscheinungsform – neigen dazu, den Feudalismus in Frage zu stellen. In ihnen geht es nach GÜNTER VOGLER [42: Klassenentwicklung, 1183] „um die Aufhebung oder Eingrenzung feudaler Rechte und Abhängigkeiten und um ökonomische, politische und rechtliche Autonomie“. Durch die Entwicklung der Produktivkräfte und aufgrund der wachsenden gesellschaftlichen Arbeitsteilung konnten innerstädtische Konflikte heranreifen, die, wo sie im Sinne der aufständischen Schichten erfolgreich waren, neue Eigentumsverhältnisse stifteten: bürgerliches Eigentum an beweglichen Sachen zuerst, dann an Grund und Boden. Damit war eine andere Form des Eigentums geschaffen als sie „die auf feudalem Grundeigentum beruhende Produktionsweise in der Regel aufwies“ [42: Klassenentwicklung, 1191]. Hier erreicht VOGLER den Punkt, wo „die Entstehung der Vorbedingungen für das Herauswachsen des Kapitalismus aus dem Schoße der europäischen Feudalgesellschaft und die Einleitung des Übergangs vom Feudalismus zum Kapitalismus zur Diskussion“ steht [42: Klassenentwicklung, 1182f.]. Mit den spätmittelalterlichen Stadtunruhen wird eine Tendenz erkennbar, neben Feudaladel und Bauern eine „eigene Klasse“ auszubilden, weil Warenproduktion und Warenaustausch von den feudalen Produktionsverhältnissen weitgehend abgekoppelt waren. Allerdings handelt es sich um eine „Tendenz“, die Stadt besitzt keinen insularen Charakter, sondern ist in den Feudalismus eingebettet: insofern repräsentiert das Bürgertum in Wahrheit eine „Nebenklasse“ im Feudalismus.

Stadtunruhen als Klassenkampf im Feudalismus

Bürgerliches Eigentum als Vorbedingung des Kapitalismus

Das Bürgertum als Nebenklasse im Feudalimus

VOGLER hat seine Interpretation bis in die Reformationszeit weiterverfolgt und in der seit dem ausgehenden 15. Jahrhundert erkennbaren „kapitalistischen Produktion der Manufakturperiode“ eine entscheidende Bedingung für die Frühbürgerliche Revolution

Verschränkung von Bauernunruhen und Stadtunruhen in der Reformation

Die Trennung von städtischem und ländlichem Protest als Folge der Refeudalisierung

gesehen. Der in ihr zusammenwachsende bürgerliche und bäuerliche Protest wird durch die Refeudalisierung des späteren 16. und 17. Jahrhunderts wieder gelockert. Bauern und Handwerker fallen auf das Niveau einfacher Warenproduzenten zurück; das erklärt einerseits die Separierung bäuerlichen und städtischen Widerstands, das macht andererseits verständlich, weshalb der revolutionäre Durchbruch zum Kapitalismus nicht in Deutschland erfolgte. Deutschland befindet sich im 18. Jahrhundert in einer Sackgasse; die „Hilfe" kommt von außen in Form der Französischen Revolution.

Periodisierung der „Volksaufstände"

Die marxistisch-leninistische Geschichtswissenschaft unterteilt die Unruhen in drei Sequenzen: die Entfeudalisierung der (großen) Städte im Mittelalter, die Reformationsepoche als Frühbürgerliche Revolution und die durch die Unreife des Kapitalismus bedingten „niederen Formen" der Auseinandersetzungen in der Zeit zwischen Reformation und Französischer Revolution. Unruhen sind definitorisches Merkmal dieser sich über Jahrhunderte erstreckenden Epoche des Übergangs vom Feudalismus zum Kapitalismus, sie führen aus sich heraus jedoch in Deutschland nicht zum Kapitalismus.

4.2 Von der Verrechtlichung der Konflikte zum Rechtsstaat?

Ein geschichtstheoretisches Gerüst, vergleichbar dem Feudalismus-Kapitalismus-Konzept, hat die „bürgerliche" Geschichtswissenschaft nicht anzubieten. Ihre Verallgemeinerungen sind auf dem induktiven Weg der Abstraktion von den Quellen gewonnen. Insofern es sich bei der Konfliktforschung um eine junge Richtung handelt, ist gar nicht zu erwarten, daß umfassende Erklärungen schon vorliegen. Sie werden auch dadurch erschwert, daß angesichts der Spezialisierung der Forschung in eine mittelalterliche und eine frühneuzeitliche, eine stadtgeschichtliche und eine agrargeschichtliche die Zusammenhänge bislang zu wenig in den Blick kamen.

Zweifellos könnte man SCHULZES Verrechtlichungsthese auch auf die städtischen Konflikte der Neuzeit ausdehnen, weil sich Kaiser, kaiserliche Kommissionen und reichische Institutionen zunehmend in die Konfliktregulierung einschalten. Hypothetisch ließe sich immerhin fragen, ob die Verrechtlichung der Konflikte nicht ein Präludium zum Rechtsstaat darstellte [245: ZÜCKERT, Barockkultur, 513 f.], weil sie die Rechtsgleichheit der Prozeßparteien förderte, wo doch die altständische Ordnung nach herkömmlichem Verständnis gerade durch die rechtliche Ungleichheit ihrer sozialen Großgruppen gekennzeichnet ist. Solche Bemerkungen sollen nur den

Problemhorizont nochmals markieren, inhaltlich geht es in der Debatte um die interpretatorische Einordnung der Unruhen auch und vorwiegend um andere Fragen.

Gemeinsamkeiten mittelalterlicher und neuzeitlicher Stadtunruhen

Für die *städtischen Unruhen* lassen sich markante Gemeinsamkeiten zwischen Mittelalter und Neuzeit erkennen. Die Konflikte werden immer – so der Tenor der Untersuchungen – zwischen Rat und Gemeinde (Bürgerschaft) ausgetragen. Darin kommt das Selbstverständnis der Stadt zum Ausdruck, die Gemeinde sei – in frühneuzeitlichen Kategorien ausgedrückt – Trägerin der Souveränität. Der Rat „repräsentiert" die Gemeinde, und folglich gilt in der Stadt eine Repräsentativverfassung [67: MASCHKE, Obrigkeit; 272: BRUNNER, Souveränitätsproblem in Reichsstädten]. Die Permanenz der Konflikte erklärt sich aus der überwiegenden Ehrenamtlichkeit der städtischen Verwaltung, die naturgemäß die Reichen begünstigt, aus der Optik der Gemeinden aber als „Cliquenwirtschaft" wahrgenommen wird; diese Sicht ist nicht völlig unberechtigt, weil die Magistrate immer dazu neigen, sich sozial abzuschließen, was automatisch zu einem Nepotismus führt. Die monographischen Untersuchungen städtischer Unruhen scheinen einen von WILFRIED EHBRECHT formulierten Satz, dem er selber vermutlich nur regionale Gültigkeit unterstellen würde, zu bestätigen: er spricht von einem „Recht auf innerstädtischen Protest". Durch Protest wird Konsens wiederhergestellt. „Entscheidend blieb auch bei sich wandelndem Protestverständnis jeweils die Sicherung des städtischen Friedens, der vom Konsens der Bürgergemeinde ... abhing. Die Konsensfähigkeit als Voraussetzung des Friedens gehörte ebenso wie die Schwureinung, die Verfassung und das Recht zu den Kategorien der altständischen Stadt, die den Markt im weitesten Sinn des Wortes garantierten" [128: EHBRECHT, Köln, 63]. Im Blick auf BRUNNERS Untersuchung hat dieses Zitat auch seine Gültigkeit für die Neuzeit.

Gleichbleibende Konfliktlage: Gemeinde contra Rat

Gleichbleibende Strukturprobleme: die Ehrenamtlichkeit politischer Ämter

Gleichbleibende Problemlösung: Konsens durch Vertrag

Stadtunruhen, vor allem jene, die zeitlich nach den „Zunftrevolutionen" liegen, bedeuteten wenig für die bisherige Interpretation der deutschen Geschichte, zumindest wenn man Gesamtdarstellungen und Handbücher zum Maßstab nimmt. Es wäre aber zweifellos ein faszinierendes Unternehmen, in Anlehnung an RICHARD LÖWENTHAL zu fragen, ob in den Figuren Repräsentation und Konsens nicht ein typisch abendländisches Verständnis von Gesellschaft und Politik zu Tage tritt. LÖWENTHAL hat, bezogen auf die Vergleichbarkeit ständischer und parlamentarischer Institutionen, darauf abgehoben, daß beide, unbeschadet des Wandels, der den Landtag eines deutschen Territoriums von dem Parlament eines heutigen

Löwenthals Repräsentations- und Konsensmodell und die Bewertung städtischer Unruhen

Bundeslandes trennt, durch Kontinuitätslinien verbunden seien. Und zwar sei diese Kontinuität gegeben durch das „Prinzip der Repräsentation“ und das „Prinzip des institutionalisierten Pluralismus“ [34: Kontinuität und Diskontinuität, 346]. Repräsentation nämlich wird von dem Gedanken getragen, daß die Legitimität der Regierung ohne Konsens der Regierten nicht denkbar ist und dieser Konsens durch Repräsentation vermittelt wird. Der institutionalisierte Pluralismus drückt sich aus in der „Legitimität der Teilinteressen“; auf die Stadt bezogen wären dies die Interessen verschiedener Gruppen der Bürgerschaft, beispielsweise der Zünfte. „Was hier zugrundeliegt“, folgert LÖWENTHAL mit Blick auf ständisch-parlamentarische Körperschaften, „ist offenbar eine besondere Fähigkeit unserer westlichen Zivilisation, nicht nur gesellschaftliche Vielfalt hervorzubringen ..., sondern diese Vielfalt rechtlich und politisch zu institutionalisieren und damit einen einzigartigen Freiheitsspielraum für die Entfaltung der Individuen und die Dynamik der gesellschaftlichen Entwicklung zu schaffen“ [34: Kontinuität und Diskontinuität, 341]. Zu fragen wäre demnach, ob ständische Repräsentation, von der LÖWENTHAL spricht, und städtische Repräsentation nicht enger aufeinander bezogen werden können.

Komplexer als die Erscheinungsformen innerstädtischer Proteste stellen sich hinsichtlich Ursachen, Zielen und Folgen die *bäuerlichen Unruhen* dar. Noch gibt es Unsicherheiten darüber, ob und wieweit die Ergebnisse empirisch regional abgestützter Einzeluntersuchungen verallgemeinert werden können. Diese Unsicherheiten sind auch aus der Weite dieses Forschungsgebietes zu verstehen – mit ihm nämlich erhält eine soziale Großgruppe, der zahlenmäßig bedeutendste „Stand“ im vorrevolutionären Deutschland, für politische Entscheidungsprozesse im Reich Bedeutung –, und insofern diese Perspektive neu ist, hat sie mit der Schwierigkeit zu kämpfen, ihre Einsichten in ein Geschichtsbild einzupassen, das bislang von völlig anderen Determinanten geprägt war.

Gemeinsamkeiten mittelalterlicher und neuzeitlicher Bauernunruhen

Auch wenn forschungspraktisch spätmittelalterliche und frühneuzeitliche Bauernunruhen getrennt behandelt wurden, bleibt unübersehbar, daß sie sachlich zusammengehören. Die Gemeinsamkeiten sind zweifellos größer als die epochenspezifischen Eigenheiten. Nur unter dem Gesichtspunkt der Vergleichbarkeit ist hier nochmals von ihnen zu sprechen.

Die Grundfiguration aller Bauernunruhen besteht darin, daß sie zwischen Herren und Holden, Obrigkeiten und Untertanen ausgetragen werden. Herren und Obrigkeiten einerseits und Holden und Untertanen andererseits sind je identische Figuren, der Begriffswechsel verdeutlicht lediglich zeitspezifische Varianten im Zuordnungsverhältnis von Herrschern und Beherrschten. Die Zuordnungen werden durch dingliche, personale und vogteiliche Beziehungen gestiftet, die als (adelig-kirchliche) Grundherrschaft, Leibherrschaft und Territorialherrschaft wissenschaftsterminologisch abgebildet werden. Weil alle Bauernunruhen in Deutschland an diese Konfiguration gebunden sind, bleiben sie eine typische Erscheinung der vorrevolutionären, altständischen Gesellschaft. Offensichtlich reicht diese Art der – wenn man das so nennen darf – feudalen Herrschaft nicht aus, Bauernunruhen zu erklären, weil sie erst seit dem 14. Jahrhundert nachweisbar sind, die skizzierten Strukturen aber ein höheres Alter aufweisen. Die aus diesem Sachverhalt herauswachsende Frage, was Bauernunruhen eigentlich zugrunde liege, ist auf zweifache Weise beantwortet worden. Die – um es in verkürzende, aber veranschaulichende Begriffe zu bringen – „Individualisten" wie Winfried Schulze sehen in der „Autonomie der bäuerlichen Produktion" (letztlich eine Folge der sich auflösenden älteren Villikationsverbände) eine Voraussetzung bäuerlichen Widerstandes, sowohl technisch in der Möglichkeit der Finanzierung als auch mental im Anspruch, den Arbeitsertrag möglichst umfassend selbst zu nutzen [206: Bäuerlicher Widerstand, 71]; die „Kommunalisten" [27: P. Blickle, Untertanen] behaupten die Priorität der Gemeinde, die sich neben der Grundherrschaft als Strukturprinzip der ländlichen Gesellschaft an der Wende zum Spätmittelalter ausbildet. Weil aber die Gemeinde den Verfall der Villikation voraussetzt und individuelles Wirtschaften ohne den Rahmen der Gemeinde in der Regel nicht anzutreffen ist, ist die Schnittmenge gemeinsamer Interpretamente zwischen Individualisten und Kommunalisten erheblich. Dennoch bleibt ein in seinen interpretatorischen Weiterungen bemerkenswerter Unterschied: wo dem eigenständigen Wirtschaften Priorität eingeräumt wird, geraten Bauernunruhen zu einem Verteilungskampf um ökonomische Ressourcen, wo die kommunale Verfaßtheit der ländlichen Gesellschaft akzentuiert wird, werden Bauernunruhen zu politischen Bewegungen.

Gleichbleibende Konfliktlage: Holde – Herr, Untertan – Obrigkeit

Gleichbleibende Ziele: wirtschaftliche oder politische Autonomie?

Offensichtlich spielen als Ursachen fertige Ideologien, wie sie Peter Bierbrauer mit dem „Traum von Freiheit" [118: Das göttliche Recht, 226f.; vgl. 206: Schulze, Bäuerlicher Widerstand, 121] oder Andreas Suter mit der „Utopie vom freien Dorf" [243: Troublen, 333–339] umschrieben haben, eine allenfalls untergeordnete Rolle. Revolutionsähnliche Brisanz entwickelt lediglich die Reformation, und ihre ideologische Verwertbarkeit seitens der Bauern erklärt sich daraus, daß Stücke der Theologie und Ethik der Reformatoren zur bäuerlichen Lebenswelt besonders gut paßten – die Nächstenliebe im Sinne von Nachbarschaft, der Gemeinnutz oder das Gemeindechristentum gehören dazu.

Im übrigen sind die Ziele nicht theoretisch vorformuliert, sondern werden erst im Verlauf einer Unruhe mit ihren eskalierenden Stadien entwickelt. Die institutionell verfestigte Organisation der agrarischen Gesellschaft in Form der Gemeinde – das ist Bestandteil des „Kommunalismus"-Konzepts – tendiert in Konfliktlagen dazu, die autonomen Bereiche institutionell weiter abzusichern, sei es in Form der territorialen Repräsentation (Landstandschaft), sei es in Fortentwicklung zur Republik. Was die Auseinandersetzungen um die Verteilung der Ressourcen zwischen Bauern und Feudalherren betrifft, gehen von ihnen entscheidende Impulse zur Entwicklung und Formulierung von Wertvorstellungen der ländlichen Gesellschaft aus.

Gleichbleibende Wertvorstellungen und Normen

Es kann als verbindliche Einschätzung gelten, daß die Bauern ihrer Herrschaft das Recht, zur Sicherung von Frieden und Recht und zur angemessenen Repräsentation die nötigen Mittel einzuheben, nicht bestreiten [245: Zückert, Barockkultur]. Dieser die ständische Ordnung prinzipiell konservierende Grundzug kann aber auch egalisierende Tendenzen haben. Die Kategorien von der „auskömmlichen Nahrung" oder dem „gemeinen Nutzen" [206: Schulze, Bäuerlicher Widerstand, 71 f.; 29: P. Blickle, Republikanismus, 540–544], die offenkundig in der ländlichen Gesellschaft einen enorm hohen Stellenwert haben, wirken beschränkend auf die herrschaftlichen Ansprüche an Bauern wie auf herrschaftlichen Interessenegoismus. Dieser Problemkreis hat erst kürzlich durch Renate Blickle [303: Hausnotdurft] eine genauere Ausleuchtung über die Analyse bayerischen Quellenmaterials erfahren. Daraus ergibt sich, daß in Bayern in den Prozessen zwischen Bauernschaften und ihren adeligen oder klösterlichen Herrschaften die Kategorie der „Hausnotdurft" entwickelt wird. Der Quellenbegriff besagt, daß jedem „Haus" eine seiner Größe und Ausstattung entsprechende Auskömmlichkeit zu sichern ist. Daraus leitet sich eine Vielzahl einzelner Berechtigungen ab: das Holzeinschlagen nach dem Bedarf des Hofes an Bau- und Brennholz, der Kauf von landwirtschaftlichen Geräten, von Saatgetreide etc. außerhalb des Marktzwangs, die Schonung der bäuerlichen Arbeitskraft zur Erntezeit. Die Norm wird in Fronprozessen auch gegenüber der Herrschaft durchgesetzt:

Norm „Gemeinnutz"

Norm „Hausnotdurft"

Fronen für das adelige Schloß sind zu leisten, nicht aber für Lustschlösser oder Stadtpalais; das Brennholz für die herrschaftliche Burg muß vom Bauern aus dem Wald angefahren werden, nicht aber das Holz für den Betrieb von Ziegelbrennereien oder Brauereien. Die Norm der Hausnotdurft gilt für alle Häuser in Bayern. Der „grundrechtsähnliche" Gehalt der Kategorie Hausnotdurft besteht darin, daß „die Grundrechte wie die Hausnotdurft gedanklich an die Basiseinheit der jeweiligen Staatsform gebunden werden, hier an das Individuum und dort an das Haus". Damit ist an einem Einzelbeispiel eine Frage von größerer Reichweite aufgeworfen, nämlich wie und in welchem Umfang Konflikte gesamtgesellschaftliche Normen stiften, die ihren Ausgangspunkt möglicherweise in der bäuerlichen Vorstellungswelt haben.

Wertvorstellungen der ländlichen Gesellschaft kommen aber auch anderweitig zum Ausdruck: Zweifellos ist es eine lohnende Frage, den übereinstimmenden Hinweisen weiter nachzugehen, daß Bauernunruhen mehrheitlich in herrschaftlichen Fronforderungen, also im Rechtsinstitut der Leibeigenschaft, gründen, wohingegen andere Grundtatbestände der feudalen Welt – Grundherrschaft und Vogtei – nicht oder selten in Frage gestellt werden. Ist Freiheit, so wäre zu fragen, eine handlungsleitende Wertkategorie der Bauern? Sie ist es offensichtlich nicht a priori und muß wohl, nach dem jetzigen Stand der Forschung, in Verbindung gebracht werden mit der kommunalen Entwicklung wie mit den besitzrechtlichen Veränderungen, die das Institut der Grundherrschaft in Jahrhunderten erfährt. Peter Bierbrauer [76: Bern, 150f.] hat mit Vehemenz die These vorgetragen, daß in seinem Untersuchungsgebiet der Zugewinn an persönlicher Freiheit nur über Kommunen gesichert werden kann. Freiheitsgewinn durch Ausbürgertum erweist sich als Sackgasse.

Wert „Freiheit"

Freiheitsvorstellungen wachsen aber offensichtlich auch in dem Maße, wie die Bauern ihre Besitzrechte verbessern – und auch das geschieht auf dem Weg über Unruhen, wie die nachfolgenden Verträge beweisen. Die Tendenz, bessere Besitzrechte durchzusetzen, die zeitlich auf ein Jahr oder wenige Jahre befristete Leihe zum Erbrecht zu erweitern, in deren Logik das Eigentum an Grund und Boden liegt, wird begleitet von Forderungen nach Minderung der persönlichen Abhängigkeiten.

Gleichbleibende Folgen

Wenn man die Bedeutung bäuerlicher Unruhen messen will, dann ist den die Revolten beendenden Verträgen eine höhere Aufmerksamkeit zu widmen. Verträge sind integrale Bestandteile der

Unruhen [76: BIERBRAUER, Bern, 150; 301: R. BLICKLE, Rottenbuch; 80: P. BLICKLE, Agrarverfassungsvertrag; 309: ULBRICH, Triberg; 206: SCHULZE, Bäuerlicher Widerstand, 142; 251: TROSSBACH, Soziale Bewegung, 185–202]. Der Inhalt dieser Verträge berührt die persönliche Rechtsstellung der Bauern und die Rechtsform der Güter, die Kompetenzen der Gemeinde und die Gerichtsverfassung. Jeder Vertrag greift in die Agrarverfassung und die Herrschaftsordnung ein und erklärt somit zum Teil die Häufigkeit der Unruhen in deutschen Territorien. Denn die Erfahrung, mit Gewalt Erfolg zu haben, mußte geradezu eine Rebellionstradition stiften. Die Bedeutung solcher Verträge hat WINFRIED SCHULZE damit gewürdigt, daß er ihnen „verfassungsähnliche Qualität" [209: Aufruhr und Aufstand, 276] bescheinigt. Ihre gesellschaftlichen und politischen Weiterungen dürfen wohl kaum gering eingeschätzt werden: Insofern die Verträge zwischen Bauern und Grundherren von Landesfürsten vermittelt wurden, stärkten sie die Territorialstaatlichkeit im Reich und schwächten die adelige (kirchliche) Position [209: SCHULZE, Aufruhr und Aufstand, 271–274], insoweit sie von kaiserlichen Kommissionen oder reichischen Gerichten vermittelt wurden, stärkten sie die Autorität des Kaisers [240: PRESS, Hohenzollern-Hechingen, 103 f.]. Spiegelbildlich zu dieser Stabilisierung der staatlichen Autorität ist – langfristig und über die Jahrhunderte gesehen – der die herrschaftlichen Ansprüche eingrenzende Aspekt dieser Verträge. Es kann beispielsweise als erwiesen gelten, daß der westdeutsche Adel, nicht anders als der ostdeutsche, die Tendenz verfolgte, seine wirtschaftliche Situation durch Ausbau der Eigenwirtschaft im agrarischen und gewerblichen Bereich zu verbessern. Wo immer das gescheitert ist, steht dahinter die Verweigerung der Untertanen [249: TROSSBACH, Bauernbewegungen; 303: R. BLICKLE, Hausnotdurft], nicht eine wie auch immer geartete wirtschaftsfeindliche Mentalität des Adels. Für das späte 17. und 18. Jahrhundert ist aus solchen Beobachtungen die These entwickelt worden, Bauernunruhen hätten die Willkürherrschaft eingeschränkt und eingehegt [249: TROSSBACH, Bauernbewegungen; 245: ZÜCKERT, Barockkultur, 337 f.]. Es besteht Grund zu der Annahme, daß die Beziehungsebenen zwischen Bauern und Grundherren, Bauern und Fürsten, Grundherren und Fürsten und Fürsten und Kaiser ein anderes Aussehen gehabt hätten, wären Bauernrebellionen ausgeblieben. Darauf gründet sich die wohl unbestreitbare Grundeinsicht von der politischen und sozialen Erheblichkeit der Unruhen und, davon abgeleitet, der politischen Bedeutung des Bauern für die deutsche Geschichte des Spätmittelal-

Folgen: der Vertrag als Verfassungselement

Verträge als Stabilisierung der Territorialstaatlichkeit

Verträge als Stabilisierung kaiserlicher Autorität

Verträge als Stabilisierung bäuerlicher Rechte

ters und der Frühneuzeit. Diese Bedeutung weiter zu erhellen und zu vertiefen bleibt eine Aufgabe.

Schwieriger ist es zweifellos, den Stellenwert bäuerlichen Protestes für den Entwicklungsprozeß der deutschen Geschichte in das 19. Jahrhundert zu markieren. Die bäuerliche Aggressivität gegenüber dem Institut der Leibherrschaft und zur Durchsetzung besserer Besitzrechte könnte dazu anregen, die modernen Kategorien der Freiheit und des Eigentums auch in der Revoltentradition der deutschen Geschichte zu suchen. WINFRIED SCHULZE hat über die politiktheoretische und staatsrechtliche Literatur des 18. Jahrhunderts Nachweise geliefert, daß die sich allmählich Geltung verschaffende „praesumtio pro libertate rusticorum" nicht von der Aufstandserfahrung abgekoppelt werden könne [209: Aufruhr und Aufstand, 281 ff.], und darin eine Bestätigung der bäuerlichen „Menschenrechte" gesehen, die „in jene Tradition rechtlichen Widerstandes eingeordnet werden (müssen), dessen Verankerung seit der Mitte des 16. Jahrhunderts als wichtiger Beitrag zur Geschichte der Menschenrechte in unserem Lande angesehen werden muß" [207: SCHULZE, Rechte der Menschheit, 55]. WERNER TROSSBACH [249: Bauernbewegungen, 465] versuchte, aus den Verlaufsformen der Unruhen eine angelernte Disposition der Gesellschaft für moderne Formen des Konfliktaustrags abzuleiten. HARTMUT ZÜCKERT [245: Barockkultur, 338] hat den Bauernunruhen Schrittmacherfunktion für die Rechtsstaatlichkeit attestiert. Das sind mehrheitlich Vorschläge, denen durch eine engere Verkoppelung der empirischen Daten für das 18. und das 19. Jahrhundert noch ein höheres Maß an Plausibilität und Stringenz gesichert werden muß.

Modernisierung durch bäuerlichen Protest

Die Erheblichkeit der Unruhen gewinnt schließlich noch ein höheres Gewicht, wenn man Stadtunruhen und Bauernunruhen wenigstens kursorisch auf ihre gemeinsamen Charakteristika befragt. Da für diese Zusammenhänge von einem „Forschungsstand" schlechterdings nicht gesprochen werden kann, sollen nur wenige vorläufige Beobachtungen flüchtig aneinandergereiht werden, in der Absicht, die Forschung auf diese Frage zu lenken.

4.3 Werte und Normen einer bäuerlich-bürgerlichen Welt und sozialer und politischer Wandel

Gemeinsamkeiten städtischer und ländlicher Unruhen

Die zeitliche Kongruenz bäuerlicher und städtischer Unruhen legt die Vermutung nahe, daß „Unruhen in der altständischen Gesellschaft" auch einen gemeinsamen Nenner haben. Ihn herauszufinden ist offensichtlich nicht leicht, sonst wäre er vermutlich schon benannt worden, wiewohl als Begründung das Argument, daß Stadt- und Agrargeschichte separiert betrieben werden, nicht von der Hand zu weisen ist.

Gemeinsame Konfliktlage: Gemeinde gegen Obrigkeit

Zu den Gemeinsamkeiten gehört, daß Unruhen Auseinandersetzungen zwischen Gemeinden und Obrigkeiten sind. Damit stellt sich als eine dringliche Forschungsaufgabe, den Charakter der Gemeinde in Deutschland schärfer zu bestimmen, auch die Gleichheiten und Ungleichheiten städtischer und ländlicher Kommunen deutlicher herauszuarbeiten. Vermutlich wird dem Tatbestand, daß die Gemeinde neben der Familie bzw. dem Haus die wichtigste Form der Vergesellschaftung für die bäuerliche und bürgerliche Bevölkerung darstellt, für die Interpretation der deutschen Geschichte eine höhere Aufmerksamkeit zu widmen sein. Konflikte entstehen, wo gemeindliche Rechte eingeschränkt werden sollen; sie entstehen aber auch, wo sich gemeindliche Rechte nicht ausweiten lassen. Die Gemeinde hat, im ländlichen und städtischen Bereich gleichermaßen, eine feste Binnenstruktur: sie wird gebildet durch die Häuser als ökonomische und politische Einheiten. Die Hausväter tragen das kommunale politische Leben, und die Bedürfnisse des Hauses bestimmen das wirtschaftliche Verhalten. Aus ersterem wird klar, warum es nicht gelungen ist, Träger von Unruhen mit vermögensmäßig bestimmten sozialen Schichten in Verbindung zu bringen; aus letzterem wird klar, warum sich Unruhen nicht mit ökonomischem Fortschritt korrelieren lassen. Das bäuerliche Haus und das bürgerliche Haus existieren selten außerhalb eines kommunalen Verbandes. Das System ist auf die Komplementarität von Individuum und Genossenschaft angelegt: in der Verteidigung der Stadt, der Nutzung des Waldes, der Allmende usw. Es ist anzunehmen, daß solche Lebens- und Existenzweisen Normen und Werte hervorbringen – „Gemeinnutz" und „Hausnotdurft" sind ein Anfang.

Gemeinsame Normen und Werte

Unterstellt, die Normen und Werte hätten jene Kraft besessen, die ihnen hypothetisch durchaus einmal zugebilligt werden kann, liegt es nahe, daß Obrigkeit sich nur durch deren Wahrung und Mehrung legitimieren konnte. Die Unruhen im Reich beweisen, daß die Legitimität der Obrigkeit nicht ipso facto gegeben war. Legitimität mußte, stellt man die Häufigkeit der Unruhen in Rechnung, von Generation zu Generation durch Konsens neu eingeholt werden. Und die vorherrschende Form der Konsensherstellung und Legitimitätsstiftung war der Vertrag, in der Stadt wie auf dem Land. Jeder Vertrag ist ein Stück Verfassung. Als Bestandteil des positiven

Gemeinsame Konsensstiftung durch Vertrag

Rechts gehört er zu den Rechtsbeständen, auf die sich alle Rechtsgenossen verpflichten – beim städtischen Schwörtag Rat und Bürgerschaft, bei der Huldigung Herr und Bauer. Zumindest dort, wo Obrigkeit direkt auf die Gemeinde trifft, steht sie unter einem permanenten Rechtfertigungszwang. Er schwindet, je weiter Obrigkeit von der bäuerlichen und bürgerlichen Gesellschaft entfernt ist: der Kaiser kommt in 500 Jahren Bauernunruhen und Stadtrevolten nie ins Visier der Kritik. Das Reich ist durch Unruhen nie gefährdet, aber immer sein feudaler Charakter.

Haben Unruhen – das wäre die letzte Frage – eine Perspektive für die Herausbildung der Moderne? Was folgt aus der Beobachtung, daß die in den Städten ausgebildeten Kategorien persönliche Freiheit und Eigentum ein abgeschwächtes, aber vernehmliches Echo in der bäuerlichen Sphäre im Abbau der Leibeigenschaft und im Fortschreiten des Erbrechts haben? Führt die Spurensicherung des Wohlfahrtsstaats in Deutschland auch in den Bereich von Gemeinnutz und Auskömmlichkeit? Arbeitet der staatsbürgerlichen Gleichheit die rechtliche Gleichstellung des adeligen Herrn und seiner Bauern vor dem fürstlichen Hofrat, dem Reichshofrat oder dem Reichskammergericht vor?

5. Unruhen-Forschung zwischen 1988 und 2012 – Vom Revoltieren zum Aushandeln

Als das Manuskript dieses Bandes 1987 aus dem Haus ging, stand die Erforschung von „Unruhen“ am Anfang. Erstmals wurden die bislang getrennt in „bäuerlichen Widerstand“ und „Bürgerunruhen“ behandelten Protestformen als strukturell verwandte und zusammengehörende politische Artikulationen des Dritten Standes in einer ständischen Gesellschaft beschrieben. In den letzten zwei Jahrzehnten hat der Gegenstand eine unerwartet hohe Aufmerksamkeit gefunden. Sie ist mehr den bäuerlichen als den städtischen Unruhen, mehr den frühneuzeitlichen als den spätmittelalterlichen zugute gekommen. Damit wurde einerseits die weite Verbreitung von Unruhen belegt, so dass man sie der ständischen Gesellschaft endemisch nennen kann, andererseits deren Komplexität deutlicher sichtbar.

Angesichts der Breite und Originalität der jüngeren Forschung schien es angezeigt, für die Darstellung eine Kombination von „enzyklopädischem Überblick“ und „Grundproblemen und Tendenzen der Forschung“ zu wählen. Auf diese Weise lassen sich die individuellen

Leistungen angemessener würdigen und zugleich die vielfältigen Interpretationen aufzeigen. Ein letzter Blick gilt schließlich jenen heutigen Forschungsfeldern, die auch in der Unruhen-Forschung wurzeln („vom Revoltieren zum Aushandeln").

Entsprechend den Richtlinien der EdG wird wie auch in der ersten Auflage die Schweiz nach ihrem allmählichen Ausscheiden aus dem Heiligen Römischen Reich deutscher Nation nicht mehr behandelt.

5.1 Spätmittelalter und Übergang zur Neuzeit

Die besonders spektakulären Aufstände im Übergang zur Neuzeit, der „Arme Konrad" in Württemberg und die „Bundschuh"-Aufstände am Oberrhein, haben eine unterschiedlich eingehende Neubearbeitung erfahren. Der „Arme Konrad" von 1514 (vgl. oben S. 24 f.) begann als Reaktion auf eine Verbrauchssteuer im Mai 1514 im Amt Schorndorf und brach im August beim Herannahen des herzoglichen Heeres zusammen. Andreas Schmauder hat den Verlaufsprozess detailliert beschrieben [339: Württemberg] und daraus zwei gruppenspezifische Ziele der Aufständischen herausgearbeitet: dem „gemeinen Mann" in Württemberg ging es um eine Erweiterung seiner Handlungsmöglichkeiten gegenüber der „Ehrbarkeit" in den Städten und Dörfern „generell und mit Blick auf den Landtag"; soweit die Bewegung jedoch über Württemberg hinausging und konspirative Züge trug, zielte sie auf den „Sturz der bestehenden Herrschafts- und Gesellschaftsordnung" [Ebd., 284, 286]. Die Innenansicht des Aufstandes wird dadurch erhellt, dass Schmauder 337 Personen identifizieren und ihren sozialen Status bestimmen kann. Danach trugen den Aufstand „erwachsene, verheiratete, huldigende Männer mit einem entsprechenden Einkommen aus landwirtschaftlicher oder handwerklicher Tätigkeit, das als auskömmlich bezeichnet werden kann" [Ebd., 102]; institutionell ausgedrückt heißen sie häufig auch „die Gemeinde". Es gibt jedenfalls keine personelle Identität von Reichen und Rebellen. Hans-Martin Maurer [336: Der Arme Konrad] hat darauf hingewiesen, dass die Aufständischen „in der Niederlage" einen historischen Erfolg verbuchen konnten. Gemeint ist der „Tübinger Vertrag". Er spielt wegen seiner weitgehenden Zugeständnisse an die Landstände in der Geschichte des Ständewesens eine herausragende Rolle und nimmt wegen seines eingerückten Freizügigkeitsartikels in der Geschichte der Menschenrechte einen geachteten Platz ein. Für die württembergischen Untertanen bedeutete er über Jahrhunderte „Rechtsschutz vor fürstlicher Willkür" [Ebd., 22 f.].

Der „Arme Konrad" 1514

Eine moderne, die mittlerweile 80 Jahre alte Arbeit von ROSENKRANZ (vgl. oben S. 23 f.) ersetzende Monographie für den „Bundschuh“ fehlt noch immer. Indessen sind im Rahmen einer Tagung [321: P. BLICKLE/ADAM, Bundschuh] die vier Verschwörungen von 1493, 1502, 1513 und 1517 nochmals eingehend gewürdigt [Beiträge von C. ULBRICH, G. BISCHOFF, H. BUSZELLO, R. KÖHN; auch 345: G. BISCHOFF, Guerre, 83-145; 320: ADAM, Jos Fritz] und mit zeitgleichen Unruhen verglichen worden. Die nahezu ausschließlich herrschaftliche Herkunft des verfügbaren Quellenmaterials hat zu der paradoxen Vermutung geführt, der Bundschuh sei mehr oder minder eine von den Obrigkeiten erfundene Verschwörung, um den auch in den Reformschriften des 15. Jahrhunderts bedrohlich auftretenden „gemeinen Mann“ prophylaktisch niederzuhalten [G. P. MARCHAL, in 321: P. BLICKLE/ADAM, Bundschuh, 249–277; vgl. 326: DILLINGER, Bundschuh von 1517]. Der Vergleich mit gleichzeitigen Aufständen in städtischen Territorien der Schweiz (Zürich, Bern, Luzern) belegt einen „spezifisch eidgenössischen Mittelweg zwischen radikaler Durchsetzung herrschaftlicher Ansprüche und blutiger Revolution“ [S. SIEBER-LEHMANN, in 321: P. BLICKLE/ADAM, Bundschuh, 216–234; Zitat 228]. Die schwache institutionelle Verfestigung der Stadtstaaten begünstigte die Durchsetzungsmöglichkeiten für persönliche und für Gruppeninteressen. Das mag auch erklären, weshalb die Bauern in den Adels- und Klosterherrschaften des Berner Oberlandes weitgehend persönliche Freiheit und Eigentum erwerben und damit die Autonomiebestände ihrer Gemeinden deutlich erweitern konnten [312: BIERBRAUER, Freiheit]. Im 16. Jahrhundert gewinnen die Unruhen in der Schweiz einen von den Konflikten in Deutschland abweichenden Charakter. Zeitlich fällt die Entwicklung mit der allmählichen Desintegration der Eidgenossenschaft aus dem Reich zusammen, was sich vornehmlich darin ausdrückt, dass dem Reichskammergericht und dem Reichshofrat vergleichbare Gerichtsforen nicht zur Verfügung standen [A. WÜRGLER, in 426: NUBOLA/WÜRGLER, Operare la resistenza, 51–80]. Wie abgründig die Situation am Oberrhein um 1500 von Zeitgenossen eingeschätzt wurde, lässt sich auf der politik- und gesellschaftstheoretischen Ebene über die mustergültige Neuedition und die reiche Kommentierung des „Oberrheinischen Revolutionärs“ durch KLAUS H. LAUTERBACH [S. 160, Kap. C. 0] herausarbeiten.

Bundschuh

Bürgerunruhen waren in den letzten beiden Dekaden kein bevorzugter Forschungsgegenstand. Ihren Stellenwert im städtischen Leben hat EBERHARD ISENMANN in einer klassisch gewordenen Darstellung zusammengefasst [332: Stadt, 76, 116, 190 f., 194–197, 220, 303, 375 f.].

Bürgerunruhen

Peter Johanek bewertete die über 200 spätmittelalterlichen Stadtunruhen, die vorwiegend in den 40 größeren Städten des Reiches stattfanden: Immer habe sich durch sie „die soziale Basis der Beteiligung an der Machtausübung im Rat verbreitert“, immer sei es das Ziel gewesen, die Rechte des Stadtherrn auf die *communitas* (*universitas*) zu übertragen [333: Bürgerkämpfe, 59, 72]. Der Transfer politischer Macht von einem (adeligen, geistlichen) Herrn auf eine Korporation ist der *cantus firmus* der Bürgerunruhen [329: Gleba, Gemeinde; vgl. auch 325: Diestelkamp, Bürgerunruhen; 316: Ehbrecht, Verwaltung]. Korrekturen dieser Auffassung hat Ludolf Pelizaeus [427: Dynamik der Macht] angemahnt. Seine Untersuchung vornehmlich landesherrlicher Städte „im Reich Karls V.“, die sich folglich vornehmlich auf Oberdeutschland – sachgemäß aber auch auf Kastilien – bezieht, hält das geläufige Interpretament Gemeinde contra Rat für zu eng. „Die Aufstände“, so eine der größeren Thesen seiner Arbeit, „wurden stets von der städtischen Obrigkeit zur Wahrung ihrer Interessen gelenkt und geführt“ [Ebd., 337].

Eidgenossenschaft

Im spätmittelalterlichen Reich erfuhr der geographische Raum der Schweiz die tiefgreifendste Veränderung [343: Würgler, Eidgenossenschaft, Überblick]. Bei kritischer Würdigung des hohen Forschungsstandes hob die Durcharbeitung der ungemein reichen Quellenüberlieferung anlässlich der 700-Jahrfeier der Eidgenossenschaft 1991 nochmals ins Bewusstsein, dass die Vorgänge in der inneren Schweiz vom Ende des 13. bis zum 15. Jahrhundert auch als Unruhen beschrieben werden können. Vom Epizentrum Uri, Schwyz und Unterwalden ging – obschon sich die Ereignisse um 1300 verschieden interpretieren lassen [G. Marchal und R. Sablonier, in 319: Achermann/Brülisauer/Hoppe, Innerschweiz, 2. Bd., 307–326 bzw. 9–233; zuletzt 338: Sablonier, Gründungszeit] – eine Bewegung aus, die im Verlauf des 14. Jahrhunderts die adelige und geistliche Herrschaft (Habsburg, Kyburg, Fraumünster Zürich, Kloster Wettingen u.a.), schließlich auch mittels Kriegen (Morgarten 1315, Sempach 1386) abstreifte. Dadurch gingen die Herrschaftsrechte auf Landsgemeinden und Stadtgemeinden über. Diese ihrerseits gründen auf einer *coniuratio*, einem Akt der Verschwörung von Individuen – eine auch in Norditalien und Südfrankreich, in Flandern und den Reichsstädten bekannte Figur der lokalisierten *pax iurata* –, mit dem ein neuer rechtlicher, politischer und moralischer Körper geschaffen wurde, der durchaus ständisch differenziert sein und lokale Adelige eingeschlossen haben konnte [338: Sablonier, Gründungszeit, 37–60]. Dieser Korporation wurden alle Kompetenzen der Gesetzgebung, Verwaltung und Rechtspflege über-

coniuratio und Korporation

schrieben [322: P. Blickle, Friede, 24–43,70–134] und durch eigene Landrechte und Stadtrechte gesichert. In genau diesem Sinn stehen Uri und Schwyz, Glarus und Appenzell, Zürich und Luzern „auf Eid". Dem entsprach im kirchlichen Bereich der Übergang der (adeligen) Kirchenpatronatsrechte an die Gemeinden, Länder und Städte [C. Pfaff, in 319: Achermann/Brülisauer/Hoppe, Innerschweiz, 1. Bd., 203–282]. Zur Sicherung dieses politischen Besitzstands wurden die personalen (Eigenschaft, *servitus*) und dinglichen Bindungen (Grund und Boden, *dominium directum*) von Bauern und Bürgern durch Freikauf gelöst [322: P. Blickle, Friede, 170–194 für Uri und Schwyz] und damit ein „herrschaftsfreier" Raum als Basis eines einheitlichen Rechtsraums (Ausschaltung fremder geistlicher, weltlicher und königlicher Gerichte) geschaffen.

Freiheit und Eigentum

Kai-Henrik Günther hat für die Eidgenossenschaft den innovatorischen Begriff „regionale Kommune" eingeführt, die aus der Erfahrung der „kommunalen conjuratio" als dauerhaftes Ergebnis hervorgegangen sei. Nicht dauerhaft, aber in der Konstruktion regionaler Kommunen vergleichbar waren Vorgänge in Sizilien (1282) und Flandern (1323-1328). In allen drei Fällen ruht die regionale Kommune – von der *communitas Siciliae* und der *universalis quasi Flandrie communitas* ist in diesen Zusammenhängen die Rede – auf gleichberechtigten städtischen und ländlichen Gemeinden und ihr Sozialprofil wird bestimmt durch eine grundbesitzende, Steuern zahlende Mittelschicht, die den Adel vertreibt oder sich unterwirft [331: Sizilianer]. Die von Teilen der Schweizer Mediävistik betriebene Re-Aristokratisierung der spätmittelalterlichen Eidgenossenschaft ist mit diesem europäischen Kontext nicht kompatibel.

Im 15. Jahrhundert erreichte der Trend zum Strukturwandel mittels Unruhen den Bodensee sowie das Rhein- und Rhonetal und führte schließlich zur Umformung der reichsunmittelbaren Hochstifte Chur und Sitten in die Republiken Graubünden und Wallis. Wie ein solcher Transformationsprozess erfolgte, ist paradigmatisch am Appenzell freigelegt worden [327: Dubach, Gesetz]. Dabei zeigte sich, dass die Logik der Organisation und die Effektivität des Politischen der dortigen Landsgemeinde diejenigen benachbarter fürstlicher Herrschaftsgebiete (Hochstift Augsburg) deutlich übertrafen. Für den Bauernkrieg von 1525 lieferte die Schweiz, wenn auch im Einzelnen schwer nachweisbar, Vorbilder, jedenfalls was die Freiheit und die kommunalen Organisationsbasis des politischen Alltags anlangt.

Auf interessante und bislang unbekannte Folgen von Unruhen ist am Beispiel Bayerns bei der Rekonstruktion der prozeduralen Formen, in denen Beschwerden vorgebracht und verhandelt wurden, hingewiesen worden. Die Unruhen in den geistlichen Herrschaften Rottenbuch, Ettal (Ammergau) und Steingaden äußerten sich auch darin, dass supplizierende Bauernschaften an den herzoglichen Hof nach München zogen. Dieses „Laufen gen Hof", wie die Quellen sagen, generierte schiedsähnliche Entscheide der Räte, nicht aber gerichtliche Urteile, und erforderte wegen der Häufigkeit im 15. Jahrhundert gewissermaßen eine Institutionalisierung des Verfahrens. Daraus ist der „Hofrat" entstanden. „Die Einrichtung einer Regierung oder eines ständigen Ratskollegiums als Behörde war eine Reaktion auf das ‚Laufen gen Hof' der Untertanen" [323: R. BLICKLE, Laufen gen Hof, 263].

Suppliken generieren Institutionen

5.2 Der Bauernkrieg von 1525

Um 1990 verblasste die Faszination des Themas „Stadt und Reformation" und mit ihr die Bürgerunruhe als Modus der Durchsetzung der Reformation [zuletzt 379: TROSSBACH, Wismar]. Anders der Bauernkrieg von 1525. Allerdings wurden überwiegend Zusammenfassungen [vgl. 380: TROSSBACH, Bauernkrieg; 370: SCOTT/SCRIBNER, Peasants' War; 351: BUSZELLO, Programme; 346: P. BLICKLE, Bauernkrieg], auf regionaler Ebene für Oberschwaben [357: KUHN, Bauernkrieg] und Thüringen [381: VOGLER, Bauernkrieg], vorgelegt, die im Detail durchaus neue Erkenntnisse erbrachten; ansonsten wurden „Leerräume" gefüllt, etwa am Oberrhein, der um eine mustergültig umfassende Geschichte der Grafschaft Stühlingen [367: OKA, Bauernkrieg] und eine weitere der Basler Landschaft [418: LANDOLT, Untertanenrevolten, 152–276] bereichert wurde, oder für das fränkisch-bayerische Grenzgebiet, wo dem Hochstift Eichstätt eine Monographie [374: SEGER, Bauernkrieg] gewidmet wurde. Hervorzuheben ist allerdings eine neue Untersuchung durch GEORGES BISCHOFF über das Elsass, der den Bauernkrieg einschließlich des Schlettstädter Bundschuhs von 1493 interpretiert als eine „rupture, comme le sera la Révolution française" [345: Guerre, 455], weil Bauern und Bürger jede Herrschaft zugunsten einer breiten kommunalen Selbstverwaltung ablehnten und allein eine kaiserliche Oberhoheit dulden wollten. Einen thematischen Schwerpunkt bildeten die Folgen, etwa die Erhebung der Strafsummen im Thüringischen [TH. T. MÜLLER/M. STRAUBE in 381: VOGLER, Bauernkrieg, 417–453; 366: MÜLLER, Bauernkrieg]. Die Strafaktionen im und nach dem Bauernkrieg hält eine juristische Arbeit [354: HOHN, Die rechtlichen Folgen] für „legal", auch wider-

Bauernkrieg Gesamtdarstellungen

Elsass

Bauernkrieg Thematische Schwerpunkte

spricht sie der These von der „Verrechtlichung sozialer Konflikte" (oben S. 100 f.), die jedoch im Blick auf innerstädtische Konflikte bestätigt wurde [427: L. PELIZAEUS, Dynamik der Macht, 333, 337]. Den mittlerweile anerkannten terminologischen Wechsel von den „Bauern" zum „gemeinen Mann" als Träger des Bauernkriegs hat Tom Scott mit Verweis auf die bloß taktische Zusammenarbeit der Städte mit den Bauern kritisiert [371: Südwestdeutsche Städte] und aus Thüringen eine gewisse Unterstützung erfahren [377: TODE, Stadt im Bauernkrieg, 315–319; vgl. 359: A. LERCH, Bauernkrieg in Würzburg]. Dem liegt teilweise das Missverständnis zugrunde, der gemeine Mann müsse die Räte, die städtischen Obrigkeiten also, mit einschließen, was nie behauptet wurde, andererseits wurde das Zusammenwirken mit den „Bergarbeitern" erneut bestätigt [358: LAUBE, Bergarbeiter- und Bauernbewegungen, 124 f. ; 360: K. H. LUDWIG, Bergleute]. Die Diskussion der Folgen des Bauernkriegs kann sich durch die Edition der Reichstagsakten von 1526 [R. AULINGER, s. S. 160, Kap. C. 0] auf einen empirisch breiteren Sockel stützen. Das gilt für die Bemühungen mehrerer Reichsstände, die Bauern von Schuldigkeiten gegenüber Adel und Geistlichkeit zu entlasten und namentlich die Leibeigenschaft zugunsten einer ‚Freiheit aller Christen' abzuschaffen [Ebd., 381-392 als ein Beispiel]. Die Leibeigenschaft hatte das Herrschaft-Untertanen-Verhältnis in Oberdeutschland zutiefst zerrüttet, wie sich besonders gut am Fürststift Kempten belegen ließ. Entsprechend schwierig war es, nach dem Bauernkrieg die Beziehungen auf eine brauchbare Rechtsgrundlage zu stellen. Wiederum liefert Kempten dafür ein interessantes Beispiel insofern, als individuelle Abmachungen zwischen Abt und Konvent einerseits und den Untertanen andererseits getroffen wurden [362: N. MATHYS, Bewältigung der Herrschaftskrise], die gewissermaßen einen Gesellschafts- und Herrschaftsvertrag „avant la lettre" darstellen. Auf ähnliche Weise wurde auch in Württemberg nach dem Armen Konrad (1514) und in Tirol nach dem Bauernkrieg (1525/26) um die Zustimmung jedes Untertanen zu den gefunden Kompromissen gerungen [314: P. BLICKLE, Von der Leibeigenschaft, 292-294].

Reichstag 1526 und die Leibeigenschaft

Anthropologische Ansätze

Durch ihren anthropologischen Ansatz haben zwei beeindruckend umfangreiche und tief in die Quellen eindringende Monographien methodisch Neuland betreten. PAUL BURGARD [350: Tagebuch einer Revolte] zeigt an Neustadt an der Orla den rituellen Verlauf einer Revolte auf: das Leerfischen der Teiche der Feudalherren, der karnevalsartige Einzug der Fischer in die Stadt und das öffentliche gemeinsame Verzehren der Fische auf dem Markt. Weil Fisch (und Fleisch) als

Herrenspeise galt, drückt sich in dieser Aktion die Verarbeitung des Konflikts mit den adeligen Herren an einem Ort aus, dem eine erkennbar programmatische Perspektive fehlte. Das Ereignis selbst dauerte nur kurze Zeit.

Peter Kamber interpretiert die Reformation auf der Zürcher Landschaft wegen des Bildersturms, der Besetzung der Klöster und der theologisch begründeten Aufhebung der Leibeigenschaft als „bäuerliche Revolution“ [355: Reformation], Über die bäuerliche Frömmigkeit vor der Reformation wird der Rezeptionsprozess von Zwinglis Appell verständlich gemacht. *Vice versa* zeigt sich, wie viel die Bauern zur Modifikation von Zwinglis Theologie und Ethik beigetragen haben. Ihr Widerstand hat ebenso zur Verhärtung Zwinglis geführt wie ihre enge Beziehung zu den Täufern, die durch sorgfältige biographische Untersuchungen belegt wird. Kamber rekonstruiert einen Meinungsbildungsprozess, wie er unter den Akteuren im (pfarr-)gemeindlichen Reformationsdiskurs als Austausch der Argumente stattfand.

Burgard und Kamber konnten mit Quellen arbeiten, die Selbstzeugnissen ähneln – im Falle Zürichs reicht das bis zu protokollähnlichen Aufnahmen von Gesprächen in den Pfrundakten (Pfarrarchive) –, entsprechend nah rückt der Alltag dem Leser, nicht zuletzt dank der bemerkenswerten stilistischen Fähigkeiten beider Autoren.

„Freie Gemeinschaftsbildung“ im 16. Jahrhundert und „Verein“

Eine perspektivisch ungewöhnliche Interpretation dieser Zeit legte Wolfgang Hardtwig mit seiner Analyse der zeitgenössischen Begriffe „Gemeinde“, „Bruderschaft“, „Bund“ und „christliche Vereinigung“ vor. Er zieht daraus den Schluss, „daß die genossenschaftliche Bewegung der Jahre 1521 bis 1526 eine neue Dimension eines gesamtgesellschaftlichen Konflikts darstellt – neben dem Dreißigjährigen Krieg die schwerste Krise in der Entwicklung der deutschen Gesellschaft vor 1848“ [353: Genossenschaft, 155]. Die genossenschaftliche Bewegung rubriziert er unter „freie Gemeinschaftsbildung“ (im Gegensatz zu den Zwangskorporationen, etwa der Zünfte), und die daraus erwachsenen Korporationen, bei denen es sich vornehmlich um bäuerliche handelt, wertet er als prinzipielle Alternative zur adeligen und geistlichen Herrschaft der Reichsverfassung. Die freien Gemeinschaftsbildungen parallelisiert er mit den Vereinen des 19. Jahrhundert, der Herstellung von Öffentlichkeit und einer bürgerlichen Gesellschaft. Auf diese Weise die Bauernkriegs- und Reformationszeit für das bürgerliche Zeitalter zu gewinnen, darf zweifellos als ein „Wurf“ gelten.

5.3 Frühneuzeit

Die 90er Jahre des 20. Jahrhunderts und die frühen Jahre des 21. Jahrhunderts waren die Zeit, in der die großen grundlegenden Monographien über Unruhen geschrieben wurden, überwiegend sind sie zwischen 1995 und 1998 erschienen. Das erklärt, weshalb sie wechselseitig aufeinander wenig Bezug nehmen und folglich ihre Originalität aus zwei Quellen schöpfen – den oft über Jahrhunderte reichenden Herrschaftsakten und den sich überlagernden und überstürzenden theoretisch-methodischen Diskussionen der 1980er und 1990er Jahre. Eine umfassende monographische Darstellung der Unruhen fehlt für Deutschland, das gilt auch für Europa insgesamt, ungeachtet einiger vorliegender Bilanzen, die sich freilich auf einem hohen Abstraktionsniveau bewegen [vgl. die Beiträge von St. Imsen/G. Vogler und J. Nicolas/J. Valdeón Baruque/S. Vilfan, in 313: P. Blickle, Resistance; 317: Neveux, Révoltes paysannes]. Es empfiehlt sich daher, die „großen" Arbeiten einzeln vorzustellen, obschon es unbefriedigend ist, 500–1000-seitige Werke in einem Regest von wenigen Zeilen zusammenzufassen. Immerhin mag die individuelle Würdigung den Mangel ausgleichen, die oft vielen Aufsätze im Gefolge der Monographien nicht eigens erörtern zu können.

Ein beeindruckend breiter Korridor von Unruhen zieht sich – so der heutige Stand der Forschung – ohne erkennbare regionale zeitliche Schwerpunkte vom Niederrhein und der Maas über das Saarland und Hessen rheinaufwärts an den Oberrhein, gabelt sich dort in einen nach Oberschwaben und Bayern und einen in die Schweiz reichenden Arm.

Niederrhein/ Kornelimünster

Für das Rhein-Maas-Gebiet hat Helmut Gabel in überwiegend reichsunmittelbaren Herrschaften eine kontinuierliche Kette von Unruhen zwischen 1648 bis 1794 nachgewiesen [399: Widerstand]. Konkret werden 12 Unruhen untersucht, deren Höhepunkt die Ermordung des Abtes von Kornelimünster 1699 darstellt. In der Regel werden die Konflikte durch Reichsgerichte mit Kompromissen beigelegt. Gabel hat der Organisationsstruktur und den Wertvorstellungen, die den Unruhen zugrunde liegen, besonderes Augenmerk geschenkt: Widerstand baut sich über die Ortsgemeinden auf, die sich erst im 17. Jahrhundert aus den älteren herrschaftsbezogenen Gerichtsgemeinden herauslösten; aus den Ortsvorstehern rekrutierte sich die Führung des Widerstands [Ebd., 401–416]. Bäuerliche Wertvorstellungen entwickelt Gabel aus den Beschwerden, teils auch aus den Handlungen und ermittelt so als zentrale Anliegen gemeiner Nutzen, Freiheit und Auskömmlichkeit als ethische Werte, Konsens, Partizipation und „Korrespektivität" (Reziprozität) als politische Normen.

An der Saar

KLAUS RIES legte nach einer vorgängigen knappen Bestandsaufnahme von ELISABETH FEHRENBACH [in 384: BERDING, Soziale Unruhen, 28–44] drei große Protestaktionen in der Herrschaft Nassau-Saarbrücken frei: die des Völklinger Hofes 1766, die des Köllertals 1777 und die der Städte Saarbrücken und St. Johann [432: Obrigkeit]. Sie alle fallen in eine Zeit, in der die landesherrlichen Schulden von 183 000 fl (1741) auf 1,6 Millionen fl (1768) angestiegen waren [Ebd., 208], folglich Steuern und Anlagen massiv erhöht, Natural- in Geldabgaben umgewandelt und die Waldnutzungsrechte eingeschränkt wurden. Hier liegen die Ursachen für die Unruhen. Der „Wald" erklärt die organisatorische Basis der Aufstände. Der Völklinger Hof und das Köllertal waren alte, ins Mittelalter zurückreichende Hofverbände (unterteilt in Ortsgemeinden), jeder mit einem ihm gehörenden Forst ausgestattet, der sie zu starken Korporationen (auch der Begriff Landschaft taucht auf) machte. An der Saar lohnte sich die Konfliktbereitschaft für Bauern und Bürger, denn „im letzten Drittel des 18. Jahrhunderts waren sich Obrigkeit und Untertanen so nahe gekommen, daß selbst ein Duodezfürstentum ohne landständische Tradition, wie Nassau-Saarbrücken, einen quasi-ständischen Verfassungscharakter annahm" [Ebd., 435]. Wie verbreitet Widerstand vor und nach der Französischen Revolution war, ist damit freilich noch nicht erschöpfend dargestellt. Nach und nach wird immer deutlicher, wie stark auch Nachbarterritorien des Fürstentums Nassau-Saarbrücken von solchen Unruhen betroffen waren [441: J. SCHMITT, Französische Freiheiten].

Hessen

Den gleichen Zeitraum wie Ries hat WERNER TROSSBACH in den Blick genommen [448: Schatten der Aufklärung]. Die Grafschaft Wied-Neuwied am Mittelrhein ist die Bühne, auf der Hofstaat und kleinstädtisches Bürgertum Aufklärung proben; aufgeführt wird schließlich ein Stück, in dem der bäuerliche Teil der Grafschaft schamlos ausgebeutet wird. Von 1713 bis 1792 war ein Prozess am Reichskammergericht hängig. Hauptstreitpunkt ist der Wald bzw. das „Eigentum" am Wald. 1740 wird mittels Bajonetten diese Debatte stillgestellt, die 1792 aber dann doch noch im Interesse der Bauern entschieden wird. Organisatorisch wurde auf große Geschlossenheit wert gelegt, obschon es auch, wie man gerade durch TROSSBACHS frühere Arbeiten weiß [251: Soziale Bewegung], zu Gruppenbildungen und Faktionen [448: Schatten der Aufklärung, 109–113] kommt. Wie TROSSBACH auf hessischem Material basierend hat ROBERT VON FRIEDEBURG eine perspektivisch weite, theoriegeleitete Analyse dörflicher

Gesellschaften für das 17. und 18. Jahrhundert beigesteuert [396: Ländliche Gesellschaft, 35–116].

Kraichgau

Odenheim liegt im Kraichgau (Pfalz), der in der 1848-Revolution „zu den protestintensivsten Gebieten Deutschlands" gehörte [394: Fetzer, Untertanenkonflikte, 409 das Zitat]. Als Beispiel einer seit dem 15. Jahrhundert anhaltenden Protestkultur untersucht Ralf Fetzer das Ritterstift Odenheim. „Bäuerlicher Widerstand" ist hier in erster Linie Widerstand einzelner Gemeinden gegen die Ortsherrschaft [Ebd., 413], zu gemeinsamen Aktion kommt es allerdings in den 1720er und 1730er Jahren. Angesichts der langen zeitlichen Erstreckung der Konflikte wechseln auch die Schwerpunkte des Widerstands. Von der Dauerbeschwerde Steuer abgesehen sind das die ungemessenen Frondienste (die erst nach 200 Jahren 1740 fixiert wurden), die Waldnutzung und die herrschaftliche Satzungstätigkeit auf Kosten der rechtsschöpferischen Funktion der Dorfgerichte. Über die Jahrhunderte unvermindert attackiert wurde die Leibeigenschaft als eine angeblich von den Pfandherren eingeführte Neuerung, der kontrastierend die Utopie einer Freiheit in jener Zeit gegenübergestellt wurde, als Odenheim dem Kaiser direkt unterstand. Die Rechtsprechungspraxis des Reichskammergerichts lässt sich als vermittelnd und ausgleichend beschreiben. Das bestätigt eine Arbeit über „Untertanenprozesse" im Badischen [434: Sailer, Untertanenprozesse]. Sie liefert eine Reihe interessanter Bewertungen über die dortigen Verfahren. „Das faktische Ungleichgewicht zwischen Obrigkeit und Untertanen" sichert das Gericht, um den Untertanenwiderstand nicht zu ermutigen [434: Sailer, Untertanenprozesse, 469; vgl. auch 423: Maurer, Lahrer Prozeß]. Im Einzelnen ließen sich Besitzansprüche der Untertanen am Wald nicht durchsetzen, weil der römisch-rechtliche Eigentumsbegriff nicht sinnvoll zur Anwendung gebracht werden konnte, hingegen ließen sich Nutzungsrechte am Wald mit dem Argument der „Notdurft" behaupten. Freiheitsforderungen blieben unerfüllt, soweit sie mit der *praesumptio pro libertate* begründet wurden, weil die Obrigkeiten immer auf Fronen als herkömmlich verweisen konnten; Fronsteigerungen allerdings ließen sich abwehren.

Wie urteilt das Reichskammergericht?

Böhmenkirch

Die „Böhmenkircher Bauernrevolte", ein vergleichsweise eruptives Ereignis zwischen 1580 und 1582, führte die „Rebellen" bis zum Reichshofrat und wurde schließlich durch einen Vertrag beigelegt. Zentralisierung der Verwaltung durch Nichtbesetzung des Böhmenkircher Gerichts, die vermeintliche Einführung einer neuen Leibeigenschaft durch die obrigkeitliche Einmischung in die Verleihung des gemeindlichen Bürgerrechts und verstärkte fiskalische Zugriffe auf relativ freien Besitz der Bauern und Seldner [395: Fink, Böhmenkircher Bauernrevolte, 134–228] schaffen Spannungen, die sich in der Rebellion entladen, durch sie aber auch bis zu einem gewissen Grad gelöst werden. Das geschieht einerseits durch die verbesserten Petitionsmöglichkeiten und die in der Regel erteilten herrschaftlichen Gnaden, andererseits durch die Stabilisierung gemeindlicher Rechte in Form der Versammlungsfreiheit und der Wahl der lokalen Amtsträger. Bertram Fink nennt das „paternale Herrschaft" und folgt damit einer Interpretation, die Andreas Suter am Schweizer Bauernkrieg von 1653 entwickelt hat [446: Schweizer Bauernkrieg].

Schwarzwald
Faktionen entstehen

Einem als „Salpetererunruhen" im Schwarzwald, genauer in der habsburgischen Grafschaft Hauenstein bekannten Konflikt (1725–1745) geht David M. Luebke [421: Rebels] nach. Der Aufstand eskaliert 1745 zum „civil war" zwischen zwei Faktionen der Untertanen und zieht drei militärische Interventionen Österreichs nach sich. Im Zusammenprall der staatlichen Zentralisierung Habsburgs mit der quasi-republikanischen Verfassung Hauensteins zeigt sich, wie unter dem Druck der Ereignisse und angesichts unterschiedlicher Interessen der Rebellen die Solidarität in den Gemeinden zerbricht und Faktionen entstehen. Nimmt man ähnliche Vorgänge anderwärts in den Blick [455: Würgler, Unruhen, 55 f., 76 f.] oder die nahezu zeitgleiche Ausbildung der Parteien im englischen und schwedischen Parlament, trifft man hier auf einen in das 19. Jahrhundert weisenden Weg der Interessenorganisation von Untertanen. Der Konflikt erhält eine zusätzliche, geradezu paradoxe Dimension durch die Auseinandersetzung um leibeigenschaftsähnliche Abgaben an das Kloster St. Blasien, welche die gewählten amtlichen Vertreter der Grafschaft zwar um stolze 58000 fl ablösen, sich damit aber von ihren Gegnern den Vorwurf einhandeln, eine „böhmische Servitut" [421: Luebke, Rebels, 158; auch D. M. Luebke, in 415: Klussmann, Leibeigenschaft,175–197] anerkannt zu haben. Der Aufstand selbst mündet in eine Katastrophe: die ins Spätmittelalter reichende Hauensteiner Autonomie, zu deren Verteidigung die Bauern angetreten waren – die Grafschaft war auf den vorderösterreichischen Landtagen vertreten und wählte ihre Vorsteher –, wird durch den Entzug ihrer Privilegien zerstört.

Rottweil – der
Stadtstaat

Die nahe Reichsstadt Rottweil am Neckar verfügte über ein ansehnliches Territorium. Der Rat der Stadt hatte nicht anders als weltliche und geistliche Fürsten seit dem Dreißigjährigen Krieg mit den Bauern seiner Dörfer Auseinandersetzungen durchzustehen, die ihre Kulminationspunkte 1684–1698 und 1773–1783 in den sogenannten „Landschaftskonflikten" erreichten [454: Weber, Städtische Herrschaft]. Edwin Ernst Weber hat sich dieses Themas angenommen und damit die erste, gewissermaßen auch paradigmatische Darstellung für ähnliche Vorgänge in den Stadtstaaten von Schwäbisch Gmünd [410: Jüngling, Reichsstädtische Herrschaft], Schwäbisch Hall [420: Lau, Bürgerunruhen, 405–428] und Überlingen geliefert [454: Weber, Städtische Herrschaft, 700–722]. Für die Bauern auf der Rottweiler Landschaft ergab sich aus dem Verbot des Landhandwerks und des Landwarenhandels in Verbindung mit der Steuerlast und dem Bevölkerungsanstieg „eine die Existenz ihrer Höfe vielfach bedrohende Verschuldung" [Ebd., 755]. Den Widerstand organisieren trotz innerer Spannungen die Dorfgemeinden. Vögte und Schultheißen stehen eindeutig auf Seiten der Rebellen. Ausgetragen werden die Konflikte vor den Reichgerichten bzw. den von ihnen eingesetzten kaiserlichen Kommissionen, nur einmal 1699 kommt es zu einer veritablen Schlacht. Verträge beschließen die Konflikte. Sie schaffen einerseits Rechtsgarantien, andererseits engen sie den Handlungsspielraum für Widerstand zunehmend ein.

Weber legt eine bislang nicht bekannte Dreierkonstellation frei: Rat – Bürgerschaft – bäuerliche Landschaft, die ihre je eigenen Interessen verfolgen, letztlich aber über die Unruhen zu einem Ausgleich finden. Er besteht darin, dass am Ende des 18. Jahrhunderts die Dörfer über ein eigenes Handwerk verfügen (zum Teil gegen Ausgleichszahlungen an die Zünfte in der Stadt), einen Teil ihrer agrarischen Erzeugnisse frei vermarkten können, ein stabiler Verteilerschlüssel zwischen Bürgerschaft und Landschaft für die Reichs- und Kreisanlagen festgelegt ist und die Landschaft ein „Kontroll- und Mitspracherecht in allen Fragen des Steuer-, Schulden- und Militärwesens" besitzt [Ebd., 761].

Klettgau Unruhe und Policey

In einem zwar knappen, aber straff argumentierenden und thesenfreudigen Beitrag hat Winfried Schulze die Klettgauer Unruhen um 1600 auf den Begriff gebracht [442: Schulze, Klettgau]. Reichssteuern und herrschaftliche Schulden (deren Zinsendienst die jährlichen Einnahmen der Herrschaft überstieg) lösen ausgangs des 16. Jahrhunderts im Klettgau (am Hochrhein) Unruhen aus, die schließlich den Landesherrn, den Grafen von Sulz, zur Resignation zwingen. Der Klettgau war mit Zürich verburgrechtet, was möglicherweise die Akzeptanz der Entscheidungen von Reichshofrat und Reichskammergericht schmälerte, jedenfalls lassen die kaiserlichen Kommissare schließlich dem (neuen) Landesherrn freie Hand, gewaltsam gegen die „Rädelsführer" vorzugehen und damit den Aufstand zu brechen. Die Besonderheit des Klettgauer Falles besteht vor allem in der aus dem Konflikt erwachsenden, von Herrschaft und Untertanen anscheinend gemeinsam ausgearbeiteten ersten großen Landes- und Policeyordnung der Grafschaft. SCHULZE arbeitet Artikel heraus, denen er Verfassungsrang zusprechen will, womit die Landesordnung als großes, aus dem Konflikt geborenes Vertragswerk erscheint.

Waldburger Herrschaften

In ein buntes Gewand von Theorien gekleidet, präsentiert MARTIN ZÜRN [460: Libertet] seine mikrohistorische und sozialstatische Untersuchung der Unruhen in den Waldburger Herrschaften an der oberen Donau in Oberschwaben. Die Konflikte dauern vom Bauernkrieg bis zur Französischen Revolution, ohne je die bestehenden Probleme wirklich zu lösen, es sei denn, man wollte die Aufhebung der Leibeigenschaft 1686 als Lösung verstehen, wiewohl es sich in Wahrheit um den Verkauf eines merkwürdig vagen Rechts gegen 20 000 fl an die Untertanen handelte. Die Waldburger Herrschaften an der Donau generieren insofern einen eigenen Typus von Unruhen, als viele Hoheitsrechte zwischen dem Haus Habsburg (als Lehns- und Pfandherr) und dem Haus Waldburg strittig sind. Das ermöglichte unterschiedlichste Allianzen, die zusätzlich mit Komplexität aufgeladen wurden, da nur bedingt dörfliche Solidarität herrschte, vielmehr Klientelbeziehungen unterschiedlichste, rasch wechselnde Allianzen stifteten und ein System der Patronage förderten, das angesichts schwacher Institutionen den Alltag und die Konflikte prägte. Resigniert zieht ZÜRN das Fazit, die angestrebte „Libertet" der Untertanen sei Utopie geblieben, weil „Patronage und Klientel" sich nie haben überwinden lassen und die Bauern selbst „kein prinzipiell anderes Herrschaftsverständnis vertraten als ihre Gegner" [Ebd., 654].

Patronage und Klientel

Bauernkrieg in Bayern 1705/6

Eine wirklich kriegerische Qualität hat neben dem oberösterreichischen Bauernkrieg 1626 lediglich der bayerische von 1705/6 erreicht (vgl. oben 39 ff.) [391: Der bayerische Bauernaufstand]. Bemerkenswert an diesem Aufstand gegen Fremdherrschaft – er richtet sich gegen die kaiserliche Besatzungsmacht – sind auf bäuerlicher Seite die Ausbildung naturrechtlicher Grundpositionen, die gegenüber dem Reichstag geltend gemacht wurden: Der bayerische Bauer hätte wie „ein ellendister Sklav mit betrübtem herzen zusechen" müssen, wie seine Felder verwüstet, sein Vieh hingeschlachtet und seine Frau von Soldaten vergewaltigt wurde. Das berechtige ihn, sich mittels „der natürlich in allen Rechten zugelassenen defension zu erhalten". Gleicher Argumente hatten sich schon die oberösterreichischen Bauern bedient [Ebd., 370, 380], in Bayern waren sie erstmals während des Dreißigjährigen Krieges [386: R. Blickle, Rebellion oder natürliche Defension] geltend gemacht worden. Ist der Kurfürst unfähig, seine eigenen Untertanen zu schützen, so das Argument der Bauern in den

1630er Jahren, haben diese das Recht und die Pflicht, sich selbst zu helfen. Bemerkenswert ist, dass sich die kurfürstlichen Räte im Verlauf des Prozesses gegen die „Rädelsführer" dieser Auffassung anschlossen. 1705/6 ist das anders. 14 Personen (Rädelsführern) wird wegen des *crimen laesae maiestatis* der Prozess gemacht [444: Strasser, Aufstand im bayerischen Oberland]. Indem die Juristen den *maiestas*-Begriff vom Kaiser auf alle Amtsträger ausweiten und den Kreis der möglichen Täter auch (*lex quisquis*), präparieren sie aus der Erhebung einen Angriff auf den Staat heraus. Das Majestätsverbrechen stellt sich so „als nicht fest umrissener Tatbestand dar" [Ebd., 179], vielmehr wird absichtlich eine Präzisierung vermieden, um die bestehenden Machtverhältnisse schützen zu können.

Aufstand als Majestätsverbrechen

Wie Konflikte über die Jahrhunderte erinnert und in die Gegenwart vermittelt wurden, ist an der Herrschaft Aschau (Oberbayern) gezeigt worden. In den Schulbüchern um Rosenheim taucht gewissermaßen ex nihilo in der zweiten Hälfte des 20. Jahrhunderts eine Sage von einem Verwalter auf, der seines tyrannischen Regiments wegen von einem Heer von Mäusen gefressen wird. Die Sage referiert auf einen Jahrzehnte währenden Konflikt in Aschau, der 1668 vertraglich beigelegt und mit der Absetzung des Verwalters – Scher war sein Name – beendet wurde. Überlegungen dazu, wie es denkbar wäre, dass die Aschauer über die Aneignung von umlaufenden Sagen (Mäuseturm in Bingen), Bildmotiven (Katzen-Mäuse-Krieg) und emblematischen Deutungen (Scher-Maus-Wappen) usw. ihre eigene Geschichte begriffen, sie deuteten und sich ihrer über Jahrhunderte versicherten, stellen in der Revoltenforschung methodisch ein bislang unbekanntes Verfahren zur Diskussion [388: R. Blickle, Gegengeschichte].

Tyrannen und Mäuse in Oberbayern

Bürgerunruhen in der frühen Neuzeit haben in den letzten zwei Jahrzehnten im Vergleich zu den bäuerlichen Unruhen wenig Beachtung gefunden. Heinz Schilling lenkte die Aufmerksamkeit auf das Thema, indem er fragte, ob sich republikanische Vorstellungen hier besonders deutlich artikulierten [436: Schilling, „Republikanismus"]. Er hat die Frage mit Verweis auf die wiederholt namhaft gemachten Werte Freiheit, Verfügung über Besitz, gleiche Pflichten und Partizipation der Bürgerschaft bei wichtigen politischen Entscheidungen bejaht. Zusammenfassende Darstellungen der jüngeren Forschung haben nochmals betont, dass vermeintlich willkürliche Steuererhebungen, Ungleichheit und Korruption, meist ineinander verschränkt, die Hauptmotive der Unruhen sind, die Träger der Aufstände aber nicht bei den Armen und Unterschichten zu finden seien, sondern bei den „members of the householding citizenry" [397: Friedrichs, Early

Republikanismus norddeutsch

Modern City, 306 das Zitat; 414: KELLER, Bürgerunruhen; 437: SCHILLING, Stadt, 18 f.]. Dass Stadtunruhen auch mit Gewalt gegen Juden verknüpft sein konnten, ist vor allem für Frankfurt am Main präziser herausgearbeitet worden [458: A. WÜRGLER, Revolts in Print; 411: R. JÜTTE, Fettmilch-Aufstand].

Republikanismus süddeutsch

Eine detaillierte Beschreibung haben Stadtunruhen durch URS HAFNER erfahren [405: Republik im Konflikt]. Er untersucht schwäbische Reichsstädte (Buchau, Biberach, Ravensburg, Reutlingen, Überlingen, Ulm und Wangen) von der Mitte des 17. bis zum Ende des 18. Jahrhunderts. Aus Beschwerdeschriften der Bürgerschaften, Rechtfertigungen der Räte, Relationen und Entscheidungen der Reichsgerichte erhebt HAFNER die Verfassungsvorstellungen der Bürger: für sie war der Rat lediglich beauftragtes Organ der Gemeinde. Bezeichnenderweise organisierte sich der Widerstand, ausgelöst durch Steuererhöhungen oder Nepotismus in den Räten, um den Schwörtag in der Stadt, also jenen jährlichen Höhepunkt im politische Leben einer süddeutschen reichsstädtischen Kommune, der dazu diente, durch Eid die Beziehung zwischen Rat und Bürgerschaft zu bestätigen. Er ging letztlich auf die *pax iurata* oder *coniuratio* des Mittelalters zurück, die Handwerker und Patrizier zur Herstellung von Frieden gestiftet hatten. Für erstaunliche Konstanten im Verfassungsverständnis der Bürgerschaften spricht auch der Verlauf dieser Aufstände mit ihrem „vorgegebenen repetitiven, zeremoniellen und rituellen Charakter" [Ebd., 263], dem Spontaneität fremd war. Die Prägekraft dieses bürgerlichen Verfassungsverständnisses zeigt sich auch, wenn in bikonfessionellen Städten Religion die Gemeinde nicht spalten kann. Gegen die Räte, die sich als „Herrschaft" verstanden, entschieden sich die Juristen, Reichsstaatsrechtler, Politiktheoretiker und städtische Chronisten, die sich dieser Materie annahmen, nicht selten, wenn sie der Stadt als Korporation die Souveränität zusprachen.

Nur in der Arbeit von ANDREAS WÜRGLER [455: Unruhen und Öffentlichkeit] werden bäuerliche und bürgerliche Unruhen integral verarbeitet. Er bezieht sich auf Süddeutschland und die Schweiz, auf städtische und ländliche Unruhen vornehmlich des 18. Jahrhunderts (für Deutschland: Frankfurt a.M., Freiburg im Breisgau, Grafschaft Hanau-Lichtenberg, Fürststift Kempten und die Grafschaft Toggenburg des reichsunmittelbaren Klosters St. Gallen). Die hier debattierten Forderungen heißen Publizität des Politischen (anstelle der Arkanpolitik), Versammlungsfreiheit (anstelle des bisherigen Verbots freier Gemeindeversammlungen) und politische Partizipation für Bauern und Bürger an der Gesetzgebung (anstelle ihrer Monopolisierung durch Fürsten und städtische Oligarchen). WÜRGLER hebt das in jeder Hinsicht enorme publizistische Echo hervor, das alle Aufstände hervorriefen. Zu den „Toggenburger Wirren" (1698–1718) sind über 70 Broschüren und Flugschriften entstanden, die in Augsburg, Bern, Köln, Konstanz, Regensburg, St. Gallen, Zürich und Zug gedruckt wurden. Über die „Henziverschörung" in Bern 1749 erschienen 122 Artikel in 14 Pressorganen, davon 13 außerhalb der Schweiz. Im Austrag der Konflikte und ihrer medialen Verarbeitung entsteht somit eine „politische Öffentlichkeit", früher und anders als Jürgen Habermas angenommen hat [Ebd., 331]. Daraus ergibt sich freilich noch eine zweite wegweisende Konsequenz. Wenn im Verlauf der Unruhen von den Bürgern verlangt wird, die alten mittelalterlichen Stadtrechte zu publizieren, und von den Bauern, die alten Weistümer in den Druck zu geben, dann wird man hierin Vorläufer der im frühen 19. Jahrhundert lebhaft geführten Debatten um eine „Konstitution" sehen müssen, weil Stadtrechte und Weistümer zweifellos über eine gewisse verfassungsrechtliche Dignität verfügten. Mit „Verfassung" und „Öffentlichkeit" baut WÜRGLER Brücken vom alteuropäischen Widerstand in die Moderne des 19. und 20. Jahrhunderts [vgl. auch 406: HAUNSEDER, Tumultuarische Auftritte].

Unruhen und Öffentlichkeit

Unruhen und Verfassung

Das bisherige Referat bezog sich auf Unruhen, die der Definition des Begriffs Ende der 1980er Jahre entsprechen (vgl. oben 5). Sie fanden fast ausnahmslos in reichsunmittelbaren Grafschaften, Adels- und Klosterherrschaften sowie Städten statt oder in mediaten Herrschaften innerhalb von süddeutschen Herzogtümern und Kurfürstentümern – die kriegsbedingten Aufstände in Bayern und Oberösterreich ausgenommen [vgl. 424: Meumann, Einspruch und Widerstand]. Nichtsdestoweniger hat es „Widerstand" auch in Brandenburg, Mecklenburg und Pommern gegeben, im Gebiet der sogenannten Gutsherrschaft [412: KAAK, Gutsherrschaft]. Er wurde in der älteren marxistischen Forschung unter „niedere Formen des Klassenkampfes" verhandelt (oben S. 78 f.). Seit den frühen 1990er Jahren ist dieser Raum verstärkt in den Blick der Forschung geraten, vornehmlich durch ein in Potsdam von Jan PETERS geleitetes Forschungsprojekt „Ostelbische Gutsherrschaft als sozialhistorisches Phänomen" [vgl. 428: Gutsherrschaft als soziales Modell]. Von den bäuerlichen Unruhen im „Westen" des Reiches unterscheiden sich jene im Osten dadurch, dass sich seltener alle Untertanen einer Herrschaft beteiligen und die Gewaltbereitschaft weniger stark ausgeprägt ist. Keineswegs lässt sich der in Frage stehende Raum der „Gutsherrschaft" über passive Untertanen definieren, im Gegenteil: die vielen Aufsätze, die im Rahmen des

Widerstand und Gutsherrschaft

Potsdamer Projekts entstanden [430; PETERS, Gutsherrschaft], weisen „Widerstand“ als verbreitete Artikulationsform vornehmlich auf örtlicher Ebene nach und beschreiben die Aktivitäten mit der methodisch-theoretischen Prägung durch die Alltagsgeschichte und die Historische Anthropologie anschaulich [exemplarisch 413: H. KAAK, Eigenwillige Bauern]. Dennoch bleibt als Gesamteindruck, dass Widerstand aufs Ganze gesehen die Lage der Bauern eher verschlechterte als verbesserte [z.B. die Beiträge von A. LUBINSKI, TH. RUDERT und H. KAAK, in 429: PETERS, Konflikt und Kontrolle, 201–247, 315–358, 54–117]. Die Leibeigenschaft war besonders häufig der Grund für Konflikte, es lag nahe, sie eigens zu thematisieren [415: KLUSSMANN, Leibeigenschaft]. Allein für das 18. Jahrhundert sind für Schleswig und Holstein 80 kleinere, aus der Leibeigenschaft generierte Unruhen erhoben worden [402: GÖTSCH, Alle für einen Mann, 366–369]. „Flucht“ gilt als eine typische Form von Widerständigkeit, wie auch in Böhmen, wo es zu extremen Ausprägungen der ursprünglich von den Herren erbetenen Fronen (Roboten) kam, als die Textilindustrie mit „Spinnroboten“ befördert wurde und für die Eisenindustrie Hochöfen auf dem Weg der Zwangsarbeit errichtet wurden. Diesem System war praktisch nicht zu entkommen [422: MAUR, Gutsherrschaft]. „Böhmische Servitut“ wurde der dafür in Süddeutschland und selbst der Schweiz weit verbreitete Ausdruck, mit dem eine solche Leibeigenschaft in die Nähe der Sklaverei gerückt werden sollte.

Leibeigenschaft, Dienst und Robot

„Unruhen“ lassen sich definitorisch von „Widerstand“ unter anderem dadurch abgrenzen, dass erstere als Massenbewegungen innerhalb einer Herrschaft auftreten, während „Widerstand“ sich zur Zahl der Beteiligten neutral verhält. Unruhen sind in den östlichen Teilen des Reiches eher selten, Widerstand hingegen nicht. Eine restlos überzeugende Erklärung dafür gibt es nicht. Die Unruhen im Westen finden überwiegend in kleineren Herrschaften (einschließlich der Reichsstädte) statt, in denen die Macht- und Herrschaftsstrukturen weniger stark ausgeprägt waren, als in den meisten großen Fürstentümern. Mit dem ungewöhnlichen Wort „Widersetzlichkeit“ die Formen des Widerstands in Gutsherrschaften zu charakterisieren, wie WERNER TROSSBACH es tut [449: Widerständige Leute, bes. 232], zeugt für den Versuch, die Unterschiede zwischen Ost und West terminologisch abzubilden. ANDREAS SUTER hat vorgeschlagen, den „Öffentlichkeits- bzw. Versticktheitsgrad des politischen Handelns“ [445: Regionale politische Kulturen] als Unterscheidungsmerkmal heranzuziehen, Für ihn sind in der Schweiz die Proteste „offen“ – dasselbe gilt aber auch für den Süden und Westen des Reiches –, begleitet von viel öffentlicher

Zweierlei Unruhen?

Aufmerksamkeit, die sie etwa durch Flugschriften fanden. Flugschriften berichteten aber auch schon über den „Bundschuh“ oder den „Armen Konrad“ und erst recht über den Bauernkrieg 1525; in der Frühneuzeit wurde Öffentlichkeit zusätzlich durch die großen Aufgebote an Zeugen für die Verhandlungen vor den Kommissionen der Reichsgerichte, die Demonstrationszüge vor die Residenzen [387: R. Blickle, Supplikationen und Demonstrationen] und die Zeitungen [455: Würgler, Unruhen, 202–226] geschaffen. In den östlich der Elbe gelegenen Gebieten, so meint Suter, blieben die Widerstandsformen verdeckter. Man wird weiter in Rechnung stellen dürfen, dass sich Untertanen im Osten gewöhnlich nicht auf eigene kommunale (Landgemeinde) und regionale Korporationen (Landschaften) stützen konnten. Die Gemeinde ist – es gibt Ausnahmen [vgl. H. Zückert, in 433: Rudert/Zückert, Gemeindeleben,141–179; 443: Štefanová, Dorfgemeinde in der Gutsherrschaft] – keine Korporation mit Satzungshoheit, die zur Durchsetzung ihrer Satzungen eigenen Organe bestellt [vgl. S. Rappe, in 429: Peters, Konflikt und Kontrolle, 287–314], sondern in der Regel mit dem Schulzen an der Spitze eine Gewährleistungsgemeinde für herrschaftliche Interessen („Schulze und Schöffen“), wenngleich die auch gebräuchliche Wendung „Schulze und ganze Gemeinde“ so interpretiert werden kann, dass die „Gemeinde“ von Landes- und Grundherr unabhängig „in ihrem Interesse Rechtsgeschäfte abschließen konnte“ [393: Enders, Landgemeinde, 249 für das Zitat]. Schließlich liefert der Tatbestand „Reichsunmittelbarkeit“ ein letztes Argument für die Unterschiede. Namentlich der im Interesse des Kaisers amtierende Reichshofrat und die vom Kaiser schon im Spätmittelalter eingesetzten Kommissionen verfolgten tendenziell, unter Anwendung einer hohen juristischen Professionalität, eine die Position der Untertanen stabilisierende Politik [347: P. Blickle/Holenstein, Agrarverfassungsverträge].

Zweifellos hat in den letzten beiden Jahrzehnten eine Verlagerung der „Widerstandsforschung“ von den Unruhen (und Revolten) weg auf die weniger spektakulären, weniger politischen, weniger gerichtlich-militärisch ausgetragenen Konflikte stattgefunden. Das ist als Bereicherung zu verbuchen, weil damit dem historischen Prozess insgesamt mehr Komplexität zugewachsen ist und die nicht-etatistischen Anteile deutscher Geschichte an Gewicht gewonnen haben. Andererseits löste sich damit eine kompakte geschichtliche Figuration, die zunächst unter „Revolte“ firmierte, zunehmend auf. Die Ausweitung des Begriffs „Widerstand“ in der jüngeren Forschung kann nur angedeutet werden, denn das damit abgedeckte Feld geschichtlicher Realität ist schier unbegrenzt.

Sonderform Hungerrevolten

Im Gefolge der Revoltenforschung entwickelte sich im europäischen Maßstab ein eigener Forschungszweig der „Nahrungsproteste" und „Hungerrevolten" [400: GAILUS/VOLKMANN, Kampf um das tägliche Brot]. Dabei handelt es sich um Konflikte, die bei Getreide- und Brotknappheit bzw. stark gestiegenen Preisen ausbrachen und an denen Frauen im hohem Maße beteiligt waren. Im Vergleich zu Frankreich und England blieb die Zahl der Hungerrevolten in Deutschland eher gering, weil die obrigkeitliche Vorsorge in den Städten (Zehntscheuern) und auch in den Territorien im Wesentlichen funktionierte [C. ZIMMERMANN, in 400: GAILUS/VOLKMANN, Kampf um das tägliche Brot, 107–134; 439: SCHMIDT, Hungerrevolten]. Zwischen 1790 und 1850 „war der kollektive Nahrungsprotest die Hauptform des sozialen Protestes" [400: GAILUS/VOLKMANN, Kampf um das tägliche Brot, 14], wobei man in Rechnung stellen sollte, dass die Französische Revolution links- und rechtsrheinisch nochmals eine deutliche Verstärkung von Unruhen brachte, auch wenn diese im Allgemeinen wenig vom revolutionären Pathos der Franzosen aufnahmen [384: BERDING, Sozialer Protest].

Sonderformen Streik und Wilderei

Unter Aufständen figurieren gelegentlich auch Streiks, wie sie etwa in Augsburg von den Gesellen 1667, 1684, 1716 und 1784 veranstaltet wurden. An ihnen beteiligten sich jeweils zwischen 100 und 300 Menschen, die Streikdauer erreichte bis zu vier Wochen und wurde vom Auszug aus der Stadt ins benachbarte bayerische Gebiet begleitet [392: CLASEN, Streiks, 162–165 für die Zahlen]. Nicht nur streikende Gesellen verbreitern den Widerstandsbereich, das tun auch Wilderer, etwa im Erzstift Salzburg, die in dieser Form die grundsätzliche Kritik der Gesellschaft an der absolutistischen Herrschaft eines geistlichen Reichsfürsten zum Ausdruck gebracht haben sollen [438: SCHINDLER, Wilderer ; vgl. 435: M. P. SCHENNACH, Jagdrecht].

Sonderform Wallfahrt

In den Bereich der Frömmigkeit hat REBEKKA HABERMAS den Aufruhr geweitet [403: Wallfahrt und Aufruhr]. Im bayerischen Rupolding wurde 1801 den Gläubigen verkündet, die Christmette finde nicht mehr wie herkömmlich um Mitternacht statt, sondern am nächsten Morgen um 5 Uhr als Frühmesse. Obschon Militär mit 27 Mann die Einhaltung der Verordnung überwachte, erzwangen die Gläubigen die Öffnung der Kirche. Der Bürgermeister und ein Hufschmied wurden anschließend als Rädelsführer festgenommen. Viele vergleichbare Fälle von „Aufruhr" ereigneten sich wegen verbotener Wallfahrten zu Marienheiligtümern. Solche Maßnahmen verdankten sich der Aufklärung, das Verbot der Wallfahrt denunzierte den „gemeinen Mann" als dumm und dumpf. HABERMAS zieht aus diesen Beobachtungen eine große, obschon kühne These. Maria sei mit solchen Verboten ihrer Kraft, Schmerzen und Leiden zu lindern, beraubt worden, und die vor ihr bisher alle gleichen Menschen – die voraufgeklärte katholische Frömmigkeit war nicht schichtspezifisch – sei in zwei Gruppen gespalten worden. Die Wallfahrer wurden die Inferioren [Ebd., 179 zusammenfassend]; ihnen gegenüber standen die aufgeklärten Bürger, die Beamten, die Lehrer, die Geistlichen. Max Webers These, „politisch betrachtet war und ist der Deutsche in der Tat der spezifische ‚Untertan' im innerlichsten Sinn des Wortes", findet hier eine geradezu paradoxe Bestätigung und Einschränkung gleichermaßen. Deutsche Untertanen sind „gemacht", aber erst im 19. Jahrhundert durch die vorgängige Aufklärung.

Unruhen haben ihre Aufnahme in die nationalen und europäischen Meistererzählungen gefunden [440: Schmidt, Geschichte des Alten Reiches, 67–72, 97 f., 137–142, 242 ff.; 452: Vogler, Europas Aufbruch in die Neuzeit, 325–335], zumal sie ja keine deutsche Eigentümlichkeit, sondern eine europäische Erscheinung sind. Sie haben sich als Schrittmacher bei der Herausbildung der Freiheit als Voraussetzung für die Erklärung von Menschenrechten erwiesen [314: P. Blickle, Von der Leibeigenschaft] und einen nicht endenden Gerechtigkeitsdiskurs in Gang gesetzt [317: Neveux, Les révoltes paysannes]. Wissenschaftlich fruchtbar geworden für heutige Forschungsfelder sind drei Marken, die wesentlich zu Unruhen gehören – die „Korporation" als Grundlage ihrer Organisation, die „Beschwerde" als Medium, Interessen und Wertvorstellungen auszudrücken, und der „Vergleich" als Ergebnis (vgl. oben S. 108 f.).

Direkte Demokratie und „Korporation"

Für das Thema „Korporation" hat der Bielefelder Historiker Andreas Suter neulich eine zunächst für die Schweizer Geschichte interessante Interpretation geliefert. Suter lässt die heutige direkte Demokratie der Schweiz auch in den Landsgemeindekantonen – sein näher beschriebenes Beispiel ist Schwyz – wurzeln [447: Direkte Demokratie, 224–229]. Die Verfahren politischer Entscheidungen auf den jährlich stattfindenden Landsgemeinden, selbst noch im 18. Jahrhundert [vgl. 389: Brändle, Demokratie und Charisma], sind nicht nur strukturell heutigen direktdemokratischen Verfahren ähnlich, sondern deren Voraussetzung, obschon es starke Modifikationen durch das revolutionäre späte 18. und frühe 19. Jahrhundert gegeben hat. „Die direkte Demokratie [war] das Ergebnis sowohl einer Kontinuität wie eines tiefgreifenden, durch die Französische Revolution und die Revolution von 1830 herbeigeführten Bruches mit den vormodernen politischen Kulturen der Alten Eidgenossenschaft" [447: Suter,

Direkte Demokratie, 223]. Schwyz und andere Landsgemeindeorte (sowie die Städte) waren Korporationen mit besonderer staatsbildender Kraft. Aber fraglos sind Korporationen das kraftvollste Widerlager fürstlicher Herrschaft auch in Deutschland, weil sie keine Utopie darstellen, sondern eine Realität. Deswegen treten sie auch in den hier vorgestellten Unruhen so prominent in Erscheinung. Es lohnt sich, SUTERs Überlegungen nachzuhängen. Die Frage lautet, wie verhält sich die alteuropäische Korporation zur modernen, auf Gewaltenteilung und Verfassung ruhenden Republik. Eine Verfassung – etwa in Form des Stadtrechts oder eines Herrschaftsvertrags auf dem Land (vgl. oben S. 106) – kannten auch die Korporationen, eine Gewaltenteilung nicht.

„Beschwerden“ als Mittel politischer Kommunikation

Es gibt keine Unruhe ohne „Beschwerden“; sie waren in den letzten Dekaden eines der wichtigsten Auskunftsmittel zur Rekonstruktion der Leit- und Wertvorstellungen der Bauern und Bürger. Aber es gibt Beschwerden (Suppliken, Gravamina, Petitionen) ohne Unruhen. Sie als solche zu untersuchen, ist mittlerweile zu einem eigenen ertragreichen Forschungsfeld geworden. „Das Bitten und Begehren als Habitus und soziale Praxis, die Suppliken und Gravamina als Mittel der politischen Kommunikation der ständischen Gesellschaft“ [457: WÜRGLER, Bitten und Begehren, 46] erschließen eine neue alteuropäische Welt. In der letzten Dekade sind die Suppliken über Deutschland hinaus ein europäisches Projekt geworden [416: KÜMIN/WÜRGLER, Petitions; zuletzt 425: NUBOLA/WÜRGLER, Forme della communicazione politica; 426: NUBOLA/WÜRGLER, Operare la resistenza].

„Vergleich“ und „empowering interactions“

Nahezu jede Unruhe endet in einem „Vergleich“, zu wessen Gunsten ist zunächst sekundär, das Verfahren selbst ist das bemerkenswerte. Fürsten und Könige fällen nicht nur aus der Machtfülle ihrer Souveränität die Entscheidungen, wäre es so, hätten sich die Vergleiche erübrigt. Vergleich ist rechtsverbindlicher Vertrag nach vorgängigen Verhandlungen oder gerichtlichen Auseinandersetzungen. Insofern letztere häufig vor den höchsten Reichsgerichten stattfanden, hat die Unruhenforschung, besonders soweit sie im Umfeld von Winfried Schulze in der Fluchtlinie der Verrechtlichung sozialer Konflikte betrieben wurde, auch die Erforschung des Reichskammergerichts und des Reichshofrates begünstigt. Angesichts der Massenhaftigkeit der Vergleiche, die Unruhen hinter sich herzogen, ist „das Verhandeln“ an sich zum Objekt der Forschung geworden. Im „Aushandeln“ wird heute ein Verfahrensprinzip des Spätmittelalters und der Frühneuzeit gesehen [456: WÜRGLER, Aushandeln statt Prozessieren]. In Verbindung mit anderen Forschungsgebieten, namentlich der jüngeren Policey-

Forschung und der Kriminalitätsgeschichte wird gegenwärtig nicht nur die Frage diskutiert, inwieweit der Prozess der frühneuzeitlichen Staatsbildung auch als ein solcher „from below" verstanden werden kann, vielmehr werden fürstlich-obrigkeitliche Interessen und die Anforderungen der Untertanen nach Ordnung als „empowering interactions" thematisiert und interpretiert [407: Holenstein, Introduction, 28–31]. Damit wird die Perfektibilität und Effektivität eines Gemeinwesens als ein Gemeinschaftsunternehmen von Obrigkeiten und Untertanen verstanden und gewürdigt.

Der Begriff „Unruhen" für den Titel dieses Bandes wurde 1987 aus praktischen Gründen gewählt, „keineswegs in der Absicht, ihn zu einem Wissenschaftsbegriff zu erheben" (oben S. 5). Durch die Forschungen der letzten zwanzig Jahre haben Unruhen ein deutlicheres Profil gewonnen und können einerseits als Unterfall von „Widerstand" und andererseits als eigener Typus neben „Revolution" bestehen. Revolution wäre so gesehen die Steigerung der Unruhe durch die geraffte Zeit, die schärfere Programmatik und die höhere Komplexität. Das 21. Jahrhundert hat damit begonnen, die Historiographie der Unruhen, nicht nur die Unruhen an sich zu untersuchen und sie mit den politischen und ideologischen Wechsellagen des langen 20. Jahrhunderts zu verknüpfen. Naturgemäß zog die Bauernkriegshistoriographie bislang das meiste Interesse auf sich [364: L. Müller, Diktatur und Revolution; 349: Th. A. Brady, 1525 and all that; 365: R. Müller/A. Schindling, Bauernkrieg], doch reichen erste Überlegungen auch zeitlich und sachlich darüber hinaus [348: Th. A. Brady, German Burghers and Peasants; 453: G. Vogler, Revolte].

III. Quellen und Literatur

Die Bibliographie ist in mehrfacher Hinsicht unvollständig: Sie verzichtet darauf, solche Titel zu verzeichnen, die nur beiläufig oder auf knappem Raum Unruhen behandeln (wie die meisten Stadtgeschichten); sie hat Auswahlcharakter im Hinblick auf ältere Literatur und überschlägt solche Veröffentlichungen, die mit nur geringen Modifikationen bereits vorgelegte Untersuchungen wieder veröffentlichen. Extrem knapp gehalten sind die Quellen und die Literatur zum Bauernkrieg und zu den frühneuzeitlichen Bauernunruhen, die über neuere Spezialbibliographien (vgl. Nr. 147, 206) ergänzt werden können.

Die Anordnung der Titel erfolgt in allen Abschnitten alphabetisch. Die für Zeitschriften verwendeten Abkürzungen entsprechen denen der „Historischen Zeitschrift".

A. Quellen

1. K. Arnold, Niklashausen 1476. Quellen und Untersuchungen zur sozialreligiösen Bewegung des Hans Behem und zur Agrarstruktur eines spätmittelalterlichen Dorfes. Baden-Baden 1980.
2. K. Arnold, Damit der arm man vnnd gemainer nutz iren furgang haben ... Zum deutschen „Bauernkrieg" als politischer Bewegung: Wendel Hiplers und Friedrich Weygandts Pläne einer „Reformation" des Reiches, in: ZHF 9 (1982) 257–313.
3. C. A. Cornelius, Berichte der Augenzeugen über das Münsterische Wiedertäuferreich. Münster 1853 [Nachdruck 1983].
4. E. Egli/R. Schoch, Johannes Kesslers Sabbata mit kleineren Schriften und Briefen. St. Gallen 1902.
5. L. Forrer, Die sog. Waldmannschen Spruchbriefe, in: Festgabe Hermann Escher zum 70. Geburtstag. Zürich 1927, 61–112.
6. G. Franz, Quellen zur Geschichte des Bauernkrieges. Darmstadt 1963.

7. G. FRANZ, Der deutsche Bauernkrieg. Aktenband. 6. Aufl. Darmstadt 1987.
8. W. P. FUCHS, Akten zur Geschichte des Bauernkriegs in Mitteldeutschland. Bd. 2. Jena 1942 [Nachdruck Aalen 1964].
9. E. GAGLIARDI, Dokumente zur Geschichte des Bürgermeisters Hans Waldmann. 2 Bde. Basel 1911/13.
10. K. HASELBACH, Der niederösterreichische Bauernkrieg am Ende des 16. Jahrhunderts nach bisher unbenützten Urkunden. Wien 1867.
11. R. JUNG, Quellen zur Frankfurter Geschichte. 2. Bd. Frankfurt a. M. 1888.
12. W. KAEMMERER, Quellentexte zur Aachener Geschichte. 1. Bd. Aachen 1958.
13. H. KLEIN, Neue Quellen zum Salzburger Bauernaufstand 1462/63, in: Mitteilungen der Gesellschaft für Salzburger Landeskunde 77 (1937) 49–80.
14. H. KLEIN, Quellenbeiträge zur Geschichte der Salzburger Bauernunruhen im 15. Jahrhundert, in: Mitteilungen der Gesellschaft für Salzburger Landeskunde 93 (1953) 1–59.
15. F. KRONES, Aktenmäßige Beiträge zur Geschichte des Windischen Bauernaufstandes vom Jahre 1573, in: Beiträge zur Kunde steiermärkischer Geschichtsquellen 5 (1868) 3–34.
16. R. LEHMANN, Quellen zur Lage der Privatbauern in der Niederlausitz im Zeitalter des Absolutismus. Berlin 1957.
17. S. RIEZLER/K. WALLMENICH, Akten zur Geschichte des bayerischen Bauernaufstandes 1705/06, in: Abhandlungen der königlich bayerischen Akademie der Wissenschaften, Philosophisch-Historische Klasse 26 (1914) 1–286; 29 (1918) 1–254.
18. A. ROSENKRANZ, Der Bundschuh. Die Erhebung des südwestdeutschen Bauernstandes in den Jahren 1493–1517. 2 Bde. Heidelberg 1927.
19. J. ROTT, Documents inédits sur le „Bundschuh“ et la guerre des paysans en Alsace, in: Revue d'Alsace 105 (1979) 59–74.

Siehe auch 206: W. SCHULZE, Bäuerlicher Widerstand und feudale Herrschaft in der frühen Neuzeit. Stuttgart 1980 mit Edition von 41 Quellenstücken zwischen 1532 und 1790.

B. Literatur

0. Allgemeine und epochen- bzw. sachübergreifende Darstellungen

20. W. ABEL, Agrarkrisen und Agrarkonjunktur. Eine Geschichte der Land- und Ernährungswirtschaft Mitteleuropas seit dem hohen Mittelalter. 2. Aufl. Hamburg/Berlin 1966.
21. K. S. BADER, Dorfgenossenschaft und Dorfgemeinde. Weimar 1962.
22. J. B. BAK/G. BENECKE (Hrsg.), Religion and rural revolt. Manchester 1984.
23. H. BARTEL (Hrsg.), Deutsche Geschichte in zwölf Bänden [bisher vier erschienen]. Berlin 1982–1984.
24. P. BIERBRAUER, Bäuerliche Revolten im Alten Reich. Ein Forschungsbericht, in: Aufruhr und Empörung? Studien zum bäuerlichen Widerstand im Alten Reich. Hrsg. v. P. Blickle. München 1980, 1–68.
25. P. BLICKLE, Landschaften im Alten Reich. Die staatliche Funktion des gemeinen Mannes in Oberdeutschland. München 1973.
26. P. BLICKLE, Auf dem Weg zu einem Modell der bäuerlichen Rebellion, in: Aufruhr und Empörung? Studien zum bäuerlichen Widerstand im Alten Reich. Hrsg. v. P. Blickle. München 1980, 296–308.
27. P. BLICKLE, Deutsche Untertanen. Ein Widerspruch. München 1981.
28. P. BLICKLE, Der Kommunalismus als Gestaltungsprinzip zwischen Mittelalter und Moderne, in: Gesellschaft und Gesellschaften. Festschrift zum 65. Geburtstag von Ulrich im Hof. Hrsg. v. N. Bernard/Q. Reichen. Bern 1982, 95–113.
29. P. BLICKLE, Kommunalismus, Parlamentarismus, Republikanismus, in: Historische Zeitschrift 242 (1986) 529–556.
30. K. BOSL/E. WEIS, Die Gesellschaft in Deutschland. I: Von der fränkischen Zeit bis 1848. München 1976.
31. O. BRUNNER, Europäisches Bauerntum, in: DERS., Neue Wege der Verfassungs- und Sozialgeschichte. 2. Aufl. Göttingen 1968, 199–212.

32. O. BRUNNER, Land und Herrschaft. Grundfragen der territorialen Verfassungsgeschichte Österreichs im Mittelalter. 6. Aufl. Darmstadt 1970.
33. G. FRANZ, Geschichte des deutschen Bauernstandes vom frühen Mittelalter bis zum 19. Jahrhundert. 2. Aufl. Stuttgart 1976.
34. R. LÖWENTHAL, Kontinuität und Diskontinuität: Zur Grundproblematik des Symposions, in: Der moderne Parlamentarismus und seine Grundlagen in der ständischen Gesellschaft. Hrsg. v. K. Bosl. Berlin 1977, 341–356.
35. H. MAIER, Die ältere deutsche Staats- und Verwaltungslehre. 2. Aufl. München 1980.
36. H. C. PEYER, Verfassungsgeschichte der alten Schweiz. Zürich 1978.
37. H. PIRENNE, Sozial- und Wirtschaftsgeschichte Europas. 2. Aufl. München 1974.
38. O. RAMMSTEDT, Soziale Bewegung. Frankfurt 1978.
39. D. SABEAN, Die Dorfgemeinde als Basis der Bauernaufstände in Westeuropa bis zu Beginn des 19. Jahrhunderts, in: Europäische Bauernrevolten der frühen Neuzeit. Hrsg. v. W. Schulze. Frankfurt a. M. 1982, 191–205.
40. F. SEIBT, Revolution in Europa. Ursprung und Wege innerer Gewalt. München 1984.
41. G. VOGLER, Die Dialektik von Klassenentwicklung und sozialen und politischen Bewegungen in der Feudalgesellschaft Mittel- und Westeuropas vom 11. bis 18. Jahrhundert, in: ZfG 20 (1972) 1234–1240.
42. G. VOGLER, Probleme der Klassenentwicklung in der Feudalgesellschaft. Betrachtungen über die Entwicklung des Bürgertums in Mittel- und Westeuropa vom 11. bis zum 18. Jahrhundert, in: ZfG 21 (1973) 1182–1208.
43. M. WEBER, Wirtschaft und Gesellschaft. Grundriß der verstehenden Soziologie. 5. Aufl. Tübingen 1972.
44. D. WILLOWEIT, Genossenschaftsprinzip und altständische Entscheidungsstrukturen in der frühneuzeitlichen Staatsentwicklung, in: Recht, Gericht, Genossenschaft und Policey. Studien zu Grundbegriffen der germanistischen Rechtshistorie. Hrsg. v. G. Dilcher/B. Diestelkamp. Berlin 1986, 126–138.
45. P. ZAGORIN, Rebels and rulers, 1500–1660. 2 vol. Cambridge/London/New York/New Rochelle/Melbourne/Sydney 1982.

1. Spätmittelalter

46. K. Bosl, Die „Familia" als Grundstruktur der mittelalterlichen Gesellschaft, in: ZBLG 38 (1975) 403–424.
47. K. Bosl, Gesellschaftsprozeß und Gesellschaftsstrukturen im Mittelalter, in: Die Gesellschaft in Deutschland. I: Von der fränkischen Zeit bis 1848. Hrsg. v. K. Bosl/E. Weis. München 1976, 12–130.
48. G. Fourquin, Les soulèvements populaires au moyen âge. Paris 1972.
49. F. Graus, Ketzerbewegungen und soziale Unruhen im 14. Jahrhundert, in: ZHF 1 (1974) 3–21.
50. F. Graus, Vom „Schwarzen Tod" zur Reformation. Der krisenhafte Charakter des europäischen Spätmittelalters, in: Revolte und Revolution in Europa. Hrsg. v. P. Blickle. München 1975, 10–30.
51. B. U. Hergemöller, Gesellschaftliche Veränderungen im engeren Reichsgebiet um 1400, in: Europa 1400. Die Krise des Spätmittelalters. Hrsg. v. F. Seibt/W. Eberhard. Stuttgart 1984, 39–52.
52. B. Töpfer, Volksbewegungen und gesellschaftlicher Fortschritt im 14. und 15. Jahrhundert in West- und Mitteleuropa, in: ZfG 26 (1978) 713–729.

1.1 Stadtunruhen

53. R. Barth, Argumentation und Selbstverständnis der Bürgeropposition in städtischen Auseinandersetzungen des Spätmittelalters. Lübeck 1403–1408 – Braunschweig 1374–1376 – Mainz 1444–1446 – Köln 1396–1400. Köln/Wien 1974.
54. B. Berthold, Innerstädtische Auseinandersetzungen in Straßburg während des 14. Jahrhunderts, in: JbGFeud 1 (1977) 157–186.
55. B. Berthold/E. Engel/A. Laube, Die Stellung des Bürgertums in der Feudalgesellschaft bis zur Mitte des 16. Jahrhunderts, in: ZfG 21 (1973) 196–217.
56. K. Czok, Zunftkämpfe, Zunftrevolutionen oder Bürgerkämpfe, in: Wissenschaftliche Zeitschrift der Karl-Marx-Universität. Gesellschafts- und sprachwissenschaftliche Reihe 8 (1958/59) 129–143.

57. K. CZOK, Städtische Volksbewegungen im deutschen Spätmittelalter. Ein Beitrag zu Bürgerkämpfen und innerstädtischen Bewegungen während der frühbürgerlichen Revolution [2 Teile]. Habil. phil. Leipzig 1963.
58. W. EBEL, Der Bürgereid als Geltungsgrund und Gestaltungsprinzip des deutschen mittelalterlichen Stadtrechts. Weimar 1958.
59. W. EHBRECHT, Bürgertum und Obrigkeit in den hansischen Städten des Spätmittelalters, in: Die Stadt am Ausgang des Mittelalters. Hrsg. v. W. Rausch. Linz/Donau 1974, 275–294.
60. W. EHBRECHT, Zu Ordnung und Selbstverständnis städtischer Gesellschaft im späten Mittelalter, in: BlldtLG 110 (1974) 83–103.
61. W. EHBRECHT, Hanse und spätmittelalterliche Bürgerkämpfe in Niedersachsen und Westfalen, in: NdsJb 48 (1976) 77–105.
62. K. FRITZE, Die Entwicklung der städtischen Produktion, des Bergbaus sowie des Handels und ihre sozialen Folgen. Die krisenhaften Erscheinungen in der Agrarsphäre und die Verschärfung des bäuerlichen Widerstandes, in: Deutsche Geschichte in zwölf Bänden. Hrsg. v. H. Bartel. 2. Bd. Berlin 1983, 278–315.
63. R. KIESSLING, Bürgerliche Gesellschaft und Kirche in Augsburg im Spätmittelalter. Ein Beitrag zur Strukturanalyse der oberdeutschen Reichsstadt. Augsburg 1971.
64. W. KÜTTLER, Stadt und Bürgertum im Feudalismus. Zu theoretischen Problemen der Stadtgeschichtsforschung in der DDR, in: JbGFeud 4 (1980) 75–112.
65. W. MÄGDEFRAU, Revolutionäre kommunale Bewegung und spätmittelalterliche Bürgerkämpfe in den Städen des Thüringer Dreistädtebundes. Habil. phil. Jena 1971.
66. E. MASCHKE, Verfassung und soziale Kräfte in der deutschen Stadt des späten Mittelalters, vornehmlich in Oberdeutschland, in: VSWG 46 (1959) 289–349, 433–476.
67. E. MASCHKE, „Obrigkeit" im spätmittelalterlichen Speyer und in anderen Städten, in: ARG 57 (1966) 7–23.
68. E. MASCHKE, Deutsche Städte am Ausgang des Mittelalters, in: Die Stadt am Ausgang des Mittelalters. Hrsg. v. W. Rausch. Linz/Donau 1974, 1–44.
69. E. NAUJOKS, Obrigkeitsgedanke, Zunftverfassung und Reformation. Stuttgart 1958.
70. R. A. ROTZ, Urban uprisings in Germany: revolutionary or reformist? The case of Brunswick, 1374, in: Viator. Medieval and Renaissance Studies 4 (1973) 207–223.

71. R. A. ROTZ, „Social Struggles“ or the Price of Power? German Urban Uprisings in the Late Middle Ages, in: ARG 76 (1985) 64–95.
72. G. SCHMOLLER, Deutsches Städtewesen in älterer Zeit. Bonn/ Leipzig 1922.
73. C. WEHRMANN, Der Aufstand in Lübeck bis zur Rückkehr des alten Rates 1408–1416, in: HansGBLL 1878 (1879) 101–156.
74. C. WEHRMANN, Die obrigkeitliche Stellung des Raths in Lübeck, in: HansGBLL 1884 (1885) 51–73.

1.2 Bäuerlicher Widerstand

75. K. ARNOLD, Die Armlederbewegung in Franken 1336, in: MainfrJb 26 (1974) 35–62.
76. P. BIERBRAUER, Die Oberländer Landschaften im Staate Bern, in: Berner Zeitschrift für Geschichte und Heimatkunde 44 (1982) 145–162.
77. P. BIERBRAUER, Korporative Freiheit und gemeindliche Integration. Die Freiheitsvorstellungen der Bauern im Berner Oberland (1300–1700). Diss. phil. Saarbrücken 1984 [erscheint Bern 1989].
78. B. BILGERI, Der Bund ob dem See. Vorarlberg im Appenzellerkrieg. Stuttgart/Berlin/Köln/Mainz 1968.
79. P. BLICKLE, Bäuerliche Erhebungen im spätmittelalterlichen Reich, in: ZAA 27 (1979) 208–231.
80. P. BLICKLE, Grundherrschaft und Agrarverfassungsvertrag, in: Die Grundherrschaft im späteren Mittelalter I. Hrsg. v. H. Patze. Sigmaringen 1983, 241–261.
81. A. N. ČISTOZVONOV, Die europäischen Bauern im Kampf um Land und Freiheit (14. und 15. Jahrhundert), in: Der deutsche Bauernkrieg 1524/25. Geschichte – Tradition – Lehren. Hrsg. v. G. Brendler/A. Laube. Berlin 1977, 35–56.
82. C. DIETRICH, Die Stadt Zürich und ihre Landgemeinden während der Bauernunruhen von 1489 bis 1525. Frankfurt a. M./ Bern/New York 1985.
83. W. EHRENZELLER, St. Gallen im Zeitalter des Klosterbruchs und des St. Gallerkrieges 1458–1500. St. Gallen 1938.
84. S. EPPERLEIN, Bauernbedrückung und Bauernwiderstand im hohen Mittelalter. Zur Erforschung der Ursachen bäuerlicher Abwanderung nach Osten im 12. und 13. Jahrhundert, vorwiegend nach den Urkunden geistlicher Grundherrschaften. Berlin 1960.

85. P. Feldbauer, Sozialrevolutionäre Bewegungen im mittelalterlichen Österreich, in: Revolutionäre Bewegungen in Österreich. Hrsg. v. E. Zöllner. Wien 1981, 28–51.
86. G. Franz, Der Salzburger Bauernaufstand 1462, in: Mitteilungen der Gesellschaft für Salzburger Landeskunde 68 (1928) 97–112.
87. G. Franz, Der Kampf um das „alte Recht" in der Schweiz im ausgehenden Mittelalter: Ein Beitrag zur Vorgeschichte des deutschen Bauernkriegs, in: VSWG 26 (1933) 105–145.
88. F. Graus, From Resistance to Revolt: The Late Medieval Peasant Wars in the Context of Social Crises, in: The German Peasant War of 1525. Hrsg. v. J. Bak. London 1976, 1–9.
89. W. Grube, Der arme Konrad 1514, in: Heimatbuch für Schorndorf und Umgebung 5 (1964) 33–49.
90. E. V. Gutnova, Hauptetappen und -typen des Kampfes der westeuropäischen Bauernschaft gegen die Feudalordnung in der Periode des vollentwickelten Feudalismus (11. bis 15. Jahrhundert), in: JbGFeud 4 (1980) 37–58.
91. S. Hoyer, Die Armlederbewegung – ein Bauernaufstand 1336 –1339, in: ZfG 13 (1965) 74–89.
92. S. Hoyer/E. Münch, Wandlungen feudaler Herrschafts- und Ausbeutungsverhältnisse auf dem Lande. Zielsetzungen und Ergebnisse des bäuerlichen Klassenkampfes vom 11. bis zum 15. Jahrhundert, in: ZfG 30 (1982) 920–931.
93. G. Kattermann, Bäuerliche Beschwerden in der Markgrafschaft Baden nach dem Bühler Armen Konrad von 1514, in: ZGO 95 (1943) 110–205.
94. R. Köhn, Die Verketzerung der Stedinger durch die Bremer Fastensynode, in: BremJb 57 (1979) 15–85.
95. A. Laube, Die Volksbewegungen in Deutschland von 1470–1517. Ursachen und Charakter, in: Revolte und Revolution in Europa. Hrsg. v. P. Blickle. München 1975, 84–98.
96. E. Münch, Agrarverfassung, bäuerliche Klassenstruktur und bäuerlicher Widerstand im entwickelten Feudalismus, in: ZfG 31 (1983) 908–916.
97. H. Nabholz, Der Kampf der Schweizerbauern um Autonomie und Befreiung von den Grundlasten, in: Wirtschaft und Kultur, Festschrift Alfons Dopsch. Baden bei Wien/Leipzig 1938, 484 –502.
98. H. Oehler, Der Aufstand des Armen Konrad im Jahre 1514, in: Württembergische Vierteljahrshefte für Landesgeschichte 38 (1932) 401–486.

99. O. SCHIFF, Forschungen zur Vorgeschichte des Bauernkrieges, in: Historische Vierteljahrschrift 19 (1919/20) 1–12, 189–219.
100. C. ULBRICH, Leibherrschaft am Oberrhein im Spätmittelalter. Göttingen 1979.

2. Die Übergangsepoche zwischen Mittelalter und Neuzeit

101. W. BECKER, Reformation und Revolution. Die Reformation als Paradigma historischer Begriffsbildung, frühneuzeitlicher Staatswerdung und moderner Sozialgeschichte. 2. Aufl. Münster 1983.
102. T. A. BRADY, Jr., Turning Swiss. Cities and Empire, 1450–1550. Cambridge/London/New York/New Rochelle/Melbourne/Syndney 1986.
103. G. BRENDLER, Martin Luther. Theologie und Revolution. Berlin 1983.
104. H. COHN, Reformatorische Bewegung und Antiklerikalismus in Deutschland und England, in: Stadtbürgertum und Adel in der Reformation. Studien zur Sozialgeschichte der Reformation in England und Deutschland. Hrsg. v. W. J. Mommsen. Stuttgart 1979, 309–329.
105. A. G. DICKENS, The German Nation and Martin Luther. London 1974.
106. R. van DÜLMEN, Reformation als Revolution. Soziale Bewegung und religiöser Radikalismus in der deutschen Reformation. München 1977.
107. H.-J. GOERTZ, Aufstand gegen den Priester. Antiklerikalismus und reformatorische Bewegungen, in: Bauer, Reich und Reformation. Festschrift für Günther Franz zum 80. Geburtstag. Hrsg. v. P. Blickle. Stuttgart 1982, 182–209.
108. B. MOELLER, Deutschland im Zeitalter der Reformation. Göttingen 1977. [Nachdruck: Deutsche Geschichte, 2. Bd.: Frühe Neuzeit. Göttingen 1985, 1–154 [danach die Belege].
109. T. NIPPERDEY, Reformation, Revolution, Utopie. Studien zum 16. Jahrhundert. Göttingen 1975.
110. H. A. OBERMAN, Die Reformation. Von Wittenberg nach Genf. Göttingen 1986.
111. H. R. SCHMIDT, Die Häretisierung des Zwinglianismus im Reich seit 1525, in: Zugänge zur bäuerlichen Reformation. Hrsg. v. P. Blickle. Zürich 1987, 219–236.

112. R. W. SCRIBNER, For the Sake of Simple Folk. Popular Propaganda for the German Reformation. Cambridge 1981.
113. R. W. SCRIBNER, The German Reformation. Hampshire/London 1986.
114. G. STRAUSS, Law, Resistance, and the State. The Opposition to Roman Law in Reformation Germany. Princeton, NJ 1986.
115. R. WOHLFEIL, Reformation in sozialgeschichtlicher Betrachtungsweise, in: Reform, Reformation, Revolution. Hrsg. v. S. Hoyer. Leipzig 1980, 95–105.
116. R. WOHLFEIL, Einführung in die Geschichte der deutschen Reformation. München 1982.

2.1 Vom Stanser Verkommnis 1481 zum Bauernkrieg 1525

117. W. ANDREAS, Der Bundschuh. Die Bauernverschwörungen am Oberrhein. Karlsruhe 1953.
118. P. BIERBRAUER, Das Göttliche Recht und die naturrechtliche Tradition, in: Bauer, Reich und Reformation. Festschrift für Günther Franz zum 80. Geburtstag. Hrsg. v. P. Blickle. Stuttgart 1982, 210–234.
119. P. BLICKLE, The Criminalization of Peasant Resistance in the Holy Roman Empire: Toward a History of the Emergence of High Treason in Germany, in: JModH 58 [Supplement] (1986) 88–97.
120. K. H. LAUTERBACH, Geschichtsverständnis, Zeitdidaxe und Reformgedanke an der Wende zum sechzehnten Jahrhundert. Das oberrheinische „Buchli der hundert Capiteln“ im Kontext des spätmittelalterlichen Reformbiblizismus. Freiburg/München 1985.
121. E. WALDER, Zu den Bestimmungen des Stanser Verkommnisses von 1481 über verbotene Versammlungen und Zusammenschlüsse in der Eidgenossenschaft, in: Gesellschaft und Gesellschaften. Festschrift zum 65. Geburtstag von Ulrich Im Hof. Hrsg. v. N. Bernard/Q. Reichen. Bern 1982, 80–94.
122. E. WALDER, Zur Entstehungsgeschichte des Stanser Verkommnisses und des Bundes der VIII Orte mit Freiburg und Solothurn von 1481, in: SZG 32 (1982) 263–292.
123. H. WUNDER, „Altes Recht“ und „göttliches Recht“ im Deutschen Bauernkrieg, in: ZAA 24 (1976) 54–66.

2.2 Städtische Unruhen im Zeitalter der reformatorischen Bewegung

Die Literatur zum Thema Stadt und Reformation wird hier lediglich auswahlweise berücksichtigt. Eine umfassende bibliographische Erfassung bieten die Forschungsberichte von Rublack (139) und von Greyerz (130).

124. K. Arnold, Spätmittelalterliche Sozialstruktur, Bürgeropposition und Bauernkrieg in der Stadt Kitzingen, in: JbFränkLF 36 (1976) 173–214.
125. T. A. Brady, Jr., Ruling Class, Regime and Reformation at Strasbourg 1520–1555. Leiden 1978.
126. T. A. Brady, Jr., „The Social History of Reformation" between „Romantic Idealism" and „Sociologism": A Reply, in: Stadtbürgertum und Adel in der Reformation. Studien zur Sozialgeschichte der Reformation in England und Deutschland. Hrsg. v. W. J. Mommsen. Stuttgart 1979, 40–43.
127. K. Czok, Revolutionäre Volksbewegungen in mitteldeutschen Städten zur Zeit von Reformation und Bauernkrieg, in: 450 Jahre Reformation. Hrsg. v. L. Stern/M. Steinmetz. Berlin 1967, 128–145.
128. W. Ehbrecht, Köln – Osnabrück – Stralsund. Rat und Bürgerschaft hansischer Städte zwischen religiöser Erneuerung und Bauernkrieg, in: Kirche und gesellschaftlicher Wandel in deutschen und niederländischen Städten der werdenden Neuzeit. Hrsg. v. F. Petri. Köln/Wien 1980, 23–63.
129. R. Endres, Zünfte und Unterschichten als Elemente der Instabilität in den Städten, in: Revolte und Revolution in Europa. Hrsg. v. P. Blickle. München 1975, 151–170.
130. K. v. Greyerz, Stadt und Reformation: Stand und Aufgaben der Forschung, in: ARG 76 (1985) 6–63.
131. C. v. Looz-Corswarem, Die Kölner Artikelserie von 1525. Hintergründe und Verlauf des Aufruhrs von 1525 in Köln, in: Kirche und gesellschaftlicher Wandel in deutschen und niederländischen Städten der werdenden Neuzeit. Hrsg. v. F. Petri. Köln/Wien 1980, 65–153.
132. B. Moeller, Reichsstadt und Reformation. Gütersloh 1962.
133. B. Moeller, Kleriker als Bürger, in: Festschrift für Hermann Heimpel zum 70. Geburtstag. Hrsg. v. den Mitarbeitern des Max-Planck-Instituts für Geschichte. Bd. 2. Göttingen 1972, 195–224.

134. B. MOELLER, Stadt und Buch. Bemerkungen zur Struktur der reformatorischen Bewegung in Deutschland, in: Stadtbürgertum und Adel in der Reformation. Studien zur Sozialgeschichte der Reformation in England und Deutschland. Hrsg. v. W. J. Mommsen. Stuttgart 1979, 25–39.
135. O. MÖRKE, Der „Konflikt" als Kategorie städtischer Sozialgeschichte der Reformationszeit. Ein Diskussionsbeitrag am Beispiel der Stadt Braunschweig, in: Beiträge zum spätmittelalterlichen Städtewesen. Hrsg. v. B. Diestelkamp. Köln/Wien 1982, 144–161.
136. O. MÖRKE, Rat und Bürger in der Reformation. Soziale Gruppen und kirchlicher Wandel in den welfischen Hansestädten Lüneburg, Braunschweig und Göttingen. Hildesheim 1983.
137. G. PFEIFFER, Das Verhältnis von politischer und kirchlicher Gemeinde in den deutschen Reichsstädten, in: Staat und Kirche im Wandel der Jahrhunderte. Hrsg. v. W. P. Fuchs. Stuttgart 1966, 79–99.
138. O. RAMMSTEDT, Stadtunruhen 1525, in: Der Deutsche Bauernkrieg 1524–1526. Hrsg. v. H.-U. Wehler. Göttingen 1975, 239–276.
139. H.-C. RUBLACK, Forschungsbericht Stadt und Reformation, in: Stadt und Kirche im 16. Jahrhundert. Hrsg. v. B. Moeller. Gütersloh 1978, 9–26.
140. W. SCHLENK, Die Reichsstadt Memmingen und die Reformation (Memminger Geschichtsblätter 1968). Memmingen 1969.
141. H. R. SCHMIDT, Reichsstädte, Reich und Reformation. Korporative Religionspolitik 1521–1529/30. Stuttgart 1986.
142. R. W. SCRIBNER, Civic Unity and Reformation in Erfurt, in: P&P 66 (1975) 29–66.
143. R. W. SCRIBNER, Why was there no Reformation in Cologne, in: BIHR 49 (1976) 217–241.
144. R. W. SCRIBNER, Is there a social history of the Reformation?, in: SocH 4 (1977) 483–505.
145. R. W. SCRIBNER, The Reformation as a Social Movement, in: Stadtbürgertum und Adel in der Reformation. Studien zur Sozialgeschichte der Reformation in England und Deutschland. Hrsg. v. W. J. Mommsen. Stuttgart 1979, 49–79.
146. G. VOGLER, Nürnberg 1524/25. Studien zur Geschichte der reformatorischen und sozialen Bewegung in der Reichsstadt. Berlin 1982.

2.3 Der Bauernkrieg von 1525

Die Literatur zum Bauernkrieg wird, von wenigen Standardwerken abgesehen, nur ab 1975 erfaßt. Für die ältere Literatur vgl. die Forschungsberichte (147, 148, 162, 177, 178) sowie die umfassende Übersicht der älteren Forschung bei G. Franz, Bauernkrieg (wie Nr. 165).

147. P. Bierbrauer, Kommentierte Auswahlbibliographie, in: Der deutsche Bauernkrieg. Hrsg. v. H. Buszello/P. Blickle/R. Endres. Paderborn/München/Wien/Zürich 1984, 353–381.
148. P. Bierbrauer, Methodenfragen der gegenwärtigen Bauernkriegsforschung, in: Der deutsche Bauernkrieg. Hrsg. v. H. Buszello / P. Blickle / R. Endres. Paderborn/München/Wien/Zürich 1984, 23–37.
149. A. Bischoff-Urack, Michael Gaismair. Ein Beitrag zur Sozialgeschichte des Bauernkrieges. Innsbruck 1983.
150. P. Blickle, Die Revolution von 1525. 2. Aufl. München/Wien 1981.
151. P. Blickle, Gemeindereformation. Die Menschen des 16. Jahrhunderts auf dem Weg zum Heil. München 1985.
152. P. Blickle, Das göttliche Recht der Bauern und die göttliche Gerechtigkeit der Reformatoren, in: AKG 68 (1986) 351–369.
153. M. Brecht, Der theologische Hintergrund der Zwölf Artikel der Bauernschaft in Schwaben von 1525. Christoph Schappelers und Sebastian Lotzers Beitrag zum Bauernkrieg, in: ZKiG 85 (1974) 174–208.
154. G. Brendler / A. Laube (Hrsg.), Der deutsche Bauernkrieg 1524/25. Geschichte – Tradition – Lehren. Berlin 1977.
155. H. Buszello, Der deutsche Bauernkrieg von 1525 als politische Bewegung, mit besonderer Berücksichtigung der anonymen Flugschrift an die Versamlung gemayner Pawerschaft. Berlin 1969.
156. H. Buszello, Gemeinde, Territorium und Reich in den politischen Programmen des deutschen Bauernkrieges 1524/25, in: Der Deutsche Bauernkrieg 1524–26. Hrsg. v. H.-U. Wehler. Göttingen 1975, 105–128.
157. H. Buszello / P. Blickle / R. Endres (Hrsg.), Der deutsche Bauernkrieg. Paderborn/München/Wien/Zürich 1984.
158. F. Conrad, Reformation in der bäuerlichen Gesellschaft. Zur Rezeption reformatorischer Theologie im Elsaß. Stuttgart 1984.

159. F. DÖRRER (Hrsg.), Die Bauernkriege und Michael Gaismair. Innsbruck 1982.
160. R. ENDRES, Probleme des Bauernkrieges im Hochstift Bamberg, in: JBFränkLF 30 (1970) 91–138.
161. R. ENDRES, Der Bauernkrieg in Franken, in: BlldtLG 109 (1973) 31–68.
162. J. FOSCHEPOTH, Reformation und Bauernkrieg im Geschichtsbild der DDR. Zur Methodologie eines gewandelten Geschichtsverständnisses. Berlin 1976.
163. G. FRANZ, Der Bauernkrieg in heutiger Sicht, in: DERS., Persönlichkeit und Geschichte. Aufsätze und Vorträge. Göttingen 1977, 67–77.
164. G. FRANZ, Die Führer im Bauernkrieg, in: DERS., Persönlichkeit und Geschichte. Aufsätze und Vorträge. Göttingen 1977, 97–109.
165. G. FRANZ, Der deutsche Bauernkrieg. 12. Aufl. Darmstadt 1984.
166. H.-J. GOERTZ, Aufständische Bauern und Täufer in der Schweiz, in: Zugänge zur bäuerlichen Reformation. Hrsg. v. P. Blickle. Zürich 1987, 267–289.
167. G. HEITZ / A. LAUBE / M. STEINMETZ / G. VOGLER (Hrsg.), Der Bauer im Klassenkampf. Studien zur Geschichte des deutschen Bauernkrieges und der bäuerlichen Klassenkämpfe im Spätfeudalismus. Berlin 1975.
168. H. G. HOCKERTS, Der Bauernkrieg 1525 – frühbürgerliche Revolution, defensive Bauernerhebung oder Revolution des „gemeinen Mannes"?, in: GWU 30 (1979) 1–20.
169. B. HODLER, Das Widerstandsrecht bei Luther und Zwingli – ein Vergleich, in: Zwingliana 16 (1985) 427–441.
170. A. LAUBE, Studien über den erzgebirgischen Silberbergbau von 1470 bis 1546. Seine Geschichte, seine Produktionsverhältnisse, seine Bedeutung für die gesellschaftlichen Veränderungen und Klassenkämpfe in Sachsen am Beginn der Übergangsepoche vom Feudalismus zum Kapitalismus. Berlin 1974.
171. A. LAUBE, Der historische Platz des deutschen Bauernkrieges, in: Einheit 1 (1975) 12-29.
172. A. LAUBE, Bemerkungen zur These von der „Revolution des gemeinen Mannes", in: ZfG 26 (1978) 607–614.
173. R. H. LUTZ, Wer war der gemeine Mann? Der dritte Stand in der Krise des Spätmittelalters. München 1979.
174. H. M. MAURER, Der Bauernkrieg als Massenerhebung. Dynamik einer revolutionären Bewegung, in: Bausteine zur ge-

schichtlichen Landeskunde von Baden-Württemberg. Stuttgart 1979, 255–295.

175. R. QUIETZSCH, Der Kampf der Bauern um Triftgerechtigkeit in Thüringen und Sachsen um 1525, in: Der arm man 1525. Volkskundliche Studien. Hrsg. v. H. Strobach. Berlin 1975, 52–78.

176. D. W. SABEAN, Landbesitz und Gesellschaft am Vorabend des Bauernkrieges. Eine Studie der sozialen Verhältnisse im südlichen Oberschwaben in den Jahren vor 1525. Stuttgart 1972.

177. T. SCOTT, The Peasants' War: A Historical Review, in: HJ 22 (1979) 693–720, 953–974.

178. R. W. SCRIBNER, The German Peasants' War, in: Reformation Europe: A Guide to Research. Hrsg. v. St. Ozment. St. Louis 1982, 107–133.

179. M. SMIRIN, Die Volksreformation des Thomas Münzer und der große Bauernkrieg. 2. Aufl. Berlin 1956.

180. M STEINMETZ, Der geschichtliche Platz des deutschen Bauernkrieges, in: ZfG 23 (1975) 253–270.

181. M. STEINMETZ, Die frühbürgerliche Revolution in Deutschland 1476 bis 1535, in: ZfG 8 (1960) 113–124; letzter Nachdruck in: Die frühbürgerliche Revolution in Deutschland. Hrsg. v. M. Steinmetz. Berlin 1985, 38–48 [danach die Zitate].

182. U. THOMAS, Bibliographie zum deutschen Bauernkrieg und seiner Zeit [2 Teile]. Stuttgart 1976/77.

183. G. VOGLER, Marx, Engels und die Konzeption einer frühbürgerlichen Revolution in Deutschland, in: ZfG 17 (1969) 704–717.

184. G. VOGLER, Revolutionäre Bewegung und frühbürgerliche Revolution. Betrachtungen zum Verhältnis von sozialen und politischen Bewegungen und deutscher frühbürgerlicher Revolution, in: ZfG 22 (1974) 394–411.

185. G. VOGLER, Die Gewalt soll gegeben werden dem gemeinen Volk: Der Deutsche Bauernkrieg 1525. 2. Aufl. Berlin 1983.

186. G. VOGLER, Reformation als „frühbürgerliche Revolution“. Eine Konzeption im Meinungsstreit, in: Zwingli und Europa. Referate und Protokoll des Internationalen Kongresses aus Anlaß des 500. Geburtstags von Huldrych Zwingli. Hrsg. v. P. Blickle/A. Lindt/A. Schindler. Göttingen/Zürich 1985, 47–69.

187. E. WALDER, Der politische Gehalt der Zwölf Artikel der deutschen Bauernschaft von 1525, in: Schweizer Beiträge zur Allgemeinen Geschichte 12 (1954) 5–22.

188. R. WOHLFEIL, Nachwort, in: Der Bauernkrieg 1524–1526. Bauernkrieg und Reformation. Hrsg. v. R. Wohlfeil. München 1975, 280–282.
189. R. WOHLFEIL, Der „gemeine Mann" im Bauernkrieg, in: Die Bauernkriege und Michael Gaismair. Hrsg. v. F. Dörrer. Innsbruck 1982, 283–288.
190. H. WUNDER, Zur Mentalität aufständischer Bauern. Möglichkeiten der Zusammenarbeit von Geschichtswissenschaft und Anthropologie, dargestellt am Beispiel des Samländischen Bauernaufstandes von 1525, in: Der Deutsche Bauernkrieg 1525–1526. Hrsg. v. H.-U. Wehler. Göttingen 1975, 9–36.

3. Frühneuzeit

3.1 Bauernbewegungen und Bauernkriege

Für einen umfassenderen Literaturüberblick besonders hinsichtlich der zeitgenössischen juristischen und staatstheoretischen Schriften sowie des älteren Schrifttums vgl. W. SCHULZE, Bäuerlicher Widerstand (wie Nr. 206).

Allgemeine Übersichten und Methodenfragen

191. R. BLICKLE/C. ULBRICH/P. BIERBRAUER, Les mouvements paysans dans l'empire allemand 1648–1806, in: Mouvements populaires et conscience sociale, XVIe–XIXe siècles. Actes du Colloque de Paris 24–26 mai 1984. Hrsg. v. J. Nicolas. Paris 1985, 21–29.
192. H. GABEL/W. SCHULZE, Folgen und Wirkungen, in: Der deutsche Bauernkrieg. Hrsg. v. H. Buszello/P. Blickle/R. Endres. Paderborn/München/Wien/Zürich 1984, 322–349.
193. M. GILLI, Le mouvement révolutionaire allemand à la fin du dix-huitième siècle, in: AHRF 255/256 (1984) 7–23.
194. H. HARNISCH, Landgemeinde, feudalherrlich-bäuerliche Klassenkämpfe und Agrarverfassung im Spätfeudalismus, in: ZfG 26 (1978) 887–97.
195. G. HEITZ, Der Zusammenhang zwischen den Bauernbewegungen und der Entwicklung des Absolutismus in Mitteleuropa, in: Evolution und Revolution in der Weltgeschichte. Berlin 1965, 71–83.

196. G. HEITZ, Zu den bäuerlichen Klassenkämpfen im Spätfeudalismus, in: ZfG 33 (1975) 769–782.
197. G. HEITZ, Probleme des bäuerlichen Klassenkampfes im Spätfeudalismus, in: Der Bauer im Klassenkampf. Hrsg. v. G. Heitz / A. Laube / M. Steinmetz / G. Vogler. Berlin 1975, 513–525.
198. G. HEITZ, Agrarstruktur, bäuerlicher Widerstand, Klassenkampf im 17. und 18. Jahrhundert, in: Aufstände, Revolten, Prozesse. Beiträge zu bäuerlichen Widerstandsbewegungen im frühneuzeitlichen Europa. Hrsg. v. W. Schulze. Stuttgart 1983, 149–165.
199. G. HEITZ/G. VOGLER, Bauernbewegungen in Europa vom 16. zum 18. Jahrhundert, in: DIES., Agrarfrage und bürgerliche Revolutionen beim Übergang vom Feudalismus zum Kapitalismus. Rostock 1980, 3–19 [auch in: ZfG 28 (1980) 1060–1078].
200. J. PETRÁŇ, Typologie der Bauernbewegungen in Mitteleuropa unter dem Aspekt des Übergangs vom Feudalismus zum Kapitalismus, in: Der Bauer im Klassenkampf. Hrsg. v. G. Heitz/A. Laube/M. Steinmetz/G. Vogler. Berlin 1975, 449–467.
201. V. PRESS, Französische Volkserhebungen und deutsche Agrarkonflikte zwischen dem 16. und dem 18. Jahrhundert, in: Beiträge zur historischen Sozialkunde 7 (1977) 76–81.
202. W. REINHARD, Theorie und Empirie bei der Erforschung frühneuzeitlicher Volksaufstände, in: Historia Integra. Festschrift für Erich Hassinger zum 70. Geburtstag. Hrsg. v. H. Fenske/W. Reinhard/E. Schulin. Berlin 1977, 173–200.
203. O. SCHIFF, Die deutschen Bauernaufstände von 1525 bis 1789, in: Historische Zeitschrift 130 (1921) 189–209.
204. H. SCHULTZ, Bäuerlicher Klassenkampf und „zweite Leibeigenschaft". Einige Probleme des Kampfes in der Zeit zwischen frühbürgerlicher Revolution und Dreißigjährigem Krieg, in: Der Bauer im Klassenkampf. Hrsg. v. G. Heitz / A. Laube / M. Steinmetz / G. Vogler. Berlin 1975, 391–404.
205. W. SCHULZE, Die veränderte Bedeutung sozialer Konflikte im 16. und 17. Jahrhundert, in: Der Deutsche Bauernkrieg 1524–1526. Hrsg. v. H.-U. Wehler. Göttingen 1975, 277–302.
206. W. SCHULZE, Bäuerlicher Widerstand und feudale Herrschaft in der frühen Neuzeit. Stuttgart/Bad Cannstatt 1980.
207. W. SCHULZE, Der bäuerliche Widerstand und die „Rechte der Menschheit", in: Grund- und Freiheitsrechte im Wandel von Gesellschaft und Geschichte. Hrsg. v. G. Birtsch. Göttingen 1981, 41–56.

208. W. SCHULZE, Europäische und deutsche Bauernrevolten der frühen Neuzeit – Probleme der vergleichenden Betrachtung, in: Europäische Bauernrevolten der frühen Neuzeit. Hrsg. v. W. Schulze. Frankfurt a. M. 1982, 10–60.

209. W. SCHULZE, „Geben Aufruhr und Aufstand Anlaß zu neuen heilsamen Gesetzen". Beobachtungen über die Wirkungen bäuerlichen Widerstands in der Frühen Neuzeit, in: Aufstände, Revolten, Prozesse. Beiträge zu bäuerlichen Widerstandsbewegungen im frühneuzeitlichen Europa. Hrsg. v. W. Schulze. Stuttgart 1983, 261–285.

210. W. SCHULZE (Hrsg.), Aufstände, Revolten, Prozesse. Beiträge zu bäuerlichen Widerstandsbewegungen im frühneuzeitlichen Europa. Stuttgart 1983.

211. W. SCHULZE, Der Widerstand der Untertanen gegen die Obrigkeit im 17. Jahrhundert, in: Literatur und Volk im 17. Jahrhundert. Probleme populärer Kultur in Deutschland. Hrsg. v. W. Brückner. 1. Teil. Wiesbaden 1985, 127–140.

212. W. TROSSBACH, Bäuerlicher Widerstand in deutschen Kleinterritorien zwischen Bauernkrieg und Französischer Revolution: Einige Bemerkungen zu Formen und Gegenständen, in: ZAA 35 (1987) 1–16.

213. G. VOGLER, Bäuerlicher Klassenkampf als Konzept der Forschung, in: Aufstände, Revolten, Prozesse. Beiträge zu bäuerlichen Widerstandsbewegungen im frühneuzeitlichen Europa. Hrsg. v. W. Schulze. Stuttgart 1983, 23–40.

Österreich

214. E. BRUCKMÜLLER, Die Lage der Bauern um 1626, in: Der oberösterreichische Bauernkrieg 1626. Ausstellung des Landes Oberösterreich. Linz 1976, 101–114.

215. K. EICHMEYER / H. FEIGL / R. W. LITSCHEL (Hrsg.), Weilß gilt die Seel und auch das Guet. Oberösterreichische Bauernaufstände und Bauernkriege im 16. und 17. Jahrhundert. Linz 1976.

216. H. FEIGL, Der niederösterreichische Bauernaufstand 1596/97. 2. Aufl. Wien 1978.

217. G. GRÜLL, Bauer, Herr und Landesfürst. Sozialrevolutionäre Bestrebungen der oberösterreichischen Bauern von 1650 bis 1848. Graz/Köln 1963.

218. G. GRÜLL, Bauernkrieg und Revolten in Oberösterreich. Eine Übersicht, in: Oberösterreich 18 (1968/69) 43–55.

219. G. GRÜLL, Der Bauer im Lande ob der Enns am Ausgang des 16. Jahrhunderts. Abgaben und Leistungen im Lichte der Beschwerden und Verträge von 1597–1598. Wien/Köln/Graz 1969.
220. G. HEILINGSETZER, Der oberösterreichische Bauernkrieg 1626. Wien 1976.
221. A. HOFFMANN, Zur Typologie der Bauernaufstände in Oberösterreich, in: Der oberösterreichische Bauernkrieg 1626. Ausstellung des Landes Oberösterreich. Linz 1976, 15–22.
222. V. LUTZ, Der Aufstand von 1596 und der Bauernkrieg von 1626 in und um Steyr. Steyr 1976.
223. G. PFERSCHY, Der Streik der Untertanen der Herrschaft Pregled und seine Beilegung. Zu den Ursachen des untersteirischen Bauernaufstands von 1635, in: Mitteilungen des steiermärkischen Landesarchivs 21 (1971) 117–128.
224. H. PIRCHEGGER, Die innerösterreichischen Bauernkriege. Ausgewählte Aufsätze. Graz 1950.
225. H. REBEL, Peasant Classes. The Bureaucratization of Property and Family Relations under Early Habsburg Absolutism, 1511–1636. Princeton, NJ 1983.
226. W. SCHULZE, Der Windische Bauernaufstand von 1573. Bauernaufstand und feudale Herrschaft im späten 16. Jahrhundert, in: Südostforschungen 33 (1974) 15–61.
227. H. STURMBERGER, Adam Graf Herberstorff. Wien 1976.
228. H. STURMBERGER, Der oberösterreichische Bauernkrieg von 1626 im Rahmen der Landesgeschichte, in: Der oberösterreichische Bauernkrieg 1626. Ausstellung des Landes Oberösterreich. Linz 1976, 1–14.
229. H. VALENTINITSCH, Pritozbe podloznikov vicedomskega urada na Kranjskem v letu 1634, in: Kronika, Casopis za slovensko krajevno zgodovino 21 (1973) 155–159.
230. H. VALENTINITSCH, Proces podloznikov gospostva Gornji Grad proti Ljubljanskemu skofu 1676/77, in: Casopis za zgodovino in narodopisje 10 (1974) 307–317.
231. H. VALENTINITSCH, Advokaten, Winkelschreiber und Bauernprokuratoren in Innerösterreich in der frühen Neuzeit, in: Aufstände, Revolten, Prozesse. Beiträge zu bäuerlichen Widerstandsbewegungen im frühneuzeitlichen Europa. Hrsg. v. W. Schulze. Stuttgart 1983, 188–201.
232. H. VALENTINITSCH, Der Kampf der Untertanen der Malteserkommende Fürstenfeld gegen die tägliche Robot im 17. Jahr-

hundert, in: Zeitschrift des Historischen Vereins für Steiermark 76 (1985) 193–212.

233. H. Valentinitsch, Der Prozeß gegen den „Feind des Vaterlandes“ Hans Siegmund Cornion 1675–1677. Ein Beitrag zur rechtlichen Situation der Unterkärntner Bauern in der frühen Neuzeit, in: Carinthia I (1985) 229–243.

Bayern

234. R. Blickle, Die Haager Bauernversammlung des Jahres 1596. Bäuerliches Protesthandeln in Bayern, in: Bauer, Reich und Reformation. Festschrift für Günther Franz zum 80. Geburtstag. Hrsg. v. P. Blickle. Stuttgart 1982, 43–73.

235. R. van Dülmen, Bäuerlicher Protest und patriotische Bewegung. Der Volksaufstand in Bayern von 1705/06, in: ZBLG 45 (1982) 331–361.

236. C. Probst, Lieber bayrisch sterben. Der bayrische Volksaufstand der Jahre 1705 und 1706. München 1978.

237. S. Riezler, Der Aufstand der bayerischen Bauern im Winter 1633 auf 1634, in: Sitzungsberichte der bayerischen Akademie der Wissenschaften, Philosophisch-Historische Klasse (1900) 33–95.

238. M. Spindler, Der bayerische Bauernaufstand von 1705/06, in: Ders., Erbe und Verpflichtung. Aufsätze und Vorträge zur bayerischen Geschichte. München 1966, 175–191.

Südwesten des Reiches

239. E. Elbs, Owingen 1584. Der erste Aufstand in der Grafschaft Zollern, in: Zeitschrift für Hohenzollerische Geschichte 17 (1981) 9–127.

240. V. Press, Von den Bauernrevolten des 16. zur konstitutionellen Verfassung des 19. Jahrhunderts. Die Untertanenkonflikte in Hohenzollern-Hechingen und ihre Lösungen, in: Politische Ordnungen und soziale Kräfte im alten Reich. Hrsg. v. H. Weber. Wiesbaden 1980, 85–112.

241. W. Schulze, Oberdeutsche Untertanenrevolten zwichen 1580 und 1620. Reichssteuern und bäuerlicher Widerstand, in: Bauer, Reich und Reformation. Festschrift für Günther Franz zum 80. Geburtstag. Hrsg. v. P. Blickle. Stuttgart 1982, 120–147.

242. A. Suter, Die Träger bäuerlicher Widerstandsaktionen beim Bauernaufstand im Fürstbistum Basel 1726–1740: Dorfge-

meinde – Dorffrauen – Knabenschaften, in: Aufstände, Revolten, Prozesse. Beiträge zu bäuerlichen Widerstandsbewegungen im frühneuzeitlichen Europa. Hrsg. v. W. Schulze. Stuttgart 1983, 89–111.
243. A. SUTER, „Troublen“ im Fürstbistum Basel (1716–1740). Eine Fallstudie zum bäuerlichen Widerstand im 18. Jahrhundert. Göttingen 1985.
244. E. WEIS, Revoltes paysannes et citadines dans les Etats allemands sur la rive gauche du Rhin, de 1789 à 1792, in: Francia 3 (1975) 346–358.
245. H. ZÜCKERT, Die sozialen Grundlagen der Barockkultur in Süddeutschland. Stuttgart 1988.

Hessen

246. G. SCHMIDT, Agrarkonflikte im Riedeselischen Gericht Moos im 17. Jahrhundert, in: ArchHessG 37 (1979) 215–328.
247. G. SCHMIDT, Bauernunruhen in Weilmünster (1563–1588). Eine bäuerliche Oppositionsbewegung gegen Graf Albrecht von Nassau-Saarbrücken, der Wetterauische Grafenverein und die Reichsverfassung, in: NassAnn 95 (1984) 91–117.
248. W. TROSSBACH, Bauernprotest als „politisches“ Verhalten. Zu den Agrarkonflikten im Wetterau-Vogelsberg-Gebiet zwischen 1648 und 1806, in: ArchHessG 42 (1984) 73–124.
249. W. TROSSBACH, Bauernbewegungen im Wetterau-Vogelsberg-Gebiet 1648–1806. Fallstudien zum bäuerlichen Widerstand im Alten Reich. Darmstadt/Marburg 1985.
250. W. TROSSBACH, Widerstand als Normalfall: Bauernunruhen in der Grafschaft Sayn-Wittgenstein-Wittgenstein 1696–1806, in: Westfälische Zeitschrift 135 (1985) 25–111.
251. W. TROSSBACH, Soziale Bewegung und politische Erfahrung. Bäuerlicher Protest in hessischen Territorien 1648–1806. Weingarten 1987.
252. F. WIEBER, Inhalt der Akten der Greifensteiner Rebellion von 1610–1625, in: Heimatkalender des Kreises Wetzlar 26 (1976) 123–153.

Norddeutschland

253. H. GABEL, „Äußerliche Verfolgung und innerliche Rebellion“. Zur Ermordung des Abtes von Kornelimünster am 18. Juli 1699, in: Zeitschrift des Aachener Geschichtsvereins 93 (1986) 87–126.

254. H. HARNISCH, Zur Herausbildung und Funktionsweise von Gutswirtschaft und Gutsherrschaft. Eine Klageschrift der Bauern der Herrschaft Neugattersleben aus dem Jahre 1610, in: JbRegG 4 (1972) 179–199.

255. H. HARNISCH, Klassenkämpfe der Bauern in der Mark Brandenburg zwischen frühbürgerlicher Revolution und Dreißigjährigem Krieg, in: JbRegG 5 (1975) 142–172.

256. H. HARNISCH, Bäuerliche Klassenkämpfe in der Mark Brandenburg und im Gebiet der Stifte Magdeburg und Halberstadt im 16. und 17. Jahrhundert. Eine vergleichende Analyse, in: Der deutsche Bauernkrieg 1524/25. Hrsg. v. G. Brendler/A. Laube. Berlin 1977, 293–300.

257. H. HARNISCH, Bauern – Feudaladel – Städtebürgertum. Untersuchungen über die Zusammenhänge zwischen Feudalrente, bäuerlicher und gutsherrlicher Warenproduktion und den Ware-Geld-Beziehungen in der Magdeburger Börde und dem nordöstlichen Harzvorland von der frühbürgerlichen Revolution bis zum Dreißigjährigen Krieg. Weimar 1980.

258. H. HARNISCH, Bauernbewegungen gegen die Gutsherrschaft. Die Mark Brandenburg im Jahrhundert vor dem Dreißigjährigen Krieg, in: Aufstände, Revolten, Prozesse. Beiträge zu bäuerlichen Widerstandsbewegungen im frühneuzeitlichen Europa. Hrsg. v. W. Schulze. Stuttgart 1983, 135–148.

259. C.-H. HAUPTMEYER, Die Bauernunruhen in Schaumburg-Lippe 1784–1793, in: Niedersächsisches Jahrbuch für Landesgeschichte 49 (1977) 149–207.

260. C.-H. HAUPTMEYER, Territorialverfassungen und bäuerliche Oppositionen im niedersächsischen Raum am Ende des 18. Jahrhunderts, in: Staat und Gesellschaft in Mittelalter und Früher Neuzeit. Gedenkschrift für Joachim Leuschner. Göttingen 1983, 260–284.

261. C.-H. HAUPTMEYER, Bäuerlicher Widerstand in der Grafschaft Schaumburg-Lippe, im Fürstentum Calenberg und im Hochstift Hildesheim. Zur Frage der qualitativen Veränderung bäuerlicher Opposition am Ende des 18. Jahrhunderts, in: Aufstände, Revolten, Prozesse. Beiträge zu bäuerlichen Widerstandsbewegungen im frühneuzeitlichen Europa. Hrsg. v. W. Schulze. Stuttgart 1983, 217–232.

262. W. PRANGE, Christoph Rantzau auf Schmoel und die Schmoeler Leibeigenschaftsprozesse. Neumünster 1965.

263. G. VOGLER, Probleme des bäuerlichen Klassenkampfes in der Mark Brandenburg im Spätfeudalismus, in: Acta Universitatis Carolinae. Philosophica et Historica. Studia historica 11 (1974) 75–94.
264. K. WERNICKE, Untersuchungen zu den niederen Formen des bäuerlichen Klassenkampfes im Gebiet der Gutsherrschaft. Diss. phil. Berlin 1962.
265. H. WUNDER, Bäuerlicher Widerstand und frühmoderner Staat am Beispiel von Ordensstaat und Herzogtum Preußen, in: Aufstände, Revolten, Prozesse. Beiträge zu bäuerlichen Widerstandsbewegungen im frühneuzeitlichen Europa. Hrsg. v. W. Schulze. Stuttgart 1983, 112–134.

Böhmen, Lausitz

266. F. DZUK/H. FÜHRLICK/A. KLAS, Ursachen, Charakter und Verlauf des Widerstandskampfes der bäuerlichen Bevölkerung in den böhmischen Ländern in der Periode von 1618–48. Ein Beitrag zur Rolle der Volksmassen unter den Bedingungen des 30jährigen Krieges und die Widerspiegelung der bäuerlichen Bewegung in der historischen Literatur. Dresden 1975.
267. J. LESZCZYŃSKI, Der Klassenkampf der Oberlausitzer Bauern in den Jahren 1635–1720. Bautzen 1964.
268. E. PALM, Beiträge zur Geschichte des Klassenkampfes des Oberlausitzer Landvolks zur Zeit des Spätfeudalismus, in: Letopis B I (1953–1955) 1–120.
269. J. PETRÁŇ, Die Höhepunkte der Bewegung der untertänigen Bauern in Böhmen, in: Acta Universitatis Carolinae. Philosophica et Historica III (1969) 107–140.

3.2 Innerstädtische Auseinandersetzungen

270. J. ASCH, Rat und Bürgerschaft in Lübeck 1598–1669. Lübeck 1961.
271. O. BORST, Zur Verfassung und Staatlichkeit oberdeutscher Reichsstädte am Ende des alten Reiches, in: Esslinger Studien 10 (1964) 106–194.
272. O. BRUNNER, Souveränitätsproblem und Sozialstruktur in den deutschen Reichsstädten der frühen Neuzeit, in: DERS., Neue Wege der Verfassungs- und Sozialgeschichte. 2. Aufl. Göttingen 1968, 294–321.

273. H. CARL, Die Aachener Mäkelei 1786–1792. Konfliktregulierungsmechanismen im alten Reich, in: Zeitschrift des Aachener Geschichtsvereins 92 (1985) 103–187.
274. C. R. FRIEDRICHS, Citizens or subjects? Urban conflict in early modern Germany, in: Social Groups and Religious Ideas in the Sixteenth Century. Hrsg. v. M. U. Chrisman/O. Gründler. Kalamazoo/Mich. 1978, 46–58.
275. C. R. FRIEDRICHS, German Town Revolts and the Seventeenth-Century Crisis, in: Renaissance and Modern Studies 26 (1982) 27–51.
276. C. R. FRIEDRICHS, Urban Conflicts and the Imperial Constitution in Seventeenth-Century Germany, in: JModH 58 [Supplement] (1986) 98–123.
277. C. R. FRIEDRICHS, Politics or Pogrom? The Fettmilch Uprising in German and Jewish History, in: CEH 19 (1986) 186–228.
278. K. GERTEIS, Repräsentation und Zunftverfassung. Handwerkerunruhen und Verfassungskonflikte in südwestdeutschen Städten vor der Französischen Revolution, in: ZGO 122 (1974) 275–287.
279. K. GERTEIS, Frühneuzeitliche Stadtrevolten im sozialen und institutionellen Bedingungsrahmen, in: Die Städte Mitteleuropas im 17. und 18. Jahrhundert. Hrsg. v. W. Rausch. Linz/Donau 1981, 43–58.
280. A. GOTTHARD, Von Herren und Bürgern. Auseinandersetzungen in der Reichsstadt Überlingen 1791–1796. Friedrichshafen 1984.
281. R. HILDEBRANDT, Rat contra Bürgerschaft. Die Verfassungskonflikte in den Reichsstädten des 17. und 18. Jahrhunderts, in: Stadtgeschichte, Stadtsoziologie und Denkmalspflege 1 (1974) 221–241.
282. H. HOFFMANN/I. MITTENZWEI, Die Stellung des Bürgertums in der deutschen Feudalgesellschaft von der Mitte des 16. Jahrhunderts bis 1789, in: ZfG 22 (1974) 190–207.
283. P. HOHENEMSER, Der Frankfurter Verfassungskonflikt 1705–1732 und die kaiserlichen Kommissionen. Frankfurt a. M. 1920.
284. F. LAU, Der Bauernkrieg und das angebliche Ende der lutherischen Reformation als spontaner Volksbewegung, in: Luther-Jahrbuch 26 (1959) 109–134.
285. E. MEUTHEN, Der gesellschaftliche Hintergrund der Aachener Verfassungskämpfe an der Wende vom Mittelalter zur Neuzeit, in: Zeitschrift des Aachener Geschichtsvereins 74/75 (1962/63) 299–392.

286. M. MEYN, Die Reichsstadt Frankfurt vor dem Bürgeraufstand von 1612 bis 1614. Struktur und Krise. Frankfurt a. M. 1980.
287. G. MÖDL, „Weissenburg contra Weissenburg". Ein Beitrag zum Verhältnis zwischen Rat und Bürgerschaft, in: Uuizzinburg, Weissenburg 867–1967. Beiträge zur Stadtgeschichte. Weissenburg in Bayern 1967, 105–110.
288. K. MÜLLER, Studien zum Übergang vom Ancien Régime zur Revolution im Rheinland. Bürgerkämpfe und Patriotenbewegungen in Aachen und Köln, in: RhVjbll 46 (1982) 102–189.
289. H.-C. RUBLACK, Political and Social Norms in Urban Communities in the Holy Roman Empire, in: Religion, Politics and Social Protest. Three Studies on Early Modern Germany. Hrsg. v. K. von Greyerz. London 1984, 24–60.
290. G. RÜCKLEBEN, Rat und Bürgerschaft in Hamburg 1595–1686. Innere Bindungen und Gegensätze. Diss. phil. Marburg 1969.
291. H. RÜCKLEBEN, Die Niederwerfung der Hamburgischen Ratsgewalt. Kirchliche Bewegungen und bürgerliche Unruhen im ausgehenden 17. Jahrhundert. Hamburg 1970.
292. H. SCHILLING, Bürgerkämpfe in Aachen zu Beginn des 17. Jahrhunderts. Konflikte im Rahmen der alteuropäischen Stadtgesellschaft oder im Umkreis der frühbürgerlichen Revolution?, in: ZHF 1 (1974) 175–231.
293. H. SCHILLING, Aufstandsbewegungen in der stadtbürgerlichen Gesellschaft des Alten Reiches. Nachtrag: Bemerkungen zu Peter Blickles Interpretation des Bauernkrieges als Revolution des „gemeinen Mannes" in Stadt und Land, in: Der Deutsche Bauernkrieg 1524–1526. Hrsg. v. H.-U. Wehler. Göttingen 1975, 191–238.
294. H. SCHILLING, Die politische Elite nordwestdeutscher Städte in den religiösen Auseinandersetzungen des 16. Jahrhunderts, in: Stadtbürgertum und Adel in der Reformation. Studien zur Sozialgeschichte der Reformation in England und Deutschland. Hrsg. v. W. J. Mommsen. Stuttgart 1979, 235–308.
295. H. SCHILLING, Konfessionskonflikt und Staatsbildung. Eine Fallstudie über das Verhältnis von religiösem und sozialem Wandel in der Frühneuzeit am Beispiel der Grafschaft Lippe. Gütersloh 1982.
296. H. SCHILLING, The European Crisis on the 1590s: the Situation in German Towns, in: The European Crisis of the 1590s. Hrsg. v. P. Clark. London 1985, 135–156.
297. H. SCHULTZ, Soziale und politische Auseinandersetzungen in Rostock im 18. Jahrhundert. Weimar 1974.

298. J. WALTER, Rat und Bürgerhauptleute in Braunschweig. 1576 –1604. Die Geschichte der Brabandtschen Wirren. Braunschweig 1971.

4. Widerstandstradition und Konfliktkontinuität

299. P. BLICKLE, Bäuerliche Rebellionen im Fürststift St. Gallen, in: Aufruhr und Empörung? Studien zum bäuerlichen Widerstand im Alten Reich. Hrsg. v. P. Blickle. München 1980, 215–295.
300. P. BLICKLE, Von der Leibeigenschaft in die Freiheit. Ein Beitrag zu den realhistorischen Grundlagen der Freiheits- und Menschenrechte in Mitteleuropa, in: Grund- und Freiheitsrechte im Wandel von Gesellschaft und Geschichte. Hrsg. v. G. Birtsch. Göttingen 1981, 25–40.
301. R. BLICKLE, „Spenn und Irrung" im „Eigen" Rottenbuch. Die Auseinandersetzungen zwischen Bauernschaft und Herrschaft des Augustiner-Chorherrenstifts, in: Aufruhr und Empörung? Studien zum bäuerlichen Widerstand im Alten Reich. Hrsg. v. P. Blickle. München 1980, 69–145.
302. R. BLICKLE, Agrarische Konflikte und Eigentumsordnung in Altbayern 1400–1800, in: Aufstände, Revolten, Prozesse. Beiträge zu bäuerlichen Widerstandsbewegungen im frühneuzeitlichen Europa. Hrsg. v. W. Schulze. Stuttgart 1983, 166–187.
303. R. BLICKLE, Hausnotdurft. Ein Fundamentalrecht in der altständischen Ordnung Bayerns, in: Grund- und Freiheitsrechte von der ständischen zur spätbürgerlichen Gesellschaft. Hrsg. v. G. Birtsch. Göttingen 1987, 42–64.
304. R. BLICKLE, Nahrung und Eigentum als Kategorien in der ständischen Gesellschaft, in: Ständische Gesellschaft und soziale Mobilität. Hrsg. v. W. Schulze. München 1988, 73–93.
305. R. BLICKLE, Die Tradition des Widerstandes im Ammergau. Anmerkungen zum Verhältnis von Konflikt- und Revolutionsbereitschaft, in: ZAA 35 (1987) 138–159.
306. H. MAUERSBERG, Wirtschafts- und Sozialgeschichte zentraleuropäischer Städte in neuerer Zeit, dargestellt an den Beispielen von Basel, Frankfurt a. M., Hamburg, Hannover und München. Göttingen 1960.
307. V. PRESS, Die Reichsstadt in der altständischen Gesellschaft, in: Neue Studien zur frühneuzeitlichen Reichsgeschichte. Hrsg. v. J. Kunisch. Berlin 1987, 9–42.

308. H. L. Reimann, Unruhe und Aufruhr im mittelalterlichen Braunschweig. Braunschweig 1962.

309. C. Ulbrich, Bäuerlicher Widerstand in Triberg, in: Aufruhr und Empörung? Studien zum bäuerlichen Widerstand im Alten Reich. Hrsg. v. P. Blickle. München 1980, 146–216.

310. C. Ulbrich, Agrarverfassung und bäuerlicher Widerstand im Oberrheingebiet, in: ZAA 30 (1982) 149–167.

311. C. Ulbrich, Der Charakter bäuerlichen Widerstands in vorderösterreichischen Herrschaften, in: Aufstände, Revolten, Prozesse. Beiträge zu bäuerlichen Widerstandsbewegungen im frühneuzeitlichen Europa. Hrsg. v. W. Schulze. Stuttgart 1983, 202–216.

C. Nachtragsliteratur

0. Quellen, allgemeine und epochen- bzw. sachübergreifende Darstellungen

R. AULINGER, Deutsche Reichstagsakten unter Kaiser Karl V. Der Reichstag zu Augsburg 1525, der Reichstag zu Speyer 1526, der Fürstenstag zu Esslingen 1526. München 2011.

K. H. LAUTERBACH, Der Oberrheinische Revolutionär. Das buchli der hundert capiteln mit XXXX statuten (Monumenta Germaniae Hisotrica. Staatsschriften des späteren Mittelalters, VII. Band). Hannover 2009.

312. P. BIERBRAUER, Freiheit und Gemeinde im Berner Oberland 1300–1700. Bern 1991 (vgl. Nr. 77).
313. P. BLICKLE (Hrsg.), Resistance, Representation and Community. Oxford 1997.
314. P. BLICKLE, Von der Leibeigenschaft zu den Menschenrechten. Eine Geschichte der Freiheit in Deutschland. 2. Aufl. München 2006.
315. E. BRUCKMÜLLER, Europäische Bauernaufstände, in: Bauern im Widerstand. Hrsg v. P. Feldbauer/H.-J. Puhle. Wien/Köln/Weimar 1992, 45–78.
316. W. EHBRECHT (Hrsg.), Verwaltung und Politik in Städten Mitteleuropas. Beiträge zu Verfassungsnorm und Verfassungswirklichkeit in altständischer Zeit. Köln/Weimar/Wien 1994.
317. H. NEVEUX, Les révoltes paysannes en Europe XIVe–XVIIe siècle. Paris 1997.
318. W. RÖSENER, Die Bauern in der europäischen Geschichte. München 1993.

1. Spätmittelalter und Übergang zur Neuzeit

319. H. ACHERMANN/J. BRÜLISAUER/P. HOPPE (Redaktion), Innerschweiz und frühe Eidgenossenschaft. Jubiläumsschrift 700 Jahre Eidgenossenschaft, 2 Bde. Olten 1990.
320. TH. ADAM, Jos Fritz – das verborgene Feuer der Revolution. Bundschuhbewegungen und Bauernkrieg am Oberrhein im frühen 16. Jahrhundert. Ubstadt-Weiher 2002.

321. P. Blickle/Th. Adam (Hrsg.), Bundschuh. Untergrombach 1502, das unruhige Reich und die Revolutionierbarkeit Europas. Stuttgart 2004.
322. P. Blickle, Friede und Verfassung. Voraussetzungen und Folgen der Eidgenossenschaft von 1291, in: Innerschweiz und frühe Eidgenossenschaft. Redaktion H. Achermann/J. Brülisauer/P. Hoppe. 1. Bd. Olten 1990, 13–202.
323. R. Blickle, Laufen gen Hof. Die Beschwerden der Untertanen und die Entstehung des Hofrats in Bayern, in: Gemeinde und Staat im Alten Europa. Hrsg. v. P. Blickle. München 1998, 241–266.
324. G. Brunel/S. Brunet (Hrsg.), Les luttes antiseigneuriales dans l'Europe médiévale et moderne. Toulouse 2009.
325. B. Diestelkamp, Bürgerunruhen vor dem spätmittelalterlichen deutschen Königsgericht, in: Stadt – Gemeinde – Genossenschaft. Festschrift für Gerhard Dilcher zum 70. Geburtstag. Hrsg. v. A. Cordes/J. Rückert/R. Schulze. Berlin 2003, 67–101.
326. J. Dillinger, Der Bundschuh von 1517, in: ZGO 153 (2005) 357–377.
327. Ph. Dubach, Gesetz und Verfassung. Die Anfänge der territorialen Gesetzgebung im Allgäu und im Appenzell im 15. und 16. Jahrhundert. Tübingen 2001.
328. P. Freedman, Images of the Medieval Peasant. Stanford, California 1999.
329. G. Gleba, Die Gemeinde als alternatives Ordnungsmodell. Zur sozialen und politischen Differenzierung des Gemeindebegriffs in den innerstädtischen Auseinandersetzungen des 14. und 15. Jahrhunderts. Mainz, Magdeburg, München, Lübeck. Köln/Wien 1989.
330. K.-H. Günther, Gleichheitsvorstellungen als Beweggrund aufständischen Handelns in mitteleuropäischen Städten des Spätmittelalters: Braunschweig, Brügge, Ypern, Zürich, in: Révolte et statut social, de l'Antiquité tardive aux Temps modernes. Hrsg. v. Ph. Depreux. München 2008, 185-203.
331. K.-H. Günther, Sizilianer, Flamen, Eidgenossen. Regionale Kommunen und das soziale Wissen um kommunale Conjuratio im Spätmittelalter, [erscheint] Stuttgart 2012.
332. E. Isenmann, Die deutsche Stadt im Spätmittelalter 1250–1500. Stadtgestalt, Recht, Stadtregiment, Kirche, Gesellschaft, Wirtschaft. Stuttgart 1988.

333. P. JOHANEK, Bürgerkämpfe und Verfassung in den mittelalterlichen deutschen Städten, in: Einwohner und Bürger auf dem Weg zur Demokratie. Hrsg. v. H. Specker. Ulm 1997, 45–73.

334. B. KANNOWSKI, Bürgerkämpfe und Friedebriefe. Rechtliche Streitbeilegung in spätmittelalterlichen Städten. Köln/Weimar/Wien 2001.

335. R. KÖHN, Der Hegauer Bundschuh (Oktober 1460) – ein Aufstandsversuch in der Herrschaft Hewen gegen die Grafen von Lupfen, in: ZGO 138 (1997) 99–141.

336. H.-M. MAURER, Der Arme Konrad als Schlüsselereignis württembergischer Geschichte, in: Der Arme Konrad. Hrsg v. U. J. Wandel. Schorndorf 1991, 8–26.

337. W. RÖSENER, Bauernaufstände, bäuerlicher Widerstand und Tradition im Spätmittelalter, in: Tradition und Erinnerung in Adelsherrschaft und bäuerlicher Gesellschaft. Hrsg. v. W. Rösener. Göttingen 2003, 131–152.

338. R. SABLONIER, Gründungszeit ohne Eidgenossen. Politik und Gesellschaft in der Innerschweiz um 1300. Baden 2008.

339. A. SCHMAUDER, Württemberg im Aufstand. Der Arme Konrad 1514. Ein Beitrag zum bäuerlichen und städtischen Widerstand im Alten Reich und zum Territorialisierungsprozeß im Herzogtum Württemberg an der Wende zur frühen Neuzeit. Leinfelden-Echterdingen 1998.

340. K. SCHULZ, „Denn sie lieben die Freiheit so sehr“. Kommunale Erhebungen und die Entstehung des Bürgertums im Europa des 11. bis 13. Jahrhunderts. Darmstadt 1992.

341. C. SIEBER-LEHMANN, Im Hinterland rumort es – Konflikte in den eidgenössischen Stadtstaaten, in: Bundschuh. Hrsg. v. P. Blickle/ Th. Adam. Stuttgart 2004, 216–234.

342. V. TURMAN, Unruhehäufungen und ihre Zusammenhänge in Städten des Reiches zu Beginn des 14. Jahrhunderts (1300-1305). Bonn 2007.

343. A. WÜRGLER, Artikel Eidgenossenschaft, in: Historisches Lexikon der Schweiz, 4. Bd. 2005, 114–121. http://www.hls-dhs-dss.ch/ textes/d/D26413–1–1,2,3php.

2. Der Bauernkrieg von 1525

344. W. ALTER, Der Aufstand der Bauern und Bürger im Jahre 1525 in der Pfalz. Speyer 1998.

345. G. Bischoff, La guerre des Paysans. L'Alsace et la révolution du Bundschuh 1493-1525. Strasbourg 2010.
346. P. Blickle, Der Bauernkrieg. Die Revolution des gemeinen Mannes. 4. Aufl. München 2012.
347. P. Blickle/A. Holenstein (Hrsg.), Agrarverfassungsverträge. Eine Dokumentation zum Wandel in den Beziehungen zwischen Herrschaften und Bauern am Ende des Mittelalters. Stuttgart 1996.
348. Th. A. Brady, Jr., German Burghers and Peasants in Reformation and Peasants' War: Partners or Competitors?, in: Between the Middle Ages and Modernity: The Individual and Community in the Early Modern World. Hrsg. v Ch. H. Parker/ J. H. Bentley. Lanham 2007, 33-51.
349. Th. A. Brady, Jr., 1525 and all that: The German Peasants' War in Modern Memory, in: Rebellion and Revolution: Defiance in German Language, History and Art. Hrsg. v. M. Etzler/P. Layne. Cambridge 2010, 1-13.
350. P. Burgard, Tagebuch einer Revolte. Ein städtischer Aufstand während des Bauernkrieges 1525. Frankfurt/New York 1998.
351. H. Buszello, Modelle und Programme politischer Gestaltung im Bauernkrieg, in: Mühlhausen, der Bauernkrieg und Thomas Müntzer. Mühlhausen 2000, 28-65.
352. D. Fauth, Verfassungs- und Rechtsvorstellungen im Bauernkrieg 1524/25, in: ZRG KA 81 (1995) 225–248.
353. W. Hardtwig, Genossenschaft, Sekte, Verein in Deutschland. Band I: Vom Spätmittelalter bis zur Französischen Revolution. München 1997.
354. M. Hohn, Die rechtlichen Folgen des Bauernkriegs von 1525. Sanktionen, Ersatzleistungen und Normsetzung nach dem Aufstand. Berlin 2004.
355. P. Kamber, Reformation als bäuerliche Revolution. Bildersturm, Klosterbesetzungen und Kampf gegen die Leibeigenschaft in Zürich zur Zeit der Reformation (1522–1525). Zürich 2010.
356. M. Kobelt-Groch, Aufsässige Töchter Gottes. Frauen in Bauernkrieg und in den Täuferbewegungen. Frankfurt/New York 1993.
357. E. L. Kuhn (Hrsg.), Der Bauernkrieg in Oberschwaben. Tübingen 2000.
358. A. Laube, Bergarbeiter- und Bauernbewegungen in Deutschland von der Mitte des 15. Jahrhunderts bis zum Ende des Bauernkriegs 1525/26, in: Streik im Revier. Hrsg. v. A. Westermann/E. Westermann. 2007, 113–135.

359. A. LERCH, Der Bauernkrieg in Würzburg aus sozialgeschichtlicher Perspektive 1525, in: Mainfränkisches Jahrbuch für Geschichte und Kunst 61 (2009) 70-89.

360. K. H. LUDWIG, Bergleute im Bauernkrieg 1525/26: Salzburger zwischen Habsburg und Wittelsbach - oder politisch darüber hinaus?, in: Mitteilungen der Gesellschaft für Salzburger Landeskunde 149 (2009) 191-248.

361. R. MAEMA, Doitsu-nômin-sensôshi-kenkyû [Forschungen zur Geschichte des deutschen Bauernkriegs]. 1998.

362. N. MATHYS, Die Bewältigung der Herrschaftskrise in Kempten nach dem Bauernkrieg, in: ZBLG 74 (2011) 81-140.

363. Mühlhausen, der Bauernkrieg und Thomas Müntzer. Protokollband zum wissenschaftlichen Kolloquium am 27. Mai 2000 in Mühlhausen/Thüringen. Mühlhausen 2000.

364. L. MÜLLER, Diktatur und Revolution. Reformation und Bauernkrieg in der Geschichtsschreibung des ‚Dritten Reiches' und der DDR. Stuttgart 2004.

365. R. MÜLLER/A. SCHINDLING (Hrsg.), Bauernkrieg und Revolution, Wilhelm Zimmermann. Hohenheim 2008.

366. TH. T. MÜLLER, Bauernkrieg nach dem Bauernkrieg. Die Verwüstung der Mühlhäuser Dörfer Dörna, Hollenbach und Lengefeld durch Eichsfelder Adel und Klerus. Duderstadt 2001.

367. H. OKA, Der Bauernkrieg in der Landgrafschaft Stühlingen und seine Vorgeschichte seit der Mitte des 15. Jahrhunderts. Konstanz 1988.

368. W. PARAVICINI, Adelsherrschaft in der Krise: der Bauernkrieg von 1525, in: Jahrbuch der Akademie der Wissenschaften zu Göttingen 2008, 450-484.

369. G. POLITI, Gli statuti impossibili. La rivoluzione tirolese del 1525 e il "programma" di Michael Gaismair. Turin 1995.

370. T. SCOTT/B. SCRIBNER, The Peasants' War. A History in Documents. New Jersey/London 1991.

371. T. SCOTT, Südwestdeutsche Städte im Bauernkrieg. Bündnisse zwischen Opportunismus und Solidarität, in: Stadt und Revolution. Hrsg. v. B. Kirchgässner/H.-P. Becht. Stuttgart 2001, 9–36.

372. T. SCOTT, Hubmaier, Schappeler and Hergot on Social Revolution, in: The Impact of the European Reformation. Hrsg. v. B. Heal/O. P. Grell. Aldershot 2008, 15-36.

373. T. F. SEA, The German Princes Responses to the Peasants' Revolt of 1525, in: CEH 402 (2007) 219–240.

374. J. SEGER, Der Bauernkrieg im Hochstift Eichstätt. Regensburg 1997.
375. G. P. SREENIVASAN, The social origins of the Peasants' War of 1525 in Upper Swabia in: P & P 171 (2001) 30–65.
376. A. STELLA, Il „Bauernführer" Michael Gaismaier e l'utopia di un repubblicanesimo popolare. Bologna 1999.
377. S. TODE, Stadt im Bauernkrieg 1525. Strukturanalytische Untersuchungen zur Stadt im Raum anhand der Beispiele Erfurt, Mühlhausen/Thür., Langensalza und Thamsbrück. Frankfurt a. M. 1994.
378. W. TROSSBACH, Gemeinde und Allmenden im deutschen Bauernkrieg, in: ZAA 40 (1992) 15–27.
379. W. TROSSBACH, Wismar, Rostock und Stralsund, in: ARG 88 (1997), 118–165.
380. W. TROSSBACH, Art. Bauernkrieg, in: F. Jäger, Enzyklopädie I, 1048–1061.
381. G. VOGLER (Hrsg.), Bauernkrieg zwischen Harz und Thüringer Wald. Stuttgart 2008.

3. Frühneuzeit

382. TH. ADAM, Die Gondelsheimer Rebellion von 1730. Ein Bauernaufstand und seine Folgen. Heidelberg 2005.
383. ST. V. BELOW/ST. BREIT, Wald – von der Gottesgabe zum Privateigentum. Gerichtliche Konflikte zwischen Landesherren und Untertanen um den Wald in der frühen Neuzeit. Stuttgart 1998.
384. H. BERDING (Hrsg.), Soziale Unruhen in Deutschland während der Französischen Revolution. Göttingen 1988.
385. P. BLICKLE, Das Alte Europa vom Mittelalter bis zur Moderne. München 2008.
386. R. BLICKLE, Rebellion und natürliche Defension. Der Aufstand der Bauern in Bayern 1633/34 im Horizont von gemeinem Recht und christlichem Naturrecht, in: Verbrechen, Strafen und soziale Kontrolle. Hrsg. v. R. van Dülmen. Frankfurt 1990, 56–84.
387. R. BLICKLE, Supplikationen und Demonstrationen. Mittel und Wege der Partizipation im bayerischen Territorialstaat, in: Kommunikation in der ländlichen Gesellschaft vom Mittelalter bis in die Moderne. Hrsg. v. W. Rösener, Göttingen 2000, 263–317.
388. R. BLICKLE, Gegengeschichte, erprobt an den Menschen und Mäusen der Aschauer Bannrichtersage: 1668–1964, in: ZBLG 74 (2011) 765–839.

389. F. Brändle, Demokratie und Charisma. Fünf Landsgemeindekonflikte im 18. Jahrhundert, Zürich 2005.
390. St. Brakensiek, Strukturen eines antinapoleonischen Aufstands: Grebenstein 1813, in: Krieg und Umbruch in Mitteleuropa um 1800. Hrsg. v. L. Planent. Paderborn 2009, 45-61.
391. Der bayerische Bauernaufstand 1705/6. Beiträge des wissenschaftlichen Kolloquiums im Institut für Bayerische Geschichte am 14. Oktober 2005. ZBLG 71 (2008) Heft 2.
392. C.-P. Clasen, Streiks und Aufstände der Augsburger Weber im 17. und 18. Jahrhundert. Augsburg 1993.
393. L. Enders, Die Landgemeinde in Brandenburg. Grundzüge ihrer Funktion und Wirkungsweise vom 13. bis zum 18. Jahrhundert, in: BlldtLG 129 (1993) 196–256.
394. R. Fetzer, Untertanenkonflikte im Ritterstift Odenheim vom ausgehenden Mittelalter bis zum Ende des Alten Reiches. Stuttgart 2002.
395. B. Fink, Die Böhmenkircher Bauernrevolte 1580–1582/83. Herrschaft und Gemeinde im ‚langen 16. Jahrhundert'. Leinfelden-Echterdingen 2004.
396. R. v. Friedeburg, Ländliche Gesellschaft und Obrigkeit. Gemeindeprotest und politische Mobilisierung im 18. und 19. Jahrhundert. Göttingen 1997.
397. C. R. Friedrichs, The Early Modern City 1450–1750. London/New York 1995.
398. C. R. Friedrichs, Urban Politics in Early Modern Europe. London 2000.
399. H. Gabel, Widerstand und Kooperation. Studien zur politischen Kultur rheinischer und maasländischer Kleinterritorien (1648–1794). Tübingen 1995.
400. M. Gailus/H. Volkmann (Hrsg.), Der Kampf um das tägliche Brot. Nahrungsmangel, Versorgungspolitik und Protest 1779–1990. Köln 1994.
401. H. J. Gilomen, Das Motiv der bäuerlichen Verschuldung in den Bauernunruhen an der Wende zur Neuzeit, in: Spannungen und Widersprüche. Festschrift für František Graus. Hrsg. v. S. Burghartz/H.-J. Gilomen. Sigmaringen 1992, 173–190.
402. S. Götsch, „Alle für einen Mann...". Leibeigene und Widerständigkeit in Schleswig-Holstein im 18. Jahrhundert. Neumünster 1991.
403. R. Habermas, Wallfahrt und Aufruhr. Zur Geschichte des Wunderglaubens in der frühen Neuzeit. Frankfurt/New York 1991.

404. M. Häberlein (Hrsg.), Devianz, Widerstand und Herrschaftspraxis in der Vormoderne. Studien zu Konflikten im südwestdeutschen Raum (15.–18. Jahrhundert). Konstanz 1999.
405. U. Hafner, Republik im Konflikt. Schwäbische Reichsstädte und bürgerliche Politik in der frühen Neuzeit. Tübingen 2001.
406. W. Haunseder, Tumultuarische Auftritte. Lokale Unruhen in Bayern an der Wende vom 18. zum 19. Jahrhundert, in: Oberbayerisches Archiv 113 (1990) 231–287.
407. A. Holenstein, Introduction: Empowering Interactions: Looking at Statebuilding from Below, in: Empowering Interactions. Political Cultures and Emergence of the State in Europe 1300–1800. Hrsg. v. W. Blockmans/A. Holenstein/J. Mathieu. Farnham 2009, 1–31.
408. S. Hoyer, Die Ideen der Französischen Revolution und der kursächsische Bauernaufstand von 1790, in: Neues Archiv für sächsische Geschichte 65 (1994) 61–76.
409. F. Jäger (Hrsg.), Enzyklopädie der Neuzeit, [bisher] 10 Bde. Stuttgart/Weimar 2005-2009.
410. H. J. Jüngling, Reichsstädtische Herrschaft und bäuerlicher Protest. Der Konflikt zwischen der Reichsstadt Schwäbisch Gmünd und ihrem Landgebiet (1775–1792). Schwäbisch Gmünd 1989.
411. R. Jütte, Der Frankfurter Fettmilch-Aufstand und die Judenverfolgung von 1614 in der kommunalen Erinnerungskultur. In: Memoria - Wege jüdischen Erinnerns: Festschrift für Michael Brocke zum 65. Geburtstag. Hrsg. v. B. E. Klein. Berlin 2005, 163-176.
412. H. Kaak, Die Gutsherrschaft. Theoriegeschichtliche Untersuchungen zum Agrarwesen im ostelbischen Raum. Berlin/New York 1991.
413. H. Kaak, Eigenwillige Bauern, ehrgeizige Amtmänner, distanzierte fürstliche Dorfherren. Vermittelte Herrschaft im brandenburgischen Alt-Quilitz im 17. und 18. Jahrhundert. Berlin 2010.
414. K. Keller, Bürgerunruhen, in: F. Jäger, Enzyklopädie II, 593–601.
415. J. Klussmann (Hrsg.), Leibeigenschaft. Bäuerliche Unfreiheit in der frühen Neuzeit. Köln/Weimar/Wien 2003.
416. B. Kümin/A. Würgler, Petitions, Gravamina and the early modern state: local influence on central legislation in England and Germany (Hesse), in: Parliaments, Estates, and Representation 17 (1997) 39–60.
417. E. Lacour, Bauernwiderstand im 17. und 18. Jahrhundert in der Grafschaft Virneburg, in: Landeskundliche Vierteljahrsblätter 40 (1994) 125–140.

418. N. LANDOLT, Untertanenrevolten und Widerstand auf der Basler Landschaft im 16. und 17. Jahrhundert. Liestal 1996.

419. M. LANZINNER, Bauern, Bischof und Reich – Überlegungen zu einer frühneuzeitlichen Bauernrevolte, in: ZAA 41 (1993) 136–151.

420. TH. LAU, Bürgerunruhen und Bürgerprozesse in den Reichsstädten Mühlhausen und Schwäbisch Hall in der Frühen Neuzeit. Bern 1999.

421. D. M. LUEBKE, His Majesty's Rebels. Communities, Factions, and Rural Revolt in the Black Forest, 1725–1745. Ithaca/London 1997.

422. E. MAUR, Gutsherrschaft und „zweite Leibeigenschaft" in Böhmen. Studien zur Wirtschafts-, Sozial- und Bevölkerungsgeschichte (14.–18. Jahrhundert). Wien 2001.

423. J. MAURER, Der „Lahrer Prozeß" 1773–1806. Ein Untertanenprozeß vor dem Reichskammergericht. Köln/Weimar/Wien 1996.

424. M. MEUMANN, Einspruch und Widerstand bei militärischer Besetzung im 17. Jahrhundert, in: Operare la resistenza: Suppliche, gravamina e rivolte in Europa (1300–1800). Hrsg. C. Nubola/A. Würgler. Bologna 2006, 131–175.

425. C. NUBOLA/A. WÜRGLER (Hrsg.), Forme della communicazione politica in Europa nei secoli XV–XVIII. Suppliche, gravamina, lettere/ Formen der politischen Kommunikation in Europa vom 15. bis 18. Jahrhundert. Bitten, Beschwerden, Briefe. Bologna/ Berlin 2004.

426. C. NUBOLA/A. WÜRGLER (Hrsg.), Operare la resistenza: Suppliche, gravamina e rivolte in Europa (1300–1800) /Praktiken des Widerstandes. Suppliken, Gravamina und Revolten in Europa (1400–1800). Bologna/Berlin 2006.

427. L. PELIZAEUS, Dynamik der Macht. Städtischer Widerstand und Konfliktbewältigung im Reich Karls V. Münster 2007.

428. J. PETERS (Hrsg.), Gutsherrschaft als soziales Modell. Vergleichende Betrachtungen zur Funktionsweise frühneuzeitlicher Agrargesellschaften. München 1995.

429. J. PETERS (Hrsg.), Konflikt und Kontrolle in Gutsherrschaftsgesellschaften. Über Resistenz- und Herrschaftsverhalten in ländlichen Sozialgebilden der Frühen Neuzeit. Göttingen 1995.

430. J. PETERS, Gutsherrschaft. Ein Jahrzehnt Potsdamer Forschungserfahrung, in: ZAA 53 (2005) 77–85.

431. P. RAUSCHER/M. SCHEUTZ (Hrsg.), Die Stimme der ewigen Verlierer? Aufstände, Revolten und Revolutionen in den „Österreichischen" Ländern (ca. 1450 – 1815). Wien 2012 [in Vorbereitung].

432. K. Ries, Obrigkeit und Untertanen. Stadt- und Landproteste in Nassau-Saarbrücken im Zeitalter des Reformabsolutismus. Saarbrücken 1997.

433. Th. Rudert/H. Zückert (Hrsg.), Gemeindeleben. Dörfer und kleine Städte im östlichen Deutschland (16.–18. Jahrhundert). Köln/Weimar/Wien 2001.

434. R. Sailer, Untertanenprozesse vor dem Reichskammergericht. Rechtsschutz gegen die Obrigkeit in der zweiten Hälfte des 18. Jahrhunderts. Köln/Weimar/Wien 1999.

435. M. P. Schennach, Jagdrecht, Wilderei und „gute Policey“. Frankfurt a. M 2007.

436. H. Schilling, Gab es im späten Mittelalter und zu Beginn der Neuzeit in Deutschland einen städtischen „Republikanismus“? in: Republiken und Republikanismus im Europa der Frühen Neuzeit. Hrsg. v. H. Koenigsberger. München 1988, 101–143.

437. H. Schilling, Die Stadt in der Frühen Neuzeit. 2. Aufl. München 2004.

438. N. Schindler, Wilderer im Zeitalter der Französischen Revolution. Ein Kapitel alpiner Sozialgeschichte. München 2001.

439. G. Schmidt, Die frühneuzeitlichen Hungerrevolten. Soziale Konflikte und Wirtschaftspolitik im Alten Reich, in: ZHF 18 (1991) 257–280.

440. G. Schmidt, Geschichte des Alten Reiches. Staat und Nation in der Frühen Neuzeit 1495–1806. München 1999.

441. J. Schmitt, „Französische Freiheiten“? Zu den „Reunionen“ des 17. und 18. Jahrhunderts, in: Zeitschrift für die Geschichte der Saargegend 58 (2010) 31-41.

442. W. Schulze, Klettgau 1603. Von der Bauernrevolte zur Landes- und Policeyordnung, in: Gemeinde, Reformation und Widerstand. Hrsg. v. H. R. Schmidt/A. Holenstein/A. Würgler. Tübingen 1998, 415–431.

443. D. Štefanová, Dorfgemeinde und Gutsherrschaft. Ein Beitrag zu Handlungsräumen der Gemeinde am Beispiel Nordböhmens, in: Untertanen, Herrschaft und Staat in Böhmen und im „Alten Reich“. Hrsg. v. M. Cerman/R. Luft. München 2005, 235–255.

444. Chr. Strasser, Der Aufstand im bayerischen Oberland 1705 – Majestätsverbrechen oder Heldentat? Eine Untersuchung der Strafprozesse gegen die Anführer der in der „Mordweihnacht von Sendling“ gescheiterten Erhebung. Augsburg 2005.

445. A. Suter, Regionale politische Kulturen von Protest und Widerstand im Spätmittelalter und in der Frühen Neuzeit, in: Geschichte und Gesellschaft 21 (1995) 161–194.

446. A. Suter, Der Schweizer Bauernkrieg von 1653. Politische Sozialgeschichte – Sozialgeschichte eines politischen Ereignisses. Tübingen 1997.

447. A. Suter, Direkte Demokratie – historische Reflexionen zur aktuellen Debatte, in: B. Adler, Die Entstehung der direkten Demokratie. Zürich 2005, 219–278.

448. W. Trossbach, Der Schatten der Aufklärung. Bauern, Bürger und Illuminaten in der Grafschaft Wied-Neuwied. Fulda 1991.

449. W. Trossbach, „Widerständige Leute“? – ‚Protest‘ und ‚Abwehrverhalten‘ in Territorien zwischen Elbe und Oder 1550–1789, in: Untertanen, Herrschaft und Staat in Böhmen und im „Alten Reich“. Hrsg. v. M. Cerman/R.Luft. München 2005, 203–233.

450. W. Trossbach/C. Zimmermann, Die Geschichte des Dorfes. Von den Anfängen im Frankenreich zur bundesdeutschen Gegenwart. Stuttgart 2006.

451. C. Ulbrich, Rheingrenze, Revolten und Französische Revolution, in: Die Französische Revolution und die Rheingrenze (1789–1798). Hrsg. v. V. Rödel. Sigmaringen 1991, 223–244.

452. G. Vogler, Europas Aufbruch in die Neuzeit. Handbuch der Geschichte Europas Bd. 5. Stuttgart 2003.

453. G. Vogler, Revolte oder Revolution? Anmerkungen und Fragen zum Revolutionsproblem in der frühen Neuzeit, in: Wege der Neuzeit. Festschrift für Heinz Schilling zum 65. Geburtstag. Hrsg. v. St. Ehrenpreis/U. Lotz-Heumann/O. Mörke/L. Schorn-Schütte. Berlin 2007, 381–413.

454. E. E. Weber, Städtische Herrschaft und bäuerliche Untertanen in Alltag und Konflikt. Die Reichsstadt Rottweil und ihre Landschaft vom 30jährigen Krieg bis zur Mediatisierung. 2 Bde. Rottweil 1992.

455. A. Würgler, Unruhen und Öffentlichkeit. Städtische und ländliche Protestbewegungen im 18. Jahrhundert. Tübingen 1995.

456. A. Würgler, Aushandeln statt Prozessieren. Zur Konfliktkultur der alten Eidgenossenschaft im Vergleich mit Frankreich und dem Deutschen Reich (1500–1800), in: traverse. Zeitschrift für Geschichte 2001, 25–38.

457. A. Würgler, Bitten und Begehren. Suppliken und Gravamina in der deutschsprachigen Frühneuzeitforschung, in: Bittschriften und Gravamina. Hrsg. v. C. Nubola/A. Würgler. Berlin 2005, 17–52.

458. A. Würgler, Revolts in Print: Media and Communication in Early Modern Urban Conflicts, in: Urban Elections and Decision-Making in Early Modern Europe, 1500-1800. Hrsg. v. R. Schlögl. Cambridge 2009, 257-275.
459. H. Zückert, Republikanismus in der Reichsstadt des 18. Jahrhunderts, in: Patriotismus. Hrsg. v. G. Birtsch. Hamburg 1991, 53–74.
460. M. Zürn, „Ir aigen libertet". Waldburg, Habsburg und der bäuerliche Widerstand an der oberen Donau 1590–1790. Tübingen 1998.

Register

Geistliche und weltliche Herrscher sind mit Ausnahme von Königen unter dem von ihnen geführten Territorium aufgenommen. Kleinere Orte werden angesichts der die assoziative Orientierung eher behindernden Gemeinde- und Gebietsreformen durch historische Landschaftsnamen (Tirol, Oberschwaben) näher lokalisiert. Sachbetreffe werden, soweit es sich nur um sprachliche Varianten handelt, unter einem Betreff zusammengefasst (z. B. das „reine Wort Gottes“ unter Evangelium, reines). Autorennamen sind durch KAPITÄLCHEN kenntlich gemacht. Bei den Seitenverweisen ist zwischen seitenübergreifenden Bezügen (z. B. 32 f.) und sachlich unterbrochenen Bezügen (S. 32, 33) unterschieden.

Enzyklopädie deutscher Geschichte
Themen und Autoren

Mittelalter

Agrarwirtschaft, Agrarverfassung und ländliche Gesellschaft im Mittelalter (Werner Rösener) 1992. EdG 13 **Adel, Rittertum und Ministerialität im Mittelalter (Werner Hechberger) 2. Aufl. 2010. EdG 72** **Die Stadt im Mittelalter (Frank Hirschmann) 2009. EdG 84** Die Armen im Mittelalter (Otto Gerhard Oexle) Frauen- und Geschlechtergeschichte des Mittelalters (N. N.) **Die Juden im mittelalterlichen Reich (Michael Toch) 2. Aufl. 2003. EdG 44**	Gesellschaft
Wirtschaftlicher Wandel und Wirtschaftspolitik im Mittelalter (Michael Rothmann)	Wirtschaft
Wissen als soziales System im Frühen und Hochmittelalter (Johannes Fried) Die geistige Kultur im späteren Mittelalter (Johannes Helmrath) **Die ritterlich-höfische Kultur des Mittelalters (Werner Paravicini) 3., um einen Nachtrag erw. Auflage 2011. EdG 32**	Kultur, Alltag, Mentalitäten
Die mittelalterliche Kirche (Michael Borgolte) 2. Aufl. 2004. EdG 17 **Grundformen der Frömmigkeit im Mittelalter (Arnold Angenendt) 2. Aufl. 2004. EdG 68**	Religion und Kirche
Die Germanen (Walter Pohl) 2. Aufl. 2004. EdG 57 **Das römische Erbe und das Merowingerreich (Reinhold Kaiser) 3., überarb. u. erw. Aufl. 2004. EdG 26** **Die Herrschaften der Karolinger 714–911 (Jörg W. Busch) 2011 EdG 88** **Die Entstehung des Deutschen Reiches (Joachim Ehlers) 3., um einen Nachtrag erw. Aufl. 2010. EdG 31** **Königtum und Königsherrschaft im 10. und 11. Jahrhundert (Egon Boshof) 3., aktual. und um einen Nachtrag erw. Aufl. 2010. EdG 27** **Der Investiturstreit (Wilfried Hartmann) 3., überarb. u. erw. Aufl. 2007. EdG 21** **König und Fürsten, Kaiser und Papst nach dem Wormser Konkordat (Bernhard Schimmelpfennig) 2. Aufl. 2010. EdG 37** **Deutschland und seine Nachbarn 1200–1500 (Dieter Berg) 1996. EdG 40** **Die kirchliche Krise des Spätmittelalters (Heribert Müller) 2012. EdG 90** **König, Reich und Reichsreform im Spätmittelalter (Karl-Friedrich Krieger) 2., durchges. Aufl. 2005. EdG 14** **Fürstliche Herrschaft und Territorien im späten Mittelalter (Ernst Schubert) 2. Aufl. 2006. EdG 35**	Politik, Staat, Verfassung

Frühe Neuzeit

Bevölkerungsgeschichte und historische Demographie 1500–1800 (Christian Pfister) 2. Aufl. 2007. EdG 28 Migration in der Frühen Neuzeit (Matthias Asche)	Gesellschaft

Umweltgeschichte der Frühen Neuzeit (Reinhold Reith) 2011 EdG 89
Bauern zwischen Bauernkrieg und Dreißigjährigem Krieg (André Holenstein) 1996. EdG 38
Bauern 1648–1806 (Werner Troßbach) 1992. EdG 19
Adel in der Frühen Neuzeit (Rudolf Endres) 1993. EdG 18
Der Fürstenhof in der Frühen Neuzeit (Rainer A. Müller) 2. Aufl. 2004. EdG 33
Die Stadt in der Frühen Neuzeit (Heinz Schilling) 2. Aufl. 2004. EdG 24
Armut, Unterschichten, Randgruppen in der Frühen Neuzeit (Wolfgang von Hippel) 1995. EdG 34
Unruhen in der ständischen Gesellschaft 1300–1800 (Peter Blickle) 3., aktual. u. erw. Aufl. 2012. EdG 1
Frauen- und Geschlechtergeschichte 1500–1800 (N. N.)
Die deutschen Juden vom 16. bis zum Ende des 18. Jahrhunderts (J. Friedrich Battenberg) 2001. EdG 60

Wirtschaft

Die deutsche Wirtschaft im 16. Jahrhundert (Franz Mathis) 1992. EdG 11
Die Entwicklung der Wirtschaft im Zeitalter des Merkantilismus 1620–1800 (Rainer Gömmel) 1998. EdG 46
Landwirtschaft in der Frühen Neuzeit (Walter Achilles) 1991. EdG 10
Gewerbe in der Frühen Neuzeit (Wilfried Reininghaus) 1990. EdG 3
Kommunikation, Handel, Geld und Banken in der Frühen Neuzeit (Michael North) 2000. EdG 59

Kultur, Alltag, Mentalitäten

Renaissance und Humanismus (Ulrich Muhlack)
Medien in der Frühen Neuzeit (Andreas Würgler) 2009. EdG 85
Bildung und Wissenschaft vom 15. bis zum 17. Jahrhundert (Notker Hammerstein) 2003. EdG 64
Bildung und Wissenschaft in der Frühen Neuzeit 1650–1800 (Anton Schindling) 2. Aufl. 1999. EdG 30
Die Aufklärung (Winfried Müller) 2002. EdG 61
Lebenswelt und Kultur des Bürgertums in der Frühen Neuzeit (Bernd Roeck) 2., um einen Nachtrag erw. Aufl. 2011. EdG 9
Lebenswelt und Kultur der unterständischen Schichten in der Frühen Neuzeit (Robert von Friedeburg) 2002. EdG 62

Religion und Kirche

Die Reformation. Voraussetzungen und Durchsetzung (Olaf Mörke) 2., aktualisierte Aufl. 2011. EdG 74
Konfessionalisierung im 16. Jahrhundert (Heinrich Richard Schmidt) 1992. EdG 12
Kirche, Staat und Gesellschaft im 17. und 18. Jahrhundert (Michael Maurer) 1999. EdG 51
Religiöse Bewegungen in der Frühen Neuzeit (Hans-Jürgen Goertz) 1993. EdG 20

Politik, Staat, Verfassung

Das Reich in der Frühen Neuzeit (Helmut Neuhaus) 2. Aufl. 2003. EdG 42
Landesherrschaft, Territorien und Staat in der Frühen Neuzeit (Joachim Bahlcke) 2012. EdG 91
Die Landständische Verfassung (Kersten Krüger) 2003. EdG 67
Vom aufgeklärten Reformstaat zum bürokratischen Staatsabsolutismus (Walter Demel) 1993. EdG 23
Militärgeschichte des späten Mittelalters und der Frühen Neuzeit (Bernhard R. Kroener)

Staatensystem, internationale Beziehungen

Das Reich im Kampf um die Hegemonie in Europa 1521–1648 (Alfred Kohler) 1990. EdG 6
Altes Reich und europäische Staatenwelt 1648–1806 (Heinz Duchhardt) 1990. EdG 4

19. und 20. Jahrhundert

Gesellschaft

Bevölkerungsgeschichte und Historische Demographie 1800–2000 (Josef Ehmer) 2004. EdG 71
Migrationen im 19. und 20. Jahrhundert (Jochen Oltmer) 2010. EdG 86
Umweltgeschichte im 19. und 20. Jahrhundert (Frank Uekötter) 2007. EdG 81
Adel im 19. und 20. Jahrhundert (Heinz Reif) 1999. EdG 55
Geschichte der Familie im 19. und 20. Jahrhundert (Andreas Gestrich) 2. Aufl. 2010. EdG 50
Urbanisierung im 19. und 20. Jahrhundert (Christoph Bernhardt)
Von der ständischen zur bürgerlichen Gesellschaft (Lothar Gall) 1993. EdG 25
Die Angestellten seit dem 19. Jahrhundert (Günter Schulz) 2000. EdG 54
Die Arbeiterschaft im 19. und 20. Jahrhundert (Gerhard Schildt) 1996. EdG 36
Frauen- und Geschlechtergeschichte im 19. und 20. Jahrhundert (Gisela Mettele)
Die Juden in Deutschland 1780–1918 (Shulamit Volkov) 2. Aufl. 2000. EdG 16
Die deutschen Juden 1914–1945 (Moshe Zimmermann) 1997. EdG 43
Pazifismus im 19. und 20. Jahrhundert (Benjamin Ziemann)

Wirtschaft

Die Industrielle Revolution in Deutschland (Hans-Werner Hahn) 3., um einen Nachtrag erw. Aufl. 2011. EdG 49
Die deutsche Wirtschaft im 20. Jahrhundert (Wilfried Feldenkirchen) 1998. EdG 47
Ländliche Gesellschaft und Agrarwirtschaft im 19. Jahrhundert (Clemens Zimmermann)
Agrarwirtschaft und ländliche Gesellschaft im 20. Jahrhundert (Ulrich Kluge) 2005. EdG 73
Gewerbe und Industrie im 19. und 20. Jahrhundert (Toni Pierenkemper) 2., um einen Nachtrag erw. Auflage 2007. EdG 29
Handel und Verkehr im 19. Jahrhundert (Karl Heinrich Kaufhold)
Handel und Verkehr im 20. Jahrhundert (Christopher Kopper) 2002. EdG 63
Banken und Versicherungen im 19. und 20. Jahrhundert (Eckhard Wandel) 1998. EdG 45
Technik und Wirtschaft im 19. und 20. Jahrhundert (Christian Kleinschmidt) 2007. EdG 79
Unternehmensgeschichte im 19. und 20. Jahrhundert (Werner Plumpe)
Staat und Wirtschaft im 19. Jahrhundert (Rudolf Boch) 2004. EdG 70
Staat und Wirtschaft im 20. Jahrhundert (Gerold Ambrosius) 1990. EdG 7

Kultur, Alltag und Mentalitäten

Kultur, Bildung und Wissenschaft im 19. Jahrhundert (Hans-Christof Kraus) 2008. EdG 82

Kultur, Bildung und Wissenschaft im 20. Jahrhundert (Frank-Lothar Kroll) 2003. EdG 65
Lebenswelt und Kultur des Bürgertums im 19. und 20. Jahrhundert (Andreas Schulz) 2005. EdG 75
Lebenswelt und Kultur der unterbürgerlichen Schichten im 19. und 20. Jahrhundert (Wolfgang Kaschuba) 1990. EdG 5

Religion und Kirche

Kirche, Politik und Gesellschaft im 19. Jahrhundert (Gerhard Besier) 1998. EdG 48
Kirche, Politik und Gesellschaft im 20. Jahrhundert (Gerhard Besier) 2000. EdG 56

Politik, Staat, Verfassung

Der Deutsche Bund 1815–1866 (Jürgen Müller) 2006. EdG 78
Verfassungsstaat und Nationsbildung 1815–1871 (Elisabeth Fehrenbach) 2., um einen Nachtrag erw. Aufl. 2007. EdG 22
Politik im deutschen Kaiserreich (Hans-Peter Ullmann) 2., durchges. Aufl. 2005. EdG 52
Die Weimarer Republik. Politik und Gesellschaft (Andreas Wirsching) 2., um einen Nachtrag erw. Aufl. 2008. EdG 58
Nationalsozialistische Herrschaft (Ulrich von Hehl) 2. Aufl. 2001. EdG 39
Die Bundesrepublik Deutschland. Verfassung, Parlament und Parteien (Adolf M. Birke) 2. Aufl. mit Ergänzungen von Udo Wengst 2010. EdG 41
Militär, Staat und Gesellschaft im 19. Jahrhundert (Ralf Pröve) 2006. EdG 77
Militär, Staat und Gesellschaft im 20. Jahrhundert (Bernhard R. Kroener) 2011. EdG 87
Die Sozialgeschichte der Bundesrepublik Deutschland bis 1989/90 (Axel Schildt) 2007. EdG 80
Die Sozialgeschichte der DDR (Arnd Bauerkämper) 2005. EdG 76
Die Innenpolitik der DDR (Günther Heydemann) 2003. EdG 66

Staatensystem, internationale Beziehungen

Die deutsche Frage und das europäische Staatensystem 1815–1871 (Anselm Doering-Manteuffel) 3., um einen Nachtrag erw. Aufl. 2010. EdG 15
Deutsche Außenpolitik 1871–1918 (Klaus Hildebrand) 2. Aufl. 1994. EdG 2
Die Außenpolitik der Weimarer Republik (Gottfried Niedhart) 2., aktualisierte Aufl. 2006. EdG 53
Die Außenpolitik des Dritten Reiches (Marie-Luise Recker) 1990. EdG 8
Die Außenpolitik der Bundesrepublik Deutschland 1949 bis 1990 (Ulrich Lappenküper) 2008. EdG 83
Die Außenpolitik der DDR (Joachim Scholtyseck) 2003. EDG 69

Hervorgehobene Titel sind bereits erschienen.

Stand: (Januar 2012)